EUL VERLAG

WIRTSCHAFTSINFORMATIK

Herausgegeben von Prof. Dr. Dietrich Seibt, Köln, Prof. Dr. Hans-Georg Kemper, Stuttgart, Prof. Dr. Georg Herzwurm, Stuttgart, Prof. Dr. Dirk Stelzer, Ilmenau, und Prof. Dr. Detlef Schoder, Köln

Band 86
Christian Broser
Vertrauen für föderiertes Identitätsmanagement
Lohmar – Köln 2016 • 276 S. • € 58,- (D) • ISBN 978-3-8441-0457-8

Band 87
Raphaela Saitz
Entwicklung eines Rahmenkonzepts zur IT-basierten Unterstützung des Chancen- und Risikomanagements in Konzernen
Lohmar – Köln 2016 • 360 S. • € 64,- (D) • ISBN 978-3-8441-0465-3

Band 88
Norman Pelzl
Methodische Entwicklung von zukunftsorientierten Geschäftsmodellen im Cloud-Computing
Lohmar – Köln 2016 • 320 S. • € 68,- (D) • ISBN 978-3-8441-0466-0

Band 89
Philip Hollstein
Das maschinenorientierte Data Warehouse – IT-basierte Entscheidungsunterstützung in der wandlungsfähigen Produktion
Lohmar – Köln 2016 • 300 S. • € 66,- (D) • ISBN 978-3-8441-0472-1

Band 90
Marco Spohn
Konzeption und prototypische Umsetzung eines BI-Systems zur Unterstützung des IT-Change-Managements
Lohmar – Köln 2016 • 452 S. • € 82,- (D) • ISBN 978-3-8441-0481-3

Band 91
Sixten Schockert
Agiles Software Quality Function Deployment
Lohmar – Köln 2017 • 256 S. • € 62,- (D) • ISBN 978-3-8441-0533-9

JOSEF EUL VERLAG

Agiles Software Quality Function Deployment

Von der Fakultät Wirtschafts- und Sozialwissenschaften der Universität Stuttgart zur Erlangung der Würde eines Doktors der Wirtschafts- und Sozialwissenschaften (Dr. rer. pol.) genehmigte Abhandlung

Vorgelegt von

Sixten Schockert

aus Köln

Hauptberichter: Prof. Dr. Georg Herzwurm

Mitberichter: Prof. Dr. Mareike Schoop

Tag der mündlichen Prüfung: 22. Dezember 2016

Betriebswirtschaftliches Institut der Universität Stuttgart

2016

Reihe: Wirtschaftsinformatik · Band 91

Herausgegeben von Prof. Dr. Dietrich Seibt, Köln, Prof. Dr. Hans-Georg Kemper, Stuttgart, Prof. Dr. Georg Herzwurm, Stuttgart, Prof. Dr. Dirk Stelzer, Ilmenau, und Prof. Dr. Detlef Schoder, Köln

Dr. Sixten Schockert

Agiles Software Quality Function Deployment

Mit einem Geleitwort von Univ.-Prof. Dr. Georg Herzwurm, Universität Stuttgart

EUL VERLAG

Bibliografische Information der Deutschen Nationalbibliothek

Die Deutsche Nationalbibliothek verzeichnet diese Publikation in der Deutschen Nationalbibliografie; detaillierte bibliografische Daten sind im Internet über <http://dnb.d-nb.de> abrufbar.

Dissertation, Universität Stuttgart, 2016

D 93

ISBN 978-3-8441-0533-9
1. Auflage Dezember 2017

JOSEF EUL VERLAG GmbH
Brandsberg 6
53797 Lohmar
Tel.: 0 22 05 / 90 10 6-80
Fax: 0 22 05 / 90 10 6-88
E-Mail: info@eul-verlag.de
https://www.eul-verlag.de

Bei der Herstellung unserer Bücher möchten wir die Umwelt schonen. Dieses Buch ist daher auf säurefreiem, 100% chlorfrei gebleichtem, alterungsbeständigem Papier nach DIN 6738 gedruckt.

Geleitwort

Die nachhaltige Digitalisierung von Produkten und Prozessen in allen Branchen machen Software zu einem immer relevanter werdenden Wettbewerbsfaktor. Gleichzeitig erhöhen sich durch die Bedeutung von Software für den Geschäftserfolg die Anforderungen an die Software-Qualität. In vielen Unternehmen hat sich die Methode Quality Function Deployment (QFD) bewährt, um Produkte jeglicher Art in der exakt vom Kunden erwarteten Qualität zu liefern. Die „Stimme des Kunden“ wird hierbei systematisch in die „Stimme der Entwickler“ übersetzt und in Qualitäts- und Prozessvorgaben transformiert. Dies entspricht auch dem Grundgedanken des sogenannten IT-Business Alignment, bei dem Geschäftsanforderungen mit den Unternehmenszielen in Einklang gebracht werden sollen.

QFD feierte 2016 sein 50-jähriges Bestehen. Seit seiner Einführung in den 60er Jahren haben sich die Wettbewerbs- und Produktionsbedingungen dramatisch verändert. Erschwert wird die Sicherstellung von Software-Qualität zudem durch die zunehmende Dynamik der Rahmenbedingungen für IT-Projekte. In dem gleichen Maße wie sich Unternehmen volatilen Marktbedingungen und sich rasch verändernden Kundenanforderungen stellen müssen, muss Software zuverlässig und schnell an diese Veränderungen angepasst werden können. In der IT haben sich hierbei sog. Agile Softwareentwicklungsmodelle wie Scrum etabliert. Es stellt sich also nun für Wissenschaft und Praxis die Frage, ob das traditionelle QFD für Software noch den heutigen Anforderungen gerecht wird oder ob es nicht analog zur Agilen Softwareentwicklung in ein „Agiles“ QFD transformiert werden muss.

Genau dieser Fragestellung widmet sich Herr Schockert in der vorliegenden Arbeit. Er entwickelt einen Vorschlag für ein „Agiles Software QFD“, das durch die konsequente Ausrichtung an den wichtigsten Stakeholderbedürfnissen, der Suche nach alternativen und besseren Lösungen sowie der engen Zusammenarbeit mit den Kunden einen Mehrwert für jede agile Entwicklung darstellen. Dies trägt entscheidend zu einer nicht „nur“ effizienten, sondern vor allem auch effektiven agilen Entwicklung bei. Als Ausdruck eines am Business Value orientierten agilen Requirements Engineering verdienen somit die sehr innovative Arbeit und das Agile Software QFD gleichermaßen eine weite Verbreitung und gebührende Beachtung in Wissenschaft und Praxis.

Stuttgart, im November 2017 Univ.-Prof. Dr. Georg Herzwurm

Vorwort

„Copy the spirit, not the form." Diese mündlich überlieferte Aufforderung von Yoji Akao, des Mit-Begründers von Quality Function Deployment (QFD), an die Anwender von QFD lässt sich nicht nur auf den Inhalt der Arbeit, sondern auch auf seine Entstehung beziehen. So gehen die Ursprünge dieser Arbeit über 20 Jahre zurück, denn bereits zum Ende meines Studiums der Wirtschaftsinformatik an der Universität Köln kam ich zum ersten Mal in Kontakt mit QFD. Seitdem haben mich die Methode und seine Leitlinien nicht mehr losgelassen und stets begleitet, vor allem natürlich beruflich in Forschung und Praxis. Entsprechend gibt es sehr, sehr viele Freunde und Kolleg(inn)en, die in irgendeiner Weise zu dieser Arbeit beigetragen haben und denen ich meinen Dank schulde. Da ich allerdings ganz sicher nicht alle Personen an dieser Stelle nennen können werde, mögen mir doch bitte alle hier Ungenannten bereits vorab verzeihen.

Mein besonderer und größter Dank gilt meinem Doktorvater Prof. Dr. Georg Herzwurm. So oder ähnlich äußert dies wohl nahezu jeder Doktorand. Doch in diesem Fall steht dieser Satz für deutlich mehr. Er hat mich nicht nur fachlich geleitet, sondern auch (fast) unendliche Geduld mit mir bewiesen und mich immer wieder motiviert, es doch noch zu schaffen. Ich durfte ihn auf seinem „QFD-Weg" nahezu von Beginn an begleiten, es wurde dadurch auch zu einem gemeinsamen QFD-Weg und ich hoffe sehr, dass wir auch in Zukunft noch viele gemeinsame Wege beschreiten werden. In jeder Hinsicht ist ganz sicher, dass ich ohne ihn diese Arbeit nicht geschrieben hätte. Vielen, vielen Dank!

Mein Dank gilt des Weiteren Prof. Dr. Mareike Schoop für das Verfassen des Zweitgutachtens in einem sehr engen Zeitfenster und trotz aller Widrigkeiten, selbst noch am Tage der mündlichen Prüfung. Prof. Dr. Hans-Georg Kemper danke ich für die Übernahme des Vorsitzes des Prüfungsausschusses. Aus meiner Kölner Zeit möchte ich Prof. Dr. Werner Mellis danken, der mich schon früh gut einschätzen konnte und vieles vor mir wusste sowie Prof. Dr. Dietrich Seibt für sein stetes Interesse an meiner Arbeit. Ebenfalls danke ich Prof. Dr. Wolfram Pietsch für die stets herausfordernden, aber vor allem ungemein inspirierenden Diskussionen, auf die ich mich auch in Zukunft freue. Er steht auch stellvertretend für die vielen Kolleg(inn)en und Freunde in der nationalen und internationalen QFD-Community, insbesondere im QFD-Institut Deutschland e. V. (QFD-ID), denen ich zu Dank verpflichtet bin.

Es ist ein sehr schöner Brauch an dieser Stelle ebenfalls den aktuellen und ehemaligen Lehrstuhlkolleg(inn)en zu danken. Mir ist sehr daran gelegen hervorzuheben, dass in der einen oder anderen Weise wirklich alle Kolleg(inn)en zum Gelingen der Arbeit beigetragen haben, sei es durch fruchtbare Gespräche, kontroverse Diskussionen oder auch durch die sehr angenehme Atmosphäre und tolle Zusammenarbeit am WIUS-Lehrstuhl. Stellvertretend für meine vielen, hier jetzt nicht genannten Lehrstuhlkolleg(inn)en, denen ich aber allen ebenfalls herzlichst danke, seien an dieser Stelle drei Kollege(inn)en explizit genannt: Mein ehemaliger Zimmerkollege Dr. Norman Pelzl, der mich immer wieder mit seiner pragmatischen Herangehensweise und besonderen Auffassungsgabe begeisterte. Mein aktueller Zimmerkollege Felix Schönhofen, der auch Teile dieser Arbeit vorab kritisch prüfte. Und Frau Sook Ja Schmitz, die als Organisationstalent des Lehrstuhls allen Mitarbeitern viele unliebsame Aufgaben abnimmt.

Schließlich danke ich von Herzen meiner Familie: Meiner Mutter Kerstin Lindell-Schockert, meinem Vater Werner Schockert und meinem Onkel Göran Lindell, die mich in all den Jahren immer unterstützten. Meiner liebevollen Frau, Kirsten Schockert, die sicherlich immer wieder an mir verzweifelt ist, mich das aber so niemals direkt hat spüren lassen und einfach immer für mich da ist. Und unseren wundervollen Kindern, Janne, Lasse und Lilli, für die ich immer da sein werde und denen die Zukunft gehört, wie auch hoffentlich (dem agilen) QFD.

Waiblingen, im November 2017 Sixten Schockert

Inhaltsübersicht

Inhaltsverzeichnis

Für eine verbesserte Darstellung sind ausgewählte Abbildungen unter folgendem Link zum Download bereitgestellt:

https://www.eul-verlag.de/pdf-wz/9783844105339_Abbildungen.zip

Abbildungsverzeichnis

Tabellenverzeichnis

Abkürzungsverzeichnis

3C's	Card, Conversation, Confirmation
5C's	Card, Conversation, Confirmation, Construction, Consequences
ACM	Association for Computing Machinery
ASI	American Supplier Institute
AHP	Analytic Hierarchy Process
ANP	Analytic Network Process
ASQFD	Agiles Software QFD
BMBF	Bundesministerium für Bildung und Forschung
BV	Business Value
C3	Chrysler Comprehensive Compensation
CMM	Capability Maturity Model
CMMI	Capability Maturity Model Integration
CPRE	Certified Professional for Requirements Engineering
CQFD	Continuous QFD
CVT	Customer Voice Table
DT	Design Thinking
DFM/A	Design for manufacturability/assembly
DGQ	Deutsche Gesellschaft für Qualität
DIN	Deutsche Industrie-Norm(en)
DSDM	Dynamic Systems Development Method
EFB	e-Fahrdienst Boxberg
engl.	englisch
FF	Forschungsfrage
FMEA	Failure Mode and Effects Analysis
HoQ	House of Quality
IEC	International Electrotechnical Commission
IEEE	Institute of Electrical and Electronics Engineers
IKT	Informations- und Kommunikationstechnik
INCOSE	International Council on Systems Engineering
insb.	insbesondere
INVEST	Independent, negotiable, valuable, estimable, small, testable
IREB	International Requirements Engineering Board
ISO	International Organization for Standardization

IT	Informationstechnik
JIS	Japanese International Standard
JRE	Joint Requirements Engineering
JSA	Japanese Standards Association
JSQC	Japanese Society of Quality Control
JUSE	Japanese Union of Scientist and Engineers
KMU	Kleine und mittlere Unternehmen
MVT	Maximum Value Table
NaPiRE	Naminig the Pain in Requirements Engineering
NATO	North Atlantic Treaty Organization
QFD	Quality Function Deployment
QFDI	QFD Institute
QFD-ID	QFD Institut Deutschland e.V. (QFD-ID)
QM3	Quantification Method of Type III
Q-Plan	Qualitätsplan, klassische Planungsmatrix
PriFo-QFD	Priorisierendes und fokussiertes Software QFD
RAD	Rapid Application Development
RE	Requirements Engineering
SEI	Software Engineering Institute
SWEBOK	Guide to the Software Engineering Body of Knowledge
TRIZ	Theory of Inventive Problem Solving
XP	Extreme Programming
WI	Wirtschaftsinformatik
WKWI	Wissenschaftliche Kommission Wirtschaftsinformatik
WvB	Wir verbinden Boxberg e. V.

Zusammenfassung

Unzureichende Vorhersage aller Möglichkeiten der Nutzung einer Software und der Folgen dieser Nutzung sowie die stetige und rasante Weiterentwicklung der verwendeten Technologien haben dazu geführt, dass es nicht mehr die Frage ist, ob es Anforderungsänderungen geben wird oder nicht. Es gibt sie immer. Die agile Softwareentwicklung ist unmittelbar als Reaktion auf diese Situation einer instabilen und turbulenten Geschäftswelt entstanden. Inhärenter Bestandteil der agilen Softwareentwicklung in Inkrementen ist die Bewertung und Priorisierung von Anforderungen. Genau zu dieser Fokussierung der Entwicklungsaktivitäten in den frühen Phasen der Softwareentwicklung hat sich der Einsatz von Software QFD bewährt. Software QFD ist eine Variante der Qualitätsmethode Quality Function Deployment (QFD) zur Entwicklung von Softwareprodukten.

Das Ziel dieser Arbeit ist die Konzeption eines Agilen Software QFD. Dazu werden auf der Grundlage einer Analyse des Standes der Wissenschaft und Praxis von Software QFD sowie des agilen Entwicklungsparadigmas Gestaltungsanforderungen an ein Agiles Software QFD abgeleitet. Die Lösungen existierender Software QFD Modelle werden bzgl. dieser Anforderungen beurteilt und auf dieser Basis Gestaltungsvorschläge für ein Agiles Software QFD entworfen und evaluiert. Die Arbeit versteht sich dabei als Beitrag zur gestaltungsorientierten Wirtschaftsinformatik dessen Erkenntnisprozess durch Zweck-Mittel-Matrizen von möglichen Problemlösungen und den durch diese adressierten Problemanforderungen unterstützt wird.

Den Kontext der Arbeit bildet das Requirements Engineering als wesentlicher Anwendungsbereich des Software QFD. Der Vorschlag für das Agile Software QFD basiert auf den Eigenschaften und Techniken der etablierten Software QFD Modelle. Auf Grundlage einer Literaturanalyse zu Software QFD mit insgesamt 108 analysierten Quellen werden drei grundsätzliche Kategorien von Software QFD Modellen identifiziert, die klassisch umfassenden, die fokussierenden und die dynamischen Software QFD Modelle. Zusammen mit den Haupttätigkeiten und den Leitlinien des Software QFD repräsentieren sie den Stand der Wissenschaft und Praxis von Software QFD. Das Agile Software QFD stellt eine evolutionäre Weiterentwicklung von Software QFD dar. Es konkretisiert das sog. Continuous QFD, als dem dynamischen Software QFD Modell mit den besten Voraussetzungen für eine agile Adaption, im Hinblick auf die Anwendung innerhalb der agilen Softwareentwicklung.

Der Vorschlag für das Agile Software QFD orientiert sich an 27 Gestaltungsanforderungen für ein Agiles Requirements Engineering. Sie werden hergeleitet aus den Prinzipien und Werten der agilen Softwareentwicklung, dem Umgang mit Anforderungen in agilen Entwicklungsmodellen und empirischen Quellen des agilen Requirements Engineering. Diese Gestaltungsanforderungen bilden ebenso die Grundlage für die Evaluation der vorgeschlagenen Techniken des Agilen Software QFD. Den Vorschlag zum Agilen Software QFD kennzeichnen die Einbettung in den agilen Iterationszyklus und besondere methodische Merkmale wie die inkrementell wachsende Priorisierungsmatrix und die Priority Map.

Bewertet gegen die abgeleiteten Gestaltungsanforderungen und verglichen mit weit verbreiteten Techniken des agilen Requirements Engineering kann das Agile Software QFD insb. durch die konsequente Ausrichtung an den wichtigsten Stakeholderbedürfnissen, der Suche nach alternativen und besseren Lösungen sowie der engen Zusammenarbeit mit den Kunden/Nutzern einen Mehrwert für die agile Entwicklung darstellen. Agiles Software QFD verkörpert damit den Gestaltungsanspruch des Requirements Engineering in einer agilen Softwareentwicklung und ist Ausdruck eines am Business Value orientierten agilen Requirements Engineering. Gleichermaßen profitiert Software QFD von den methodischen Neuerungen ebenso wie von der Einbettung in einen iterativen Entwicklungsprozess, der nicht nur in der Softwareentwicklung immer mehr zum Standardvorgehen der Produktentstehung wird.

Abstract

The way to use software and the consequences of using it cannot be predicted reliably. Together with the constant and rapid development of the applied technologies this has led to the fact that there is no longer a question of whether or not there will be changes in requirements. They always exist. Agile software development has emerged directly in response to this unstable and turbulent business world. Inherent component of agile software development in increments is the evaluation and prioritization of requirements. This task of focusing development activities in the early phases of software development is the domain of Software QFD. Software QFD represents a variant of Quality Function Deployment (QFD) for the development of software products.

The aim of this study is the design of a proposal for Agile Software QFD. On the basis of an analysis of the state of the science and practice of Software QFD as well as the agile development paradigm, requirements on the design of an Agile Software QFD are derived. Well-established Software QFD models are then evaluated against these requirements. On this basis, possible techniques and methodological features of an Agile Software QFD are proposed and evaluated. The work sees itself as a contribution to the design-oriented information systems research. For analysis the study uses means-end relationship matrices of possible solutions and corresponding problem requirements.

As the main application area of Software QFD, Requirements Engineering represents the context of this thesis. The characteristics and techniques used by well-established Software QFD models serve as the basis for Agile Software QFD. Based on a literature analysis on Software QFD with a total of 108 analyzed publications, three basic categories of Software QFD models are identified, the traditional comprehensive, the focused and the dynamic Software QFD models. Together with the main activities and the principles of Software QFD they represent the state of the science and practice of Software QFD. Agile Software QFD is an evolutionary development of software QFD. It represents a further development of the so-called Continuous QFD with regard to application within agile software development.

The proposal for Agile Software QFD is based on 27 design requirements on agile Requirements Engineering. They are derived from the principles and values of agile software development, the handling of requirements in agile development models and empirical sources of agile Requirements Engineering. These design requirements also form the basis for the evaluation of the proposed techniques of Agile Software QFD. The proposal for Agile Software QFD is characterized by its embedding in the agile iteration cycle and distinct methodological features such as the incrementally growing prioritization matrix and the priority map.

Evaluated against the derived design requirements and compared to the most widespread techniques of agile Requirements Engineering, Agile Software QFD can provide additional value to agile development: focus on the most important stakeholder needs; search for alternative and better solutions; and close cooperation with customers/users. Agile Software QFD thus embodies the design-engineering part of Requirements Engineering in an agile software development. It is the expression of a truly business value oriented, agile requirements engineering. Similarly, Software QFD benefits from the methodological innovations as well as from the embedding in an iterative development process, which itself becomes more and more the standard procedure for developing products, not only software.

1. Einleitung

1.1 Problemstellung

Das Software Engineering hat seit seinen Anfängen Ende der 60er Jahre[1] des vergangenen Jahrhunderts unzählige Gestaltungsvorschläge zur Softwareentwicklung hervorgebracht. Stellvertretend und kontrastierend seien hier nur das „alte“ Wasserfallmodell mit seinen iterativen Erweiterungen wie dem risikoorientierten Spiralmodell und die „jüngeren“ agilen Entwicklungsmodelle wie Adaptive Software Development, Extreme Programming (XP) oder Scrum genannt.[2] Aber gleichgültig ob detaillierten oder groben, fokussierten oder umfassenden, konkreten oder allgemeinen Gestaltungsvorschlägen der Vorzug gegeben wird, eine Aussage ist und bleibt universell gültig:

Jedes erfolgreiche Softwareprodukt[3] muss letztendlich die Bedürfnisse der Kunden befriedigen.[4] Oder mit den Worten von Kent Beck, dem Begründer von XP, ausgedrückt:

„The driver of a software project is the customer. If the software doesn't do what they want it to do, you have failed.“[5]

Die Kundenbedürfnisse konkretisieren sich für die Softwareentwicklung in Anforderungen an das Produkt.[6] Deshalb ist es unmittelbar einsichtig, dass Anforderungen in jedem Softwareentwicklungsvorhaben[7] vorhanden und notwendig sind, unabhängig von der konkreten Ausgestaltung des Entwicklungsprozesses und von der Art des zu entwickelnden Produkts.

Das agile Entwicklungsparadigma hat sich dabei in den letzten Jahren immer mehr zum Standardvorgehen vieler Softwareentwicklungsprojekte entwickelt. So stufen in einer aktuellen Studie über 60% von 368 IT-Verantwortlichen Scrum als zentral für

1 Im Allgemeinen werden die beiden NATO-Konferenzen 1968 in Garmisch, vgl. Naur und Randell (1969), und 1969 in Rom, vgl. Buxton und Randell (1970), als die Ursprünge des Software Engineering angesehen.

2 Vgl. zu diesen Modellen der Softwareentwicklung insbesondere Beck (1999a), Boehm (1981), Boehm (1988), Highsmith (1999), Schwaber und Beedle (2002).

3 Im Folgenden werden die Begriffe Produkt, Softwareprodukt und Software synonym verwendet. Siehe zur Definition des Softwarebegriffs Kap. 1.3.

4 Vgl. z. B. Herzwurm (2000b), S. 14-15, Herzwurm et al. (1997), S. 1-2, Hildebrand und Hofmann (1995), S. 274, Mellis (2001), S. 403 und Mellis et al. (1998), S. 6-7, 22-23.

5 Beck (1999a), S. 28.

6 Siehe zur genauen Klärung des Anforderungsbegriffs Kap. 2.1.

7 Eine Softwareentwicklung wird in der Regel in Form eines Projekts (synonym Vorhaben) abgewickelt, vgl. z. B. Weltz und Ortmann (1992), S. 49.

ihren Tätigkeitsbereich ein, weitere 25% nutzen es neben anderen Methoden.[8] Entstanden vor gut 15 Jahren als Gegenbewegung zu den oft eher bürokratischen und schwergewichtigen Prozessmodellen wie dem V-Modell des Bundes[9] stehen diese Vorgehensweisen für Einfachheit und Flexibilität durch kurze Iterationszyklen, direkte Interaktion mit und Feedback von der Fachseite bzw. den Kunden, selbstorganisierende Teams sowie frühe und kontinuierliche Auslieferung funktionierender Software unter stetiger Berücksichtigung von Anforderungsänderungen.[10]

Innerhalb der agilen Softwareentwicklung wird in jedem Entwicklungszyklus eine abgestimmte Menge von Anforderungen in ein auslieferbares Produktinkrement umgewandelt.[11] Um diese Anforderungen festzulegen, ist im Allgemeinen deren Auswahl aus einer größeren Menge an möglichen Anforderungen zwingend notwendig. Inhärenter Bestandteil der agilen Softwareentwicklung in Inkrementen ist demzufolge die Bewertung und Priorisierung von Anforderungen.[12] Auf dieser Basis werden dann die wichtigsten dieser Anforderungen als konkrete, handlungsleitende Vorgaben für die Entwicklung ausgewählt.

Genau zu dieser Fokussierung der Entwicklungsaktivitäten in den frühen Phasen der Softwareentwicklung hat sich der Einsatz von Software QFD bewährt. Software QFD ist eine Variante der Qualitätsmethode Quality Function Deployment (QFD) zur Entwicklung von Softwareprodukten.[13] Der Schwerpunkt der Anwendung und die große Stärke von Software QFD ist die systematische und unter allen Stakeholdern abgestimmte Ermittlung der wichtigsten Anforderungen aus Kundensicht, die dann weiter bewertet und zu spezifischen Entwicklungsvorgaben verdichtet werden. Stakeholder sind dabei alle Individuen oder Organisationen, deren Wünsche und Erwartungen durch das Softwareprodukt erfüllt werden sollen, sowohl auf Seiten der Auftraggeber als auch der Auftragnehmer.[14] Übergeordnetes Ziel der Anwendung von Software QFD ist ein Softwareprodukt, das nicht alle technisch möglichen, sondern die von den

---

8 Vgl. Komus und Kuberg (2015), S. 9. Kanban und Extreme Programming folgen mit deutlichem Abstand, sind aber ebenfalls mit rund 50% relevant.

9 Vgl. Weit (2015).

10 Vgl. Beck et al. (2001), Bourque und Fairley (2014), S. 9-9, Grau und Lauenroth (2014), S. 9, ISO/IEC/IEEE 26515 (2012), S. 2, 6.

11 Vgl. Riegel (2016), S. 2, Schwaber (2007), S. 8-9.

12 Vgl. Bakalova (2011), S. 181-183, Burge (2008), S. 144, Racheva et al. (2010a), Ramesh et al. (2010), S. 458-459.

13 Vgl. zu einer Übersicht über Software QFD Ansätze Kap. 2.4 sowie zu QFD allgemein Akao (1990a), Cohen (1995), Mizuno und Akao (1994) und Saatweber (2011).

14 Vgl. Bourque und Fairley (2014), S. 1-4, ISO/IEC 12207 (2008), S. 7, 10.

Stakeholdern gewünschten Fähigkeiten und Eigenschaften aufweist und gleichzeitig den Wettbewerb berücksichtigt.

Sowohl Software QFD als auch die agilen Entwicklungsmethoden definieren die Zufriedenheit der Kunden als oberste Maxime für die Ausgestaltung ihres Handelns.[15] Und obwohl Software QFD offensichtlich eine für das agile Paradigma wertvolle Stärke in der Umsetzung von Kundenbedürfnissen in priorisierte Anforderungen besitzt, ist dessen Integration mit agilen Entwicklungsmethoden bisher nicht erfolgt. Dies belegt eine aktuelle, umfassende Analyse von Software QFD Literatur, die darüber hinaus eine Mehrheit von QFD Anwendungen ohne klare Einbettung in Entwicklungsaktivitäten ausweist.[16] Die Frage, ob Software QFD auch in Zeiten agiler Softwareentwicklung eine Rolle spielen wird oder zunehmend an Bedeutung verliert, ist demzufolge derzeit ungeklärt.

1.2 Forschungsfragen

Das übergeordnete Ziel dieser Arbeit ist die Konzeption eines Agilen Software QFD. Die grundlegende Forschungsfrage lautet somit:

Wie kann Agiles Software QFD aussehen?

Um die Merkmale eines Agilen Software QFD begründet zu identifizieren, müssen die Potentiale von Software QFD den Bedingungen des agilen Paradigmas gegenübergestellt werden. Somit sind folgende beiden Forschungsfragen handlungsleitend:

Forschungsfrage 1:
Was ist der aktuelle Stand der Wissenschaft und Praxis bzgl. Software QFD?
Forschungsfrage 2:
Welche Anforderungen muss Agiles Software QFD erfüllen?

Forschungsfrage 1 bedingt eine Analyse des klassischen QFD, der Besonderheiten von Software QFD und der existenten Software QFD Modelle. Forschungsfrage 2 bedingt die Analyse der agilen Prinzipien und der agilen Entwicklungsmodelle im Hinblick auf deren Umgang mit Anforderungen als dem zentralen Artefakt des Software QFD.

15 Vgl. die Prinzipien hinter dem Agilen Manifest Beck et al. (2001) sowie Kap. 4.3 und 4.6.1; vgl. für QFD z. B. den ISO-Standard zu QFD ISO 16355-1 (2015), S. vii sowie Kap. 3.2 und 3.6.

16 Vgl. Herzwurm et al. (2016), S. 182-187.

1.3 Forschungsmethodik

Diese Arbeit versteht sich als Beitrag zur Wirtschaftsinformatik (WI), die als interdisziplinäre Disziplin auf Erkenntnissen der Betriebswirtschaftslehre und der Informatik aufbaut und diese um spezifische Forschungsergebnisse ergänzt.[17] Entwicklung, Betrieb und Pflege von Informationssystemen stehen im Mittelpunkt der Wirtschaftsinformatik.[18] Zu Informationssystemen als soziotechnische Systeme zählen drei Objekttypen und ihre Beziehungen untereinander: Menschen als personelle Aufgabenträger, Informations- und Kommunikationstechnik (IKT) als maschinelle Aufgabenträger und die zu unterstützenden betrieblichen Aufgaben und Prozesse eingebettet im jeweils individuellen organisatorischen Kontext.[19] Neben der Hardware sowie sonstigen technischen Anlagen wie (Tele-)Kommunikationseinrichtungen und Netzwerken umfasst die IKT insbesondere die Software. Unter Software werden in dieser Arbeit im Einklang mit der überwältigenden Mehrheit an Definitionen Computerprogramme, Prozeduren einschließlich der zugehörigen Dokumentationen und Daten verstanden.[20] Software wird dabei typischerweise grob unterschieden in Anwendungssoftware zur Durchführung von Aufgaben in unterschiedlichen betrieblichen Anwendungsgebieten und für eine spezielle Hardware entwickelte Systemsoftware zum Betrieb oder zur Wartung dieser Hardware.[21]

Neben den Innovationen in den Informationssystemen selbst sind die wesentlichen Erkenntnisziele einer gestaltungsorientierten Wirtschaftsinformatik praktisch verwendbare Ziel-Mittel-Aussagen als Handlungsanleitungen zur Konstruktion und zum Betrieb von Informationssystemen.[22] Mit ihrem übergeordneten Ziel, der Konzeption eines Agilen Software QFD, will diese Arbeit einen Beitrag zu diesen Handlungsanleitungen der gestaltungsorientierten WI leisten. Die gestaltungsorientierte Forschung möchte dabei

---

17 Vgl. Seibt (1990), S. 7-10.

18 Vgl. Seibt (1990), S. 10-15, WKWI (1994), S. 80.

19 Vgl. Hess (2010), S. 7-8, Österle et al. (2010a), S. 666, WKWI (1994), S. 80. Ähnlich auch in der angloamerikanischen Literatur: „A system can be considered a collection of hardware, software, data, people, facilities, and procedures organized to accomplish some common objectives." Thayer und Dorfman (1997), S. 1.

20 Vgl. zu einem Überblick über Softwaredefinitionen z. B. Balzert (2009), S. 3-4.

21 Vgl. z. B. Balzert (2009), S. 4-5, IEEE 610.12 (1990), S. 74, Stahlknecht (2001). Anwendungssoftware wird heute i. d. R. synonym verwendet zu Anwendungssystemen, vgl. Gabriel (2013).

22 Vgl. Österle et al. (2010a), S. 666-667. Die gestaltungsorientierte WI wird dabei von einer verhaltensorientierten WI abgegrenzt, das mittels der Entdeckung von Ursache-Wirkungs-Zusammenhängen vorrangig die Erklärung der Realität zum Ziel hat, vgl. Österle et al. (2010a), S. 667, Winter (2014), S. 66-67,

präskriptiv für bestimmte Ziele und/oder Kontexte aufzeigen, wie etwas zu tun ist und nicht (nur) möglichst neutral den Ist-Zustand beschreiben.[23]

Die Arbeit orientiert sich dabei grundsätzlich an den vielzitierten Richtlinien für eine gestaltungsorientierte Forschung (englisch: design-science research guidelines) in der WI von Hevner et al.[24] Insbesondere wird mit dem agilem Software QFD ein Artefakt für das praktische Problem der Integration von Software QFD mit agilen Methoden konstruiert und evaluiert (Guidelines 1, 2 und 3). Die Forschungsmethodik folgt dem typischen dreistufigen Erkenntnisprozess der gestaltungsorientierten WI aus Analyse, Entwurf und Evaluation.[25] Die Forschungsfrage 1 zielt dabei schwerpunktmäßig auf die Analyse des State-of-the-Art in Software QFD ab. Die Forschungsfrage 2 begründet dann den Entwurf eines Agilen Software QFD, der dann abschließend evaluiert wird.

Mit dem übergeordneten Ziel dieser Arbeit, der Gestaltung eines Agilen Software QFD, ist die Arbeit ebenfalls dem Software Engineering bzw. genauer dem Requirements Engineering (RE) als dessen Teildisziplin zuzuordnen. Software Engineering wird allgemein definiert als „the application of a systematic, disciplined, quantifiable approach to the development, operation, and maintenance of software".[26] Unter Software Engineering werden in diesem Sinne alle technischen wie organisatorischen Aspekte der Erstellung von Software zusammengefasst.[27] Das Requirements Engineering (grob[28]) definiert als alle Aktivitäten der Ermittlung, Beschreibung und Pflege einer Menge von Anforderungen (englisch: requirements) ist dementsprechend eine Teilaufgabe der Softwareentwicklung, d. h. also Teil des Prozesses der Transformation von (in Anforderungen zu übertragenden) Kundenbedürfnissen in ein Softwareprodukt.[29] Da die Anforderungen das zentrale Artefakt des (agilen) Software QFD darstellen, kann es somit als Teil des Requirements Engineerings angesehen werden.[30]

---

23 Vgl. Winter (2014), S. 66.
24 Vgl. Hevner et al. (2004), S. 82-90.
25 Vgl. Becker (2010), Österle (2010a), S. 667-668.
26 IEEE 610.12 (1990), S. 67. Vgl. zu einer Übersicht mit Definitionen des Software Engineering z. B. Balzert (2009), S. 17-19.
27 Vgl. Sommerville (2011), S. 7-8.
28 Siehe zur genauen Begriffsklärung Kap. 2.2.
29 Vgl. IEEE 610.12 (199), S. 67.
30 Das RE (im weiteren Sinne) wird also sowohl als Teildisziplin des Software Engineering als auch (im engeren Sinne) als Teilaufgabe der Softwareentwicklung angesehen, vgl. dazu Partsch (1998), S. 17-20.

Requirements wie auch Software „Engineering“ stehen als Bezeichnungen für den langgehegten Wunsch, ebenso etablierte und bewährte Mittel zur Erstellung von Software verwenden zu können wie traditionelle Ingenieurdisziplinen.[31] Konkreter steht der Begriff für die Anwendung von wissenschaftlich belegten Vorgehensweisen und den ökonomischen Einsatz von Ressourcen zur Entwicklung von kosteneffizienten Lösungen zu für die Kunden relevanten Problemen, die im Ideal auch noch gesellschaftlichen Nutzen stiften.[32] Shaw identifiziert dazu folgende Aussage als Bestandteil jeder Definition von Engineering: „Creating cost-effective solutions [...] to practical problems [...] by applying scientific knowledge [...] to building things [...] in the service of mankind.“[33] Insbesondere sollen Antworten zu regelmäßig in der Praxis wiederkehrenden Fragen bereitgestellt werden, bereits ermittelte Lösungen bzw. Lösungsvorschläge stehen gegenüber der (vermeintlich) virtuosen, aber immer wieder neuen Problemlösung im Vordergrund.[34]

Um somit sowohl dem Anspruch des „Engineering“ als auch der Gestaltungsorientierung gerecht zu werden, sind begründete Gestaltungsempfehlungen nötig, denn nur solche Maßnahmen, die explizit ihren Nutzen im Sinne von Vorteilen ihrer Anwendung verdeutlichen, haben für die Praxis eine handlungsleitende Funktion. Erst ihre Begründung macht eine Maßnahme zu einer Gestaltungsempfehlung.[35] Selbst wenn viele Gestaltungsvorschläge durch einen vermeintlichen Universalitätsanspruch versuchen, eine höhere Verbreitung in der Praxis zu finden,[36] so müssen sie doch gerade dazu ihren Nutzen begründen. Denn warum sonst sollte ein Praktiker den Vorschlägen folgen?

Den Idealfall hinsichtlich der handlungsunterstützenden Funktion bilden sog. praxeologische Aussagen.[37] Solche präskriptiven Aussagen geben an, „unter welcher Zielsetzung welche Maßnahme für bestimmte Aufgaben unter den jeweils herrschenden Bedingungen bei Berücksichtigung der Wirkungen ergriffen werden können“.[38] Zu

31 Vgl. Balzert (2009), S. 17, Sommerville (2016), S. 7-9 und Wirtz (2001), S. 417.
32 Vgl. Mittermeir (1990), S. 246, Nuseibeh und Easterbrook (2000), S. 35-36 und Shaw (1990), S. 15-16.
33 Shaw (1990), S. 15.
34 Vgl. Shaw (1990), S. 16.
35 Zur sprachlichen Auflockerung werden die Begriffe Gestaltungsvorschlag und Gestaltungsempfehlung ebenso synonym verwendet wie die Begriffe Gestaltungsmaßnahme, Gestaltungsmittel und Gestaltungsmöglichkeit.
36 Vgl. Jackson (1995), S. 114-115, Jackson (2001), S. xvi-xvii.
37 Vgl. Grochla (1978), S. 70, Kubicek (1975), S. 13-15.
38 Grochla (1978), S. 70.

Gunsten des Erkenntnisfortschritts sind allerdings auch „einfachere“ Möglichkeitsaussagen über Beziehungszusammenhänge zwischen nur einzelnen der beteiligten Größen nicht nur erlaubt, sondern sogar wissenschaftliche Notwendigkeit.[39] Bei diesen handelt es sich dann allgemein um sog. explanatorische Aussagen d. h. wenn-dann-Aussagen über Vermutungen, wie und in welcher Richtung zwei oder mehr Größen in einem Beeinflussungszusammenhang stehen.[40] Konkreter sind es Zweck-Mittel-Beziehungen zwischen möglichen Lösungen und den adressierten Problemen bzw. Problemanforderungen.[41] Auch solche kausalen Annahmen haben eine handlungsleitende Funktion und bilden zudem (neben terminologischen und deskriptiven Aussagen)[42] eine Voraussetzung für die gestaltungsorientierte Forschung, denn jede echte Handlungsunterstützung basiert auf solchen Wirkungszusammenhängen.[43] Hier zeigt sich auch das Ineinandergreifen von pragmatischen und theoretischen Forschungsbemühungen. Das pragmatische (oder technologische) Forschungsziel steht dabei für die Formulierung und Begründung von Gestaltungsmöglichkeiten unter Verfolgung von gestaltenden WIE-Fragen. Jedoch kann dies i. d. R. nur durch die gehaltvolle Erklärung realer Sachverhalte erreicht werden, d. h. durch die Verfolgung des theoretischen (oder reinen) Wissenschaftsziels mittels erklärender WARUM-Fragen.[44]

Um diese Zweck-Mittel-Beziehungen in Form von Problemanforderungen (Gestaltungsziele bzw. Gestaltungswirkungen, auch Gestaltungsanforderungen) und Lösungsmöglichkeiten (Gestaltungsmaßnahmen ggf. unter Berücksichtigung von Gestaltungsbedingungen) abzuleiten und darzustellen, wird in dieser Arbeit auch auf das einfache Darstellungsmittel einer Matrix zurückgegriffen. Das ideale Gestaltungsmodell wird dabei vereinfacht auf zwei Dimensionen reduziert, die miteinander korrelieren (Abb. 1). Gestaltungsmaßnahmen im Sinne von Lösungsmöglichkeiten wirken dabei mittelbar oder unmittelbar positiv (oder auch potentiell negativ) auf Gestaltungsziele im Sinne von Problemanforderungen ein. Durch diese Darstellung können gleichzeitig

39 Bereits Kubicek macht die vielfältigen Schwierigkeiten deutlich, die mit der Formulierung von praxeologischen Aussagen verbunden sind, vgl. Kubicek (1975), S. 40-44. Vgl. dazu für Design Science auch Hevner et al. (2004), S. 88, Venable (2006), S. 11-12.

40 Vgl. Grochla (1978), S. 74-75, Kubicek (1975), S. 115-117.

41 Vgl. Venable (2006), S. 12-13, Winter (2014), S. 75.

42 Dabei handelt es sich im Wesentlichen um notwendige definitorische Festlegungen zur Erarbeitung eines begrifflichen Instrumentariums eines wissenschaftlichen Sprachgebrauchs und um den Gegenstandsbereich d. h. den betrachteten Realitätsausschnitt beschreibenden Aussagen, vgl. Grochla (1978), S. 69, Kubicek (1975), S. 80, 104.

43 Vgl. Grochla (1978), S. 61-62, Kubicek (1975), S. 112-113, Winter (2006), S. 79-80.

44 Vgl. allgemein zu diesen Forschungszielen Grochla (1984), S. 2899, Kieser und Kubicek (1992), S. 56, Kubicek (1975), S. 29-31.

alternative Lösungen miteinander verglichen werden bzw. ggf. auf Basis von unterschiedlichen Schwerpunkten auf der Problemseite (z. B. durch Priorisierung der Gestaltungsziele) bewertet werden. Eine Maßnahme mit negativer bzw. keiner oder zu geringer Wirkung hat beispielsweise keine hinreichende handlungsleitende Funktion und ist daher als Gestaltungsempfehlung ungeeignet. Auf der anderen Seite weist ein Gestaltungsziel mit unzureichender Berücksichtigung durch geeignete Lösungen auf ein schlecht bzw. nicht lösbares Problem hin.

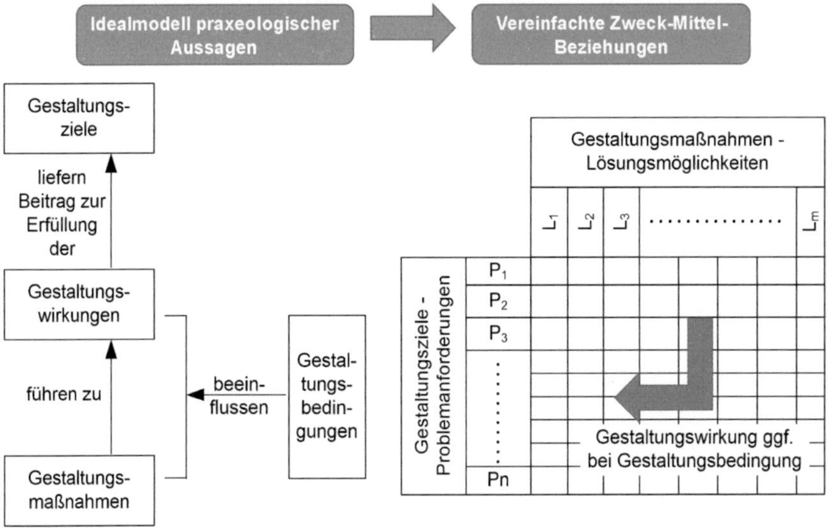

Abbildung 1: Darstellung von Zweck-Mittel-Beziehungen

Die Forschungsmethodik dieser Arbeit lässt sich somit folgendermaßen zusammenfassen: Auf Grundlage einer Analyse des Standes der Wissenschaft und Praxis von Software QFD sowie des agilen Entwicklungsparadigmas werden Gestaltungsanforderungen an ein Agiles Software QFD abgeleitet. Die Lösungen existierender Software QFD Modelle werden bzgl. dieser Anforderungen beurteilt und auf dieser Basis Gestaltungsvorschläge für ein Agiles Software QFD entworfen und evaluiert. Der Erkenntnisprozess der gestaltungsorientierten WI wird dabei durch Zweck-Mittel-Matrizen von möglichen Problemlösungen und den durch diese adressierten Problemanforderungen unterstützt.

1.4 Aufbau der Arbeit

Der Aufbau der Arbeit gliedert sich neben dieser Einleitung und dem Fazit in Kap. 6 in vier Kapitel und ist in Abb. 2 dargestellt.

Kapitel zwei legt mit der Analyse des Anforderungsbegriffs (Kap. 2.1) sowie den Grundlagen des Requirements Engineering (Kap. 2.2) den terminologischen Grundstein der Arbeit. Es bildet sozusagen den konzeptionellen Rahmen für die gesamte Ausarbeitung, denn das zentrale Einsatzgebiet von Software QFD ist das Requirements Engineering.

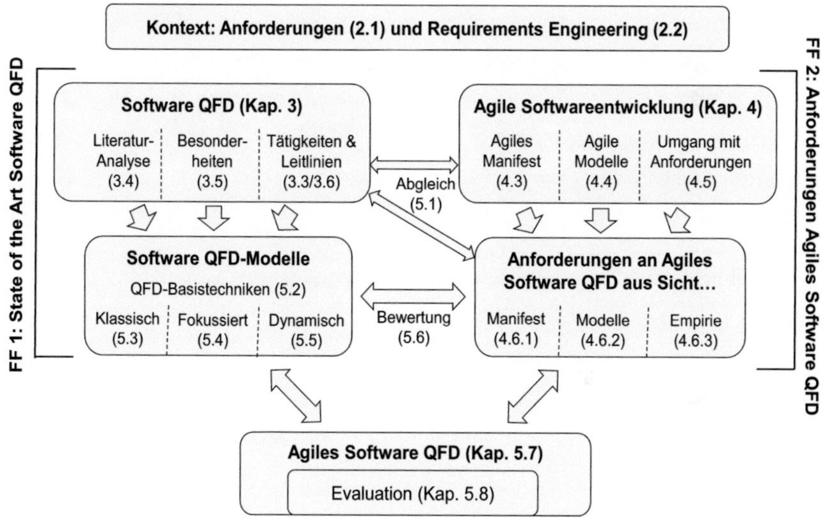

Abbildung 2: Aufbau der Arbeit

Kapitel drei beschreibt die Grundlagen des Software QFD. Nach kurzem geschichtlichem Abriss von Software QFD (Kap. 3.1) wird es zunächst allgemein definiert (Kap. 3.2). Anschließend werden die Haupttätigkeiten (Kap. 3.3) und handlungsleitenden Prinzipien (Leitlinien, Kap. 3.6) von Software QFD identifiziert und aufbauend auf einer Literaturanalyse des Software QFD (Kap. 3.4) dessen Besonderheiten im Verhältnis zu klassischem QFD (Kap. 3.5) herausgearbeitet. Das Kapitel schließt mit einer Gegenüberstellung von möglichen Vor- und Nachteilen von Software QFD.

Ziel von Kapitel vier ist die begründete Herleitung von Gestaltungsanforderungen an ein Agiles Software QFD aus Sicht der agilen Softwareentwicklung. Nach kurzer Darlegung des Agilitätsbegriffs (Kap. 4.1) und Historie (Kap. 4.2) werden zuerst die agile

Softwareentwicklung in Leitlinien (Kap. 4.3) und Modellen (Kap. 4.4) vorgestellt sowie der typische Umgang mit Anforderungen – als dem zentralen Artefakt von Software QFD und damit „natürlichem“ Anknüpfungspunkt für eine Integration – bei agiler Entwicklung beschrieben (Kap. 4.5). Auf dieser Basis erfolgt abschließend die Ableitung von Problemanforderungen aus Sicht der Agilität und agiler Entwicklungspraxis (Kap. 4.6).

Kapitel fünf begründet das Agile Software QFD. Zunächst wird sichergestellt, dass die Voraussetzungen einer Anwendung von Software QFD sowie dessen Leitlinien mit den Prinzipien der agilen Softwareentwicklung und den Problemanforderungen grundsätzlich harmonieren (Kap. 5.1). Nach Vorstellung grundlegender QFD-Basistechniken (Kap. 5.2) werden drei Kategorien von Software QFD Modellen identifiziert und dargestellt (Kap. 5.3 bis 5.5). Auf Basis ihrer vergleichenden Bewertung (Kap. 5.6) insb. hinsichtlich der Problemanforderungen aus Kap. 4.6 werden Gestaltungsmaßnahmen des Agilen Software QFD hergeleitet und beschrieben (Kap. 5.7) und abschließend evaluiert (Kap. 5.8).

Die Arbeit schließt mit einem einer kritischen Würdigung des Vorgehens und der Ergebnisse sowie eines Ausblicks in Kap. 6.

2. Grundlagen des Requirements Engineering

Dieses Kapitel beschreibt die Grundlagen des Requirements Engineering (RE). Es bildet den begrifflichen und konzeptionellen Rahmen für die gesamte Arbeit, denn das wesentliche Einsatzgebiet von Software QFD ist das RE. In Kap. 2.1 wird ein grundlegendes Begriffsverständnis für das zentrale Artefakt des Software QFD, die Anforderungen, aufgebaut. In Kap. 2.2 werden die Ziele und Tätigkeiten des Requirements Engineering beschrieben.

2.1 Anforderungen

„If your software does not have to satisfy a need, then you can build anything.“[45]

2.1.1 Anforderungsarten

Folglich werden **Anforderungen** allgemein definiert als Eigenschaften, die ein Produkt zur Befriedigung von Bedürfnissen bzw. zur Lösung eines bestimmten Problems besitzen muss.[46] Entsprechend wird im IEEE Standard Glossary of Software Engineering Terminology eine Anforderung gleichrangig als „(1) condition or capability needed by a user to solve a problem or achieve an objective“ und „(2) condition or capability that must be met or possessed by a system “ definiert.[47] Dabei detaillieren „condition or capability“, also Bedingung und Fertigkeit bzw. Fähigkeit, die Produkteigenschaften. Deutlich prägnanter werden diese beiden speziellen Merkmale von Softwareprodukten aber durch folgende, sich ergänzende Definitionen von Anforderungen beschrieben:

„A requirement is something that the product must do [...] or a quality it must have.“[48] „They are descriptions of how the system should behave, or of a system property or attribute.“[49]

Dies führt zur Unterscheidung von Anforderungsarten in funktionale und nicht-funktionale Anforderungen. **Funktionale Anforderungen** (oder Produktfunktionen, Softwarefunktionen, Funktionen) entsprechen den Fähigkeiten oder Leistungen eines Produkts. Sie beschreiben, wie das Produkt auf bestimmte Eingaben bzw. in bestimmten

45 Robertson und Robertson (2012), S. 3.
46 Vgl. Glinz (2014), S. 17, IEEE 610.12 (1990), S. 62. Genauer handelt es sich hier um die Definition der Produktanforderungen, siehe weiter unten in diesem Kapitel.
47 Beide Zitate aus IEEE 610.12 (1990), S. 62 bzw. ISO/IEC/IEEE 24765 (2010), S. 301.
48 Robertson und Robertson (2012), S. 9.
49 Sommerville, Sawyer (1997), S. 4.

Situationen reagieren soll.[50] Im Allgemeinen erzeugen Produktfunktionen ein durch die Benutzer wahrnehmbares Ergebnis, allerdings ist ihre Erfüllung bzw. der Grad ihrer Erfüllung i. d. R. nicht unmittelbar quantitativ messbar.[51] Sie beantworten folgende Frage:

Welche Funktionen sollen in der Software realisiert werden?

Nicht-funktionale Anforderungen (oder Qualitätsmerkmale, Qualitätsanforderungen, Qualitätsattribute) beziehen sich auf einzelne oder mehrere der funktionalen Anforderungen (oder auch das Softwareprodukt als Ganzes) und geben im Sinne einer Bedingung an, welche Qualitätsmerkmale bei deren Realisierung zu berücksichtigen sind.[52] In der Regel ist es möglich, ihre Erfüllung bzw. den Grad ihrer Erfüllung während bzw. nach der Entwicklung quantitativ nachzuweisen, allerdings erzeugen sie alleine für die Benutzer i. Allg. keinen wahrnehmbaren Output.[53] Sie sind kategorisiert in sog. Qualitätsmodellen, wie z. B. in der ISO/IEC 25010 (ehemals ISO/IEC 9126-1), die insgesamt acht Eigenschaften wie die Zuverlässigkeit, die Effizienz oder die Sicherheit als typische Qualitätsmerkmale nennt, die dann weiter in Sub-Charakteristika unterteilt werden.[54] Sie geben Antwort auf folgende Frage:

Welche Qualitätsmerkmale soll(en) die (Funktionen der) Software besitzen?

Neben dieser klassischen Unterscheidung in Produktfunktionen und Qualitätsmerkmale gibt es noch eine weitere Anforderungsart, die sog. **Randbedingungen** (oder Rahmenbedingungen). Wie die englische Bezeichnung „design constraints" bereits andeutet, handelt es sich dabei um Anforderungen, die das Design einer Software bzw. allgemein die technische Umsetzung von (u. U. allen anderen) Anforderungen beeinflussen bzw. einschränken (oder sogar gänzlich verhindern).[55] Ursache für diese Restriktionen sind i. d. R. die notwendige Einhaltung von Standards und Gesetzen,

[50] Vgl. Sommerville (2011), S. 84-85. Eine Reaktion ist z. B. die Transformation der Eingaben in festgelegte Ausgaben.

[51] Vgl. Harwell (1997), S. 25, Herzwurm et al. (1997), S. 30-31, Herzwurm et al. (2000b), S. 28, Gilb (1997), S. 166.

[52] Vgl. Rupp und die SOPHISTen (2014), S. 268, Sommerville (2011), S. 85.

[53] Vgl. Harwell (1997), S. 25, Herzwurm et al. (1997), S. 30-31, Herzwurm et al. (2000b), S. 28, Gilb (1997), S. 166-167.

[54] Vgl. ISO/IEC 25010 (2011), S. 3-4.

[55] Vgl. Ebert (2014), S. 32, Leffingwell (2011), S. 340, Pohl und Rupp (2014), S. 9.

organisatorische Rahmenbedingungen insb. bezogen auf den vorgeschriebenen Entwicklungsprozess (Prozessanforderungen[56]) oder technische Beschränkungen wie Schnittstellen zu existierenden Systemen oder verfügbare Hardwareplattformen.[57] Auch Kosten- und Zeitbeschränkungen können hierunter gefasst werden, allerdings sind dies i. d. R. keine Anforderungen an das Produkt, da sie das Projekt als Ganzes betreffen.[58]

Die Randbedingungen nehmen eine gewisse Sonderstellung unter den drei Anforderungsarten ein, da sie ihrem Wesen nach zwingend berücksichtigt werden müssen. Alle Anforderungen schränken den Lösungsraum ein und dienen als Vorgabe für nachfolgende Entwicklungstätigkeiten. Doch der Gestaltungsspielraum bei ihrer Umsetzung in Design und Programmierung ist bei Randbedingungen per Definition gering bis gar nicht vorhanden.[59] In dieser Arbeit wird deswegen der Begriff der **Produktanforderungen** i. d. R. nur auf die funktionalen und nicht-funktionalen Anforderungen bezogen.

2.1.2 Unterscheidung zwischen WAS und WIE

Der in Kap. 2.1.1 angesprochene Gestaltungsspielraum geht einher mit einer schon fast als legendär zu bezeichnende Charakterisierung von Anforderungen: sie sollen möglichst nur beschreiben, „*what* the software product will do (but *not how* it will do it [...])“.[60]

Diese einfache Abgrenzung zwischen dem „Was“ als Anforderung und dem „Wie“ als Design- und Implementierungsdetails ist missverständlich. Denn im Prinzip beschreiben auch die nicht-funktionalen Anforderungen, *wie* schnell, zuverlässig etc., d. h. unter Berücksichtigung welcher Qualitätseigenschaften, einzelne Leistungen erbracht werden sollen. Trotzdem wird durch die bloße Angabe von Qualitätsmerkmalen für einzelne oder alle Funktionen nicht unmittelbar das Design oder die Implementierung vorgegeben. Es bleibt Gestaltungsspielraum, die Qualitätsmerkmale sind genauso wie

56 Z. B. Forderungen nach bestimmten zu verwendenden Methoden oder Werkzeugen, aber auch zur Qualifikation der beteiligten Personen, vgl. Harwell (1997), S. 24-25, 29, Kotonya und Sommerville (1998), S. 191-192, Mittermeir (1990), S. 243-244, Partsch (1998), S. 24-25, Rupp und die SOPHISTen (2014), S. 294-295.

57 Vgl. ISO/IEC/IEEE (2011), S. 23, Leffingwell (2011), S. 345-347, Pohl (2010), S. 22-23, Robertson und Robertson (2012), 59-60.

58 Vgl. Ebert (2014), S. 32. Robertson und Robertson (2012), S 59-60 grenzen in diesem Sinne „solution constraints“ und „project constraints“ voneinander ab.

59 Vgl. Ebert (2014), S. 32.

60 Boehm (1976), S. 1227, auch Schmitz (1982), S. 73.

die Funktionen implementationsunabhängig und beschreiben in diesem Sinne das „Was".

Die Was/Wie-Unterscheidung ist zudem ungenau. Der RE-Pionier Alan M. Davis nennt dies das „what versus how"-Dilemma und definiert es als „one person's *how* is another person's *what*".[61] So identifiziert er allein drei potentielle Detaillierungsebenen für das „Was" im RE: die (1) Kundenbedürfnisse, den sog. (2) „product space" (oder „solution space") als die Menge aller möglichen Softwarelösungen, welche die Kundenbedürfnisse erfüllen, sowie eine (3) Menge von genau bestimmten Anforderungen, die das gewünschte Softwareverhalten exakt beschreiben.[62] Dieses Was/Wie-Spiel lässt sich weiterführen mit den Architekturkomponenten als Grobentwurf über Modulspezifikationen und Algorithmen als Bestandteile des Detailentwurfs bis hin zur Umsetzung dieser Vorgaben in ausführbaren Code. Der Schlüssel zur Klarstellung dieser unterschiedlichen Detaillierungsebenen liegt in den unterschiedlichen Personengruppen, die an der Softwareentwicklung beteiligt bzw. von ihr betroffen sind und deren Sichtweisen auf die Anforderungen. Oder anders ausgedrückt: Das Wie *einer Person* ist das Was einer *anderen Person*.

2.1.3 Stakeholder

Alle Personen, die von der Softwareentwicklung und vom späteren Einsatz und Betrieb der Software betroffen sind und deswegen (potentiell) direkt oder indirekt Einfluss auf die Anforderungen haben, werden als **Stakeholder** bezeichnet.[63] Der Kundenbegriff kann zwar in gleicher Weise definiert werden,[64] doch führt dies zu Missverständnissen, weil unter Kunden häufig nur die Auftraggeber (Management, Entscheider) der Entwicklung bzw. Käufer einer Software subsumiert werden.[65] Diese Personen mit vorrangig finanziellen Interesse (hierzu zählen z. B. auch Marketing- und Vertriebsmitar-

61 Davis (1993), S. 17.

62 Vgl. Davis (1990), S. 121, Davis (1993), S. 17-20, auch Pohl (2010), S. 24-26.

63 Vgl. Glinz (2014), S. 20, ISO/IEC/IEEE 24765 (2010), S. 343, Kotonya und Sommerville (1998), S. 10, Pohl und Rupp (2015), S. 3-4, Rupp und die SOPHISTen (2014), S. 79. Die Bezeichnung „Stakeholder" kommt aus dem Englischen (in Anlehnung an „to have a stake in" gleichbedeutend mit „einen Anteil an etwas haben" oder „von etwas (zukünftig) betroffen werden") und hat sich auch im Deutschen (z. B. gegen die Bezeichnung „Anspruchsträger", vgl. Ebert (2014), S. 58) weitestgehend durchgesetzt.

64 Vgl. Herzwurm et al. (1997), S. 24, Herzwurm et al. (2000b), S. 17, 58 ursprünglich zurückgehend auf Juran (1992), S. 44.

65 So z. B. in den Glossaren des IREB in Glinz (2014), S. 12 und von ISO/IEC/IEEE 24765 (2010), S. 87, auch in SWEBOK vgl. Bourque and Fairley (2014), S. 1-4.

beiter) gehören genauso zu den Stakeholdern wie die Benutzer (bzw. ihre Repräsentanten), die direkt mit einer Software arbeiten und sie für ihre Problemlösung einsetzen.[66] Aber auch die Analytiker, Softwarearchitekten, Designer, Programmierer und Tester als Verantwortliche für die Entwicklung, Projekt- und Qualitätsmanager, Wartungs- und Schulungspersonal sowie externe Gruppen wie Standardisierungsorganisationen oder der Gesetzgeber zählen dazu.[67] Alle Stakeholder haben ein Interesse an der zu entwickelnden Software und sind insbesondere potentielle Quellen von Anforderungen jeder Detaillierungsebene.

Zur weiteren Klärung der Detaillierungsebenen ist wesentlich, dass sich bei jeder Softwareentwicklung in sehr grober Differenzierung die Kundenseite (Auftraggeber, Benutzer, Käufer, Marketingmitarbeiter) und die Entwicklungsseite (Auftragnehmer, Entwickler, Analytiker) gegenüberstehen. Beide Parteien verbinden mit den Anforderungen unterschiedliche Zielvorstellungen.[68] Die Kundenseite ist in erster Linie interessiert an einer Beschreibung des Nutzens, der sich aus dem zukünftigen Einsatz der zu entwickelnde Software für sie potentiell ergeben wird. Sie verfolgt mit der Softwareentwicklung bestimmte Ziele oder Problemlösungen. Für die Entwicklungsseite hingegen sollen die Anforderungen möglichst eindeutig darlegen, was die zu realisierende Software können soll (und was nicht). Sie streben eine klare Beschreibung der funktionalen und nicht-funktionalen Anforderungen an.

Die unterschiedlichen Zielvorstellungen sind nicht gleichbedeutend damit, dass sich die „eine" Seite jeweils überhaupt nicht für die Sichtweise der „anderen" Seite interessiert. Ganz im Gegenteil birgt ein solches Verhalten große Gefahren für den Projekterfolg in sich.[69] Doch unabhängig davon, ob und wie gut sie miteinander kommunizieren, führt dies zu der Existenz einer gröberen Detaillierungsebene als die der Produktfunktionen und Qualitätsmerkmale, eben die der Kundenseite bzw. der Kundensicht.

---

66 Vgl. Macaulay (1993), S. 176, Macaulay (1996), S. 32.

67 Vgl. zu einer Übersicht von Stakeholder z. B. Macaulay (1993), S. 177, Macaulay (1996), S. 34, Rupp und die SOPHISTen (2014), S. 79-80.

68 Vgl. auch im Folgenden Ebert (2014), S. 59, Partsch (1998), S. 11, Scharer (1997), S. 30-31.

69 Vgl. zu solchen Kommunikationsproblemen und ihren Folgen Curtis et al. (1988), Partsch (1998), S. 11-13, Scharer (1997), S. 30-32. Nicht zuletzt legt das agile Paradigma großen Wert auf die Zusammenarbeit aller Beteiligten, vgl. Beck et al. (2001), Davies und Sedley (2010), S. 87.

2.1.4 Detaillierungsebenen von Anforderungen

Anforderungen der Detaillierungsebene der Kunden beantworten die Frage nach dem „warum“ etwas realisiert werden soll und begründen damit die Existenz des Produkts.[70] Sie repräsentieren die Begründung für einen Realisierungswunsch ausgedrückt durch Vorteile, die sich aus der Nutzung der Software ergeben sollen. Sie konkretisieren für die Softwareentwicklung die mit ihnen eng verwandten Kundenbedürfnisse[71]. Ein **Kundenbedürfnis** steht dabei allgemein für ein Gefühl des Mangels verbunden mit dem Streben, diesen zu beseitigen.[72] Der Mangel bezieht sich z. B. bei Anwendungssoftware typischerweise auf Probleme mit der momentanen Abwicklung (mit oder ohne unterstützende Software) eines Geschäftsprozesses innerhalb einer Organisation. Positiv formuliert stellt ein Kundenbedürfnis folglich einen möglichen Vorteil dar, den der Kunde bei der Benutzung der Software erfährt.[73] Eine Software muss, um erfolgreich zu sein, Eigenschaften besitzen, die Kundenbedürfnisse befriedigt bzw. konkrete Probleme löst.

Im Kern lassen sich die beiden Detaillierungsebenen von Anforderungen somit als die Gegenüberstellung von Problem- vs. Lösungsraum beschreiben. Der Kundennutzen, die angestrebten Vorteile durch die Nutzung des Produkts stehen den funktionalen und nicht-funktionalen Eigenschaften eines Produkts gegenüber. Beides repräsentieren Anforderungen an ein Produkt, denn bei beiden handelt es sich allgemein um Produkteigenschaften. Die unterschiedlichen Sichtweisen haben aber zur Herausbildung dieser zwei Anforderungsebenen geführt. Je nach Kontext werden sie unterschiedlich bezeichnet (Tab. 1). Keine dieser Begriffspaare ist ideal. Aber durchaus in den Ansätzen gut begründet. So beispielsweise die Differenzierung in System- und Softwareanforderungen im Systems Engineering.[74] Dies rührt daher, dass jedwede Software eingebettet ist in ein umfassenderes System (z. B. ein Informationssystem oder auch ein technisches System), denn Software allein stiftet keinen Nutzen.[75] Dementsprechend ist die Softwareentwicklung nur ein Teil der umfassenderen Systementwicklung, denn

70 Vgl. auch im Folgenden Herzwurm et al. (2000b), S. 18.

71 Im Englischen uneinheitlich bezeichnet als customer, user, stakeholder oder business need. Vgl. auch ISO 16355-1 (2015), S. 2.

72 Vgl. Angermeier (2014), Harbrecht (1993), S. 266

73 Vgl. Herzwurm et al. (1997), S. 28-29, ISO 16355-1 (2015), S. 2.

74 Vgl. zum Systems Engineering z. B. Forsberg und Mooz (1997), Haberfellner et al. (2015) und INCOSE (2015).

75 Vgl. Kap. 1.3 und auch Davis (1990), S. 120-121 sowie Nuseibeh und Easterbrook (2000), S. 36. Softwarebestandteil eines eher technischen Systems ist in erster Linie die sog. eingebettete, oft sehr systemnahe Software zur Steuerung und Kontrolle anderer Komponenten.

es gilt nicht „nur“ die Software sondern auch verbundene Hardwarekomponenten sowie organisatorische Einrichtungen und Abläufe zu gestalten.[76] Die Systemanforderungen haben somit ihren Ursprung direkt in den Bedürfnissen der beteiligten personellen Aufgabenträger des Informationssystems, wohingegen die Softwareanforderungen auf den Systemanforderungen aufbauen und von diesen abgeleitet werden.[77]

Ansatz / Quelle	Problem- vs. Lösungsraum
ISO/IEC/IEEE Systems and software engineering — Vocabulary[78]	User needs vs. requirements
International Requirements Engineering Board (IREB) - Glossar[79]	Stakeholder needs vs. requirements
Systems Engineering[80]	System requirements vs. software requirements
Goal-orientied Requirements Engineering[81]	Goals vs. requirements
ISO 16355-1 zu QFD[82]	Customer needs vs. functional requirements
Priorisierendes und fokussiertes Sofware QFD[83]	Kundenanforderungen vs. Produktcharakteristika
Ian Sommerville (Software Engineering)[84]	User requirements vs. System requirements
Ian Sommerville und Pete Sawyer (Requirements Engineering)[85]	Stakeholder requirements vs. System requirements
Klaus Pohl (Requirements Engineering)[86]	Goals vs. Scenarios
Christof Ebert (Requirements Engineering)[87]	Marktanforderungen vs. Produktanforderungen

Tabelle 1: Bezeichnungen für Anforderungen des Problem- und Lösungsraums

76 Vgl. Pietsch (1992), S. 40, Seibt (2001), S. 47, Weltz und Ortmann (1992), S. 13-17, 175-176.
77 Vgl. Bourque und Fairley (2014), S. 1-3, Davis (1990), S. 120-121, Kotonya und Sommerville (1998), S. 13-14, Thayer und Dorfman (1997), S. 1.
78 Vgl. ISO/IEC/IEEE 24765 (2010), S. 301-302, 390, implizit auch im IEEE Standard Glossary of Software Engineering Terminology, vgl. IEEE 610.12 (1990), S. 62, 67.
79 Vgl. Glinz (2014), S. 17-18, allerdings wird der Term „stakeholder needs” nicht (!) separat definiert.
80 Vgl. Bourque und Fairley (2014), S. 1-3, Davis (1990), S. 120-121, Kotonya und Sommerville (1998), S. 13-14.
81 Vgl. van Lamsweerde /Guided Tour/ 250-251.
82 Vgl. ISO 16355-1 (2015), S. 2.
83 Vgl. Herzwurm et al. (1997), S. 29-31, Herzwurm et al. (2000b), S. 18, 28.
84 Vgl. Sommerville (2011), S. 83.
85 Vgl. Sommerville und Sawyer (1997).
86 Vgl. Pohl (2010), S. 53-54.
87 Vgl. Ebert (2014), S. 24-26.

Letztlich sind die Bezeichnungen allerdings nicht entscheidend, sondern die Unterscheidung in die Ebenen von Anforderungen an sich. Abbildung 3 grenzt die Ebenen und den Problem- und Lösungsraum graphisch voneinander ab. Die nach oben hin geringere Fläche des Dreiecks deutet an, dass der Lösungsraum deutlich größer ist als der Problemraum.

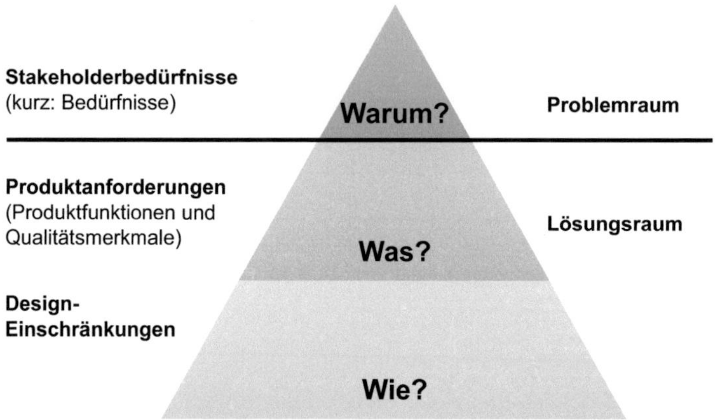

Abbildung 3: Anforderungsebenen[88]

Bei allen drei Ebenen handelt es sich um Anforderungen. In dieser Arbeit werden für Anforderungen der „Warum"-Ebene, also den Problemraum, der Begriff **Stakeholderbedürfnisse** (oder auch nur **Bedürfnisse)** verwendet. Dies zum einen, um sie begrifflich von den Anforderungen abzugrenzen und zum anderen, um deutlich zu machen, dass alle Stakeholder (nicht nur Benutzer oder Kunden, auch wenn deren Zufriedenheit mit dem Produkt i. d. R. essentiell für den Erfolg ist[89]) Vorteile aus dem abgestimmten Einsatz einer Software ziehen können. Produktfunktionen und Qualitätsmerkmale repräsentieren als die **Produktanforderungen** die „Was"-Ebene und stehen für den Teil des Lösungsraums, der größeren Gestaltungsspielraum bei der Implementierung lässt. Randbedingungen in Form von technischen Einschränkungen zu Schnittstellen, Plattformen o. ä. gehören mit technischen Vorgaben zu einzelnen Systemkomponenten aufgrund von Architekturüberlegungen ebenfalls zum Lösungsraum. Letztere kommen auch aufgrund der immer weiter fortschreitenden Verzahnung von RE mit ersten Design-Aktivitäten oft schon sehr früh im Entwicklungsprozess auf.[90] Sie

[88] In Anlehnung an Ebert (2014), S. 23.
[89] Siehe Kap. 1.1.
[90] Siehe zur Abgrenzung von RE und nachfolgenden Design-Aktivitäten den Abschluss von Kap. 2.2.

schränken die weitere Implementierung stärker ein, lassen entsprechend deutlich weniger Gestaltungsspielraum als die Produktanforderungen und bilden die „Wie"-Ebene des Lösungsraums. Sie werden in der Literatur uneinheitlich bezeichnet als z. B. Komponentenanforderungen, solution-oriented requirements, design constraints/requirements oder implementation requirements.[91] In dieser Arbeit werden sie als **Design-Einschränkungen** bezeichnet.

Tabelle 2 fasst in einer Übersicht die definierten Begriffe nochmals zusammen.

Begriff	Definition
Stakeholder	Alle Personen, die von der Softwareentwicklung und vom Einsatz der Software betroffen sind und deswegen direkt oder indirekt Einfluss auf die Anforderungen haben
Stakeholderbedürfnis (kurz: Bedürfnis)	Möglicher Vorteil, den die Stakeholder durch die Nutzung bzw. den Einsatz des Softwareprodukts erzielen bzw. erzielen könnte
Produktanforderung	Implementationsunabhängige Eigenschaft eines Softwareprodukts zur Befriedigung von Bedürfnissen bzw. zur Lösung eines bestimmten Problems
Produktfunktion (kurz: Funktion)	Funktionale, i. d. R. nicht bzw. schwer messbare Eigenschaft (Fähigkeit) eines Produkts, die einen wahrnehmbaren Output erzeugt
Qualitätsmerkmal	Nicht-funktionale, möglichst während der Entwicklung und vor Auslieferung messbare Eigenschaft (Bedingung) eines Produkts, die sich auf eine oder mehrere Funktionen (oder das System als Ganzes) beziehen und i. d. R. keinen wahrnehmbare Output erzeugt
Design-Einschränkung	Technische Anforderung, die das Design einer Software bzw. allgemein die technische Umsetzung von (u. U. allen anderen) Anforderungen stark beeinflusst bzw. einschränkt
Randbedingungen	Über die Design-Einschränkungen hinausgehende organisatorische oder gesetzliche Vorgaben, welche in der Entwicklung zu berücksichtigen sind

Tabelle 2: Begrifflichkeiten rund um Anforderungen

91 Vgl. Ebert (2014), S. 26-27, Pohl (2010), S. 54-55, ISO/IEC/IEEE 24765 (2010), S. 101-102, 169.

2.2 Requirements Engineering

„Computers are good at following instructions, but not at reading your mind."[92]

2.2.1 Geschichte des Requirements Engineering

Vor der Programmierung von Software steht die Ermittlung der Anforderungen der Stakeholder. Das Requirements Engineering ist als eigenständige Teildisziplin des Software Engineering allerdings noch relativ jung. Obwohl es bereits in den 50er Jahren des 20. Jahrhunderts Artikel gab, welche die Bedeutung des RE in der Softwareentwicklung betonten,[93] fand das RE erst 1976 – im Rahmen der zweiten International Conference on Software Engineering – erste Anerkennung.[94] Es dauerte allerdings bis Mitte der 90er Jahre bis das RE breitere Aufmerksamkeit erfuhr, denn seitdem finden jährlich internationale Konferenzen zum RE statt,[95] die sich auch ausdrücklich um den Forschungstransfer in die Praxis und umgekehrt bemühen.[96] Seit 1994 erscheinen zudem regelmäßig Sonderhefte der IEEE Software zum RE[97] und seit 1996 existiert auch eine eigene vierteljährlich erscheinende Zeitschrift nur zum RE.[98]

Der nächste Entwicklungssprung für das RE kam 2006, als sich führende RE-Experten zum International Requirements Engineering Board (IREB) zusammenschlossen, um in erster Linie die Ausbildung zum Requirements Engineer in Form von Personenzertifizierungen in unterschiedlichen Graden auf ein professionelles Fundament zu heben.[99] Das Zertifizierungsmodell zum Certified Professional for Requirements Engineering (CPRE) hat weltweit hohe Akzeptanz gefunden. So haben z. B. seit 2007 mehr als 27.000 Personen aus 66 Ländern die Basis-Zertifizierung (Foundation Level) bestanden.[100] Die Experten haben dazu mehrere umfangreiche Lehrpläne entwickelt so-

---

92 Knuth (1996), S. 9

93 Vgl. z. B. Benington (1987), S. 305, Nachdruck eines Artikels aus dem Jahre 1956.

94 Vgl. Boehm (1996), S. 255 und Boehm (1976), S. 1227-1230. Der Erkenntnisfortschritt im Software Engineering hat sich in der Vergangenheit relativ zum Softwarelebenszyklus „rückwärts" vollzogen, vereinfacht vom Code zum Design zu den Requirements, vgl. Yeh und Zave (1980), S. 1077.

95 Bis zur Vereinigung 2002 zur „IEEE International Requirements Engineering Conference", vgl. Dubois und Pohl (2002), gab es in ungeraden Jahren das eher forschungsorientierte „International Symposium on Requirements Engineering", vgl. z. B. IEEE (1993), und in geraden Jahren die eher praxisorientierte „International Conference on Requirements Engineering", vgl. z. B. IEEE (1994).

96 Vgl. Cheng und Weiss (2000), S. 19, Davis (1994), S. ix, Fickas und Finkelstein (1993), S. v.

97 Vgl. z. B. Davis und Hsia (1994), Siddiqi und Shekaran (1996), Berry und Lawrence (1998), Cheng und Weiss (2000).

98 Erscheint im Springer Verlag, „Requirements Engineering", ISSN: 0947-3602.

99 Vgl. Grau et al. (2009), S. 44. Weitere Information zum IREB unter www.ireb.org.

100 Vgl. https://www.ireb.org/de/service/statistics, Stand Oktober 2016.

wie zur Vereinheitlichung der Kommunikation auch ein Glossar in 12 Sprachen mit derzeit 128 Begriffsklärungen herausgegeben.[101]

Der Begriff Requirements „Engineering" hat sich in Anlehnung an den Begriff Software „Engineering" gebildet. So befasst sich das RE gemäß einer frühen Definition „mit der ingenieurmäßigen Erfassung, Beschreibung und Überprüfung von Anforderungen an ein System".[102] Die Diskussion, ob z. B. der Begriff „Requirements Management" besser geeignet ist als Charakterisierung aller Anforderungsaktivitäten einschließlich ihrer Interdependenzen untereinander, ist allerdings müßig.[103] Denn zu Beginn der neunziger Jahre des 20. Jahrhunderts etablierte sich eben genau für diese übergreifende Sicht endgültig die Bezeichnung Requirements Engineering.[104] Mögliche gleichwertige deutsche Bezeichnungen wie etwa Anforderungsfestlegung, Anforderungsanalyse, Anforderungsdefinition, Systemanalyse, Produktdefinition u. v. a. haben sich nicht in der Breite durchgesetzt. [105]

Die erste Definition, die prinzipiell auch heute noch Bestand hat, lieferte Boehm bereits 1976 in einem vielbeachteten Grundlagenartikel zum Software Engineering: das RE ist „the discipline for developing a complete, consistent, unambiguous specification – which can serve as a basis for common agreement among all parties concerned".[106] Das gegenseitige Einvernehmen und gemeinsame Verständnis unter allen Stakeholder über die Anforderungen ist auch heute essentiell. Auch die Dokumentation der Anforderungen in einer sog. Anforderungsspezifikation[107] wird oft genannt, so im ISO/IEC/IEEE Systems and software engineering Vocabulary mit Ursprung 1997: RE ist „the science and discipline concerned with analyzing and documenting requirements. It comprises needs analysis, requirements analysis, and requirements specification."[108] Auch wenn „needs analysis" nicht weiter definiert wird, so verschiebt sich der Fokus von der Spezifikation als ein Ergebnis des RE in Richtung der Analyse-

[101] Vgl. zu den Lehrplänen z. B. IREB (2015) und IREB (2016) sowie zum Glossar Glinz (2014). Darüber hinaus existieren eine Lehrbuch zum Einstieg, vgl. Pohl und Rupp (2015) und zu einzelnen Bereichen des RE unterstützende Handbücher wie z. B. zum Requirements Management vgl. Bühne und Herrmann (2015).

[102] Schmitz et al. (1987), S. 3. Entnommen aus dem Vorwort zur dritten deutschen RE-Konferenz 1987. Ähnlich in Schmitz (1982), S. 78.

[103] Vgl. Nuseibeh und Easterbrook (2000), S. 35-36, Wiegers und Beatty (2013), S. 15.

[104] Vgl. Van Buren und Cook (1998), S. 3.

[105] Vgl. zu einem Überblick über die Vielzahl unterschiedlicher Begriffe im RE-Umfeld Davis (1990), S. 119 und Davis (1993), S. 21-22.

[106] Boehm (1976), S. 1227.

[107] Empfehlungen zur Erstellung von Anforderungsdokumenten und typischen Gliederungen einer Anforderungsspezifikation in IEEE 1233 (1998) und IEEE 830 (1998).

[108] ISO/IEC/IEEE 24765 (2010), S. 302, identisch mit Thayer und Thayer (1997), S. 462.

Aktivitäten, die wesentlich sind um diese zu erstellen. Dies wird auch dadurch deutlich, dass die Anforderungsanalyse hier sehr umfassend, aber auch eher grob, als Prozess der Untersuchung von Bedürfnissen und Anforderungen zur Beschreibung eines Softwaresystems verstanden wird.[109] In diesem Sinne wird die Anforderungsanalyse, insb. in ihrer englischen Bezeichnung „Requirements Analysis“, bis heute synonym zum Begriff „Requirements Engineering“ verwendet.[110]

2.2.2 Haupttätigkeiten des Requirements Engineering

Die Anforderungs-Aktivitäten sind dann immer weiter detailliert und mit nahezu unzähligen Begriffen bezeichnet worden: ermitteln, entdecken, gewinnen, identifizieren, beschreiben, modellieren, bewerten, entscheiden, verwalten, prüfen, validieren, abstimmen, verhandeln, dokumentieren, spezifizieren, pflegen etc. Vergleichbar für den anglo-amerikanischen Sprachgebrauch: elicit, discover, identify, derivate, describe, develop, model, validate, evaluate, manage, negotiate, document, specify, review, check, maintain etc. Für die unterschiedlichen Bezeichnungen gibt es oft gute Gründe, aber die Abgrenzung der Tätigkeiten untereinander fällt im Allgemeinen schwer. Am weitesten verbreitet und anerkannt ist wohl die Unterteilung des IREB. Sie unterscheiden Anforderungen ermitteln (engl. elicit), dokumentieren (engl. document), prüfen/abstimmen (engl. validate/negotiate) und verwalten (engl. manage).[111] Tabelle 3 gibt einen Überblick über diese vier Haupttätigkeiten des RE.

Auch diese vier Tätigkeiten sind vor allem in der praktischen Arbeit nicht voneinander isoliert zu sehen. Denn auch wenn z. B. die Ermittlung einer Anforderung rein logisch vor deren Prüfung liegt so bedingen sich die Tätigkeiten, denn die Prüfung einer Anforderung kann ja zur Entdeckung einer anderen führen. Dies gilt für alle Tätigkeiten des RE, allen voran natürlich für die als Querschnittsaktivität bezeichnete Anforderungsverwaltung.[112] Da es aber so vielfältige Beziehungen gibt werden die Aktivitäten üblicherweise nicht in direkte zeitliche oder kausale Abhängigkeiten zueinander gebracht.

---

[109] Vgl. ISO/IEC/IEEE 24765 (2010), S. 302.
[110] Vgl. Glinz (2014), S. 17.
[111] Vgl. Pohl und Rupp (2015), S. 4-5, auch im Lehrplan IREB (2015). Andere Autoren wie Ebert (2014), S. 33 oder Wiegers (2013), S. 15 sehr ähnlich.
[112] Vgl. Pohl (2008), S. 38-39, 46-47, Pohl (2010), S. 50-52 auch mit Beispielen zu den Abhängigkeiten.

Tätigkeit	Definition
Anforderungsermittlung	Anforderungen der Stakeholder gewinnen, detaillieren und verfeinern
Anforderungsdokumentation	Anforderungen in natürlicher Sprache und/oder modellbasiert beschreiben
Anforderungsprüfung und –abstimmung	Dokumentierte Anforderungen gegen geforderte Qualitätskriterien und die Stakeholderbedürfnisse validieren[113]
Anforderungsverwaltung	Zu den anderen Tätigkeiten flankierender Prozess der Ablage, Strukturierung, Änderung und Verfolgung (engl. tracing) von Anforderungen und ihrer Dokumentation

Tabelle 3: Haupttätigkeiten des RE nach IREB[114]

Das bedeutet nicht, dass kein Prozess der Durchführung des RE existiert. Vielmehr beinhalten nahezu alle allgemeinen oder spezifischen RE-Ausgestaltungen auch Vorschläge für die praktische Umsetzung des RE in Projekten. Als Beispiel sei an dieser Stelle der Volere Requirements Process von Robertson und Robertson angeführt (Abb. 4).[115]

Im Kern sind auch hier die drei essentiellen RE-Aktivitäten der Ermittlung („trawl for knowledge"), Dokumentation („write the requirements") und Prüfung/Abstimmung („review the requirements") von Anforderungen enthalten. Zusätzlich werden mögliche Rückkopplungen aus dem Entwicklungsprozess (gestrichelte Linie), die Nutzung von Prototyping zur frühzeitigen Anforderungsvisualisierung und die Initiierung eines neuen Entwicklungszyklus auf Basis der Benutzung des Produkts veranschaulicht. Ein solcher allgemeiner RE-Prozess muss aber natürlich immer an die organisatorischen Gegebenheiten im Unternehmen und das zu entwickelnde Produkt angepasst werden.[116] Das gleiche gilt analog für die in den ISO/IEC/IEEE-Normen vorgeschlagenen RE-Prozesse.[117]

---

113 Hier ist das IREB nicht konsistent in ihren Definitionen bzw. in ihrem Lehrplan. Im Glossar wird die Validierung gegen die Stakeholderbedürfnisse explitzit zur Prüfung (engl. checking) von Anforderungen hinzugezählt, im Lehrplan nicht bzw. nur im Sinne der Konfliktlösung bei der Abstimmung von Anforderungen. Auf der anderen Seite definiert das Glossar den Begriff „Anforderungen abstimmen" (engl. requirements negotiation) nicht, obwohl es im Lehrplan enthalten ist. Vgl. Glinz (2014), IREB (2015).

114 Vgl. Glinz (2014), S. 17-18, IREB (2015), S. 29, Pohl und Rupp (2015), S. 4-5.

115 Vgl. für einen Überblick Robertson und Robertson (2012), S. 15-27.

116 Vgl. Robertson und Robertson (2012), S. 13-15, 31-32, auch Ebert (2014), S. 35-36.

117 Vgl. ISO/IEC/IEEE 15288 (2011), S. 48-57, ISO/IEC/IEEE 29149 (2011), S. 18-41.

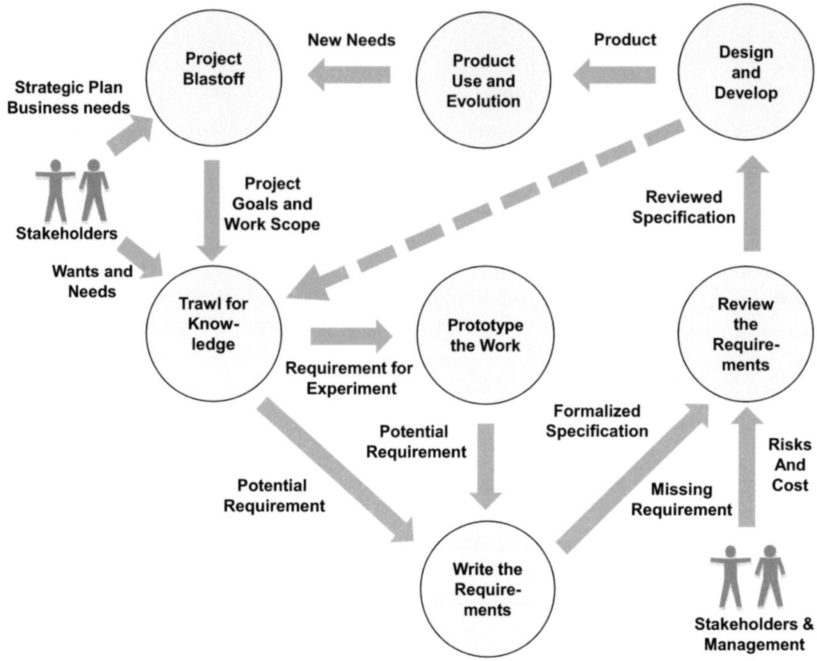

Abbildung 4: Volere Requirements Process[118]

2.2.3 Definition des Requirements Engineering

Prozesssicht und RE-Tätigkeiten wurden bereits 1985 in einer richtungsweisenden RE-Definition miteinander verknüpft: „Requirements Engineering is a systematic approach to the development of requirements through an iterative (co-operative) process of analyzing the problem, documenting the resulting requirement insights (in a variety of representation formats), and checking the accuracy of the understanding so gained."[119] Neben der Betonung des RE als einen systematischen, kooperativen und iterativen Prozess werden hier drei Aspekte herausgestellt: die Problemanalyse, die Dokumentation der Anforderungen und das gemeinsame Verständnis. Pohl kombiniert diese drei Aspekte schematisch (Abb. 5) und definiert in jeder der drei resultierenden Dimensionen ein Ziel des RE:[120]

---

118 Vereinfacht in Anlehnung an Robertson und Robertson (2012), S. 14. Im Original gibt es zwei Aktivitäten für die Anforderungsprüfung sowie eine separate Aktivität für die Anforderungswiederverwendung.

119 Rzepka und Ohno (1985), S. 9, erweitert in Klammern durch Loucopoulos und Karakostas (1995), S. 13.

120 Vgl. Pohl (2008), S. 42-45, Pohl (2010), S. 46-50.

- Die Inhaltsdimension korrespondierend zur Gewinnung (engl. elicitation) von Anforderungen mit dem Ziel möglichst vollständig und für alle Stakeholder verständlich die Anforderungen an eine Software zu bestimmen.
- Die Dokumentationsdimension korrespondierend zur entsprechenden Aktivität mit dem Ziel, die Anforderungen gemäß des geforderten Formalisierungsgrades bzw. der geforderten Dokumentationsvorschrift (z. B. natürlichsprachig oder in Anforderungsmodellen) zu spezifizieren.
- Die Übereinstimmungsdimension korrespondierend zur Abstimmung von Anforderungen mit dem Ziel ein gemeinsames Verständnis der Anforderungen und Konsens unter allen Stakeholdern zu erzielen.

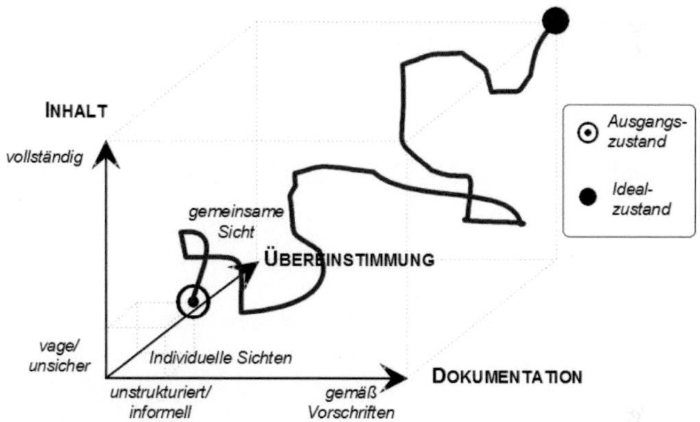

Abbildung 5: Die drei Dimensionen des RE nach Pohl[121]

Ebenfalls in der Abbildung ersichtlich ist, dass der Weg zur Zielerreichung i. d. R. nicht geradlinig verläuft, sondern auch durch Rücksprünge und Sackgassen geprägt sein kann.[122] Aus den Dimensionen leitet sich eine Definition des RE mit Fokus auf dessen Ziele ab, die auch für diese Arbeit konstituierend ist: „Das Requirements Engineering ist ein kooperativer, iterativer, inkrementeller Prozess, dessen Ziel es ist zu gewährleisten, dass (1) alle relevanten Anforderungen bekannt und in dem erforderlichen Detaillierungsgrad verstanden sind, (2) die involvierten Stakeholder eine ausreichende Übereinstimmung über die bekannten Anforderungen erzielen, (3) alle Anforderungen konform zu den Dokumentationsvorschriften dokumentiert bzw. konform zu den Spezifikationsvorschriften spezifiziert sind.“[123]

[121] In Anlehnung an Pohl (1994), S. 249, Pohl (2008), S. 42.
[122] Vgl. Pohl (1994), S. 249-250.
[123] Pohl (2008), S. 43.

Ergänzt werden muss, dass die Voraussetzung für die Erreichung der Ziele das Verstehen der zu lösenden Probleme ist, vor allem um das Risiko zu minimieren, dass das fertige System eben nicht den Stakeholderbedürfnissen entspricht.[124] Auch wenn das Dokumentieren und Verwalten von Anforderungen allein aus Gründen der Organisation und Zusammenarbeit im Projekt immer in gewissem Umfang nötig ist, so ist das RE doch eine gestaltende Disziplin, die Lösungen für Probleme sucht und nicht (nur) Anforderungen aufschreibt.[125] Lauenroth bringt das wie folgt auf den Punkt: „Das Requirements Engineering als gestaltende Disziplin ist dafür verantwortlich, dass mit allen relevanten Stakeholdern die Problemstellungen, die eine Software lösen soll, definiert und abgestimmt werden, Lösungen für die identifizierten Problemstellungen definiert und abgestimmt werden (sowie) Anforderungen an die Lösungen definiert und abgestimmt werden.“[126] Ein Indiz für diese Verschiebung der Schwerpunkte weg von der Dokumentation hin zur Gestaltung ist auch, dass im aktuellen ISO/IEC/IEEE Standard 29149:2011 zu RE die Anforderungsspezifikation nur kurz auf knapp 5 Seiten dargestellt wird.[127] Schwerpunkt der Vorgängernormen, den viel zitierten Standards IEEE 1233-1998 (Guide) und IEEE 830-1998 (Recommended Practice), war noch fast ausschließlich die „Software Requirements Specification“.[128]

2.2.4 Requirements Engineering und Entwurfsaktivitäten

Wie zuvor anhand des Volere RE-Prozesses bereits kurz beschrieben, nicht nur die RE-Tätigkeiten bedingen sich untereinander, sondern das RE als Ganzes ist auch nicht völlig unabhängig von späteren Aktivitäten der Softwareentwicklung, wie dem Architektur- oder Komponentenentwurf, zu sehen. Bereits 1976 schreibt Boehm unter der Überschrift „The Requirements/Design Dilemma“: „Ideally, one would like to have a complete, consistent, validated, unambiguous, machine-independent specification of software requirements before proceeding to software design. However, the requirements are not really validated until it is determined that the resulting system can be built for a reasonable *cost* – and to do so requires developing one or more software *designs*”.[129]

[124] Vgl. Glinz (2014), S. 18, Pohl und Rupp (2015), S. 4.
[125] Vgl. Lauenroth (2015), S. 2-3, Robertson und Robertson (2012), S. 1.
[126] Lauenroth (2015), S. 3.
[127] Vgl. ISO/IEC/IEEE 29149, S. 42-46.
[128] Vgl. IEEE 1233 (1998), IEEE 830 (1998).
[129] Boehm (1976), S. 1230.

Swartout und Balzer gehen noch weiter und verdeutlichen in ihrem vielbeachteten Artikel „On the Inevitable Intertwining of Specification and Implementation“, dass die weit verbreitete Forderung nach Trennung von Spezifikation und Implementation nur naives Wunschdenken ist und nicht der Realität entspricht.[130] Sie identifizieren dabei explizit solche Implementierungstätigkeiten, die nicht nur die Spezifikation detaillieren sondern diese wissentlich und bewusst verändern, sog. „specification modifications“. Zwei Gründe werden für deren Notwendigkeit angegeben: zum einen technische Restriktionen im Sinne von Design-Einschränkungen, welche die Umsetzung der ursprünglichen Spezifikation einschränken; zum anderen unzureichende Vorhersage aller Möglichkeiten der Nutzung einer Software und der Folgen dieser Nutzung, d. h. allgemein Unsicherheiten in den Anforderungen.

Die Verzahnung von RE zumindest mit ersten Design-Aktivitäten ist in den vergangenen Jahren auch weiter voran geschritten.[131] In diesem Zusammenhang ist insb. der Twin Peaks Ansatz zur parallelen Entwicklung von Anforderungen und Architektur zu nennen (Abb. 6).[132]

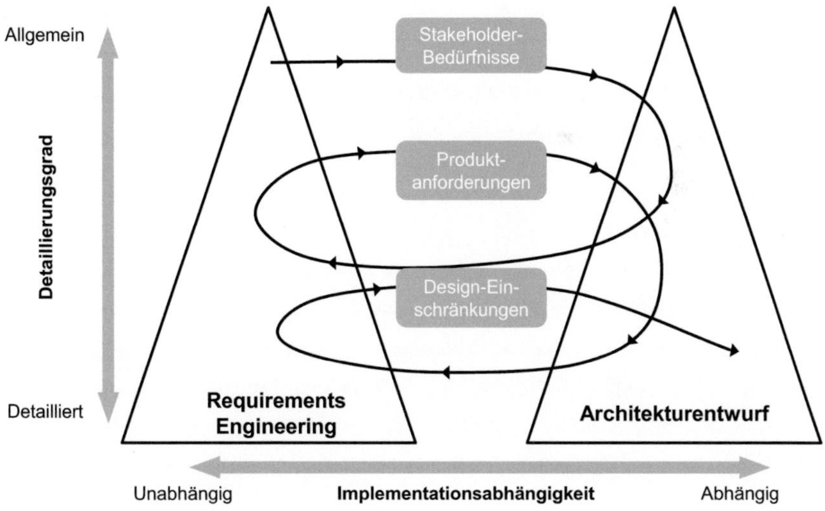

Abbildung 6: Das Twin Peaks Modell[133]

[130] Vgl. Swartout und Balzer (1982), S. 438-439.
[131] Vgl. Ebert (2014), S. 28, 137-140, Pohl (2010), S. 27.
[132] Vgl. Nuseibeh (2001), weitergehend Hall et al. (2002).
[133] In Anlehnung an Nuseibeh (2001), S. 116 und Ebert (2014), S. 138.

Die beiden Spitzen („twin peaks“) des Requirements Engineering und des Architekturentwurfs stehen nebeneinander und werden ineinander verzahnt vom Allgemeinen (in Abb. 6 oben) kommend mit zunehmenden Detaillierungsgrad durchwandert.[134] So soll eine stetige Reflexion und ein fortdauernder Abgleich der Anforderungen mit dem technisch Machbaren erfolgen.[135] Der Twin Peaks Ansatz wird dabei auch als ergänzend zu agilen Entwicklungsmethoden wie XP gesehen.[136]

Der Softwareentwicklungspraxis ist schon seit langem die enge Verzahnung von RE-Tätigkeiten mit anderen Aktivitäten bewusst.[137] Dies geht soweit, dass bereits für die Praxis eigene Definitionen des RE entwickelt werden, in denen das RE erweitert wird um Designaktivitäten:

„In practice, requirements engineering is the process of identifying a set of needs that must be satisfied within specified calendar deadlines, defining one or more envisioned systems to satisfy these needs, and evaluating and choosing among alternative means of realizing the envisioned systems.“[138]

Hier wird also neben der Identifikation der Bedürfnisse und der Definition eines oder mehrerer Produkte (in Form von Anforderungen) zur Befriedigung der Bedürfnisse sowie dem zeitlichen Aspekt, explizit die Evaluierung und Entscheidung zwischen alternativen Möglichkeiten zur Realisierung der Produkte zum RE hinzugezählt.

Vor diesem Hintergrund ist es deutlich, dass es keine vollkommene Unabhängigkeit von der Bestimmung von Anforderungen und des Designs geben kann. Dieser Sachverhalt lässt sich auch noch extremer ausdrücken. Die gesamte Softwareentwicklung, jede ihrer Aktivitäten kann zu neuen, veränderten, weiterführenden oder detaillierteren Anforderungen führen. Bei dieser Sichtweise hört das RE in Projekten nie auf bzw. die gesamte Softwareentwicklung ist RE. Bezeichnungen für Bücher wie „Kontinuierliches Anforderungsmanagement“, „Ganzheitliches Anforderungsmanagement“ oder auch „Continuous Software Engineering“ zeugen von dieser Sichtweise.[139]

---

[134] Vgl. Pohl (2010), S. 27.
[135] Vgl. Ebert (2014), S. 137.
[136] Vgl. Alsahli et al. (2016), Galster et al. (2015), Nuseibeh (2001), S. 116.
[137] Vgl. z. B. Berry (1998), S. 27, Lawrence et al. (2001), S. 63, Roman (1985), S. 29, Walz et al. (1993), S. 67-68.
[138] Shekaran (1994), S. 245.
[139] Vgl. in der Reihenfolge Schienmann (2002), Danner (1996), Bosch (2014).

Pohl definiert dahingehend das kontinuierliche Requirements Engineering als ein phasenübergreifendes oder sogar projektübergreifendes RE.[140] Dabei steht das RE in ständigen Wechselwirkungen zu den anderen Entwicklungstätigkeiten im Projekt bzw. über den gesamten Lebenszyklus einer Software hinweg. Gerade bei kürzeren Entwicklungszyklen bzw. der Entwicklung in kleineren Inkrementen wie beim agilen Paradigma sind die Aktivitäten des RE eben nicht zu einem festgelegten und vor allem frühen Zeitpunkt mit einer Spezifikation möglichst aller Anforderungen beendet. Vielmehr entwickelt sich das RE zu einer Querschnittsaktivität in der gesamten Softwareentwicklung.[141]

---

140 Vgl. Pohl (1999) und Pohl (2008), S. 34-36.

141 Vgl. Pohl (2008), S. 34, ähnlich auch schon Mittermeir (1990), S. 250.

3. Grundlagen des Software QFD

Ziel dieses Kapitels ist die Darstellung der Grundlagen des Software QFD. Software QFD ist die Anwendung von QFD auf Softwareprodukte. Definitorisch ist damit vermeintlich mit der Definition von QFD in Kap. 3.2 und der Identifikation von QFD-Haupttätigkeiten in Kap. 3.3 alles geklärt. Allerdings gibt es auch einige Besonderheiten des Software QFD. Aufbauend auf einer Literaturanalyse von Software QFD Literatur (Kap. 3.4) werden die Gemeinsamkeiten und Unterschiede zwischen klassischem QFD und Software QFD (Kap. 3.5) dargelegt. In Kapitel 3.6 werden dann Leitlinien abgeleitet, die gleichermaßen für die Anwendung von klassischem QFD als auch Software QFD ihre Gültigkeit besitzen. Das Kapitel schließt mit einem Überblick über mögliche Vor- und Nachteile von QFD (Kap. 3.7).

3.1 Geschichte von (Software) QFD

Bereits in den 1960er wurde in Japan die Entwicklung erkannt, Kunden über fortlaufende Qualitätsverbesserungen noch enger an sich zu binden und mit neuen mehrdimensionalen Design-, Herstell- und Servicekonzepten neue Lösungen zu finden.[142] Aus dem Bestreben heraus, diesen bereichsübergreifenden, interdisziplinären und kommunikativen Qualitätsentwicklungsprozess zu systematisieren und methodisch zu unterstützen, entstand Ende der 60er Jahre das QFD-Konzept.[143] Allgemein wird das Jahr 1966 als Geburtsjahr von QFD bezeichnet.[144] In diesem Jahr wurde eine sog. Qualitätssicherungstabelle bei Bridgestone Tire Corp in Japan vorgestellt. Sie inspirierte den Mitbegründer von QFD, den Japaner Yoji Akao,[145] dazu, ein solches Instrument nicht nur während der Produktion einzusetzen, sondern bereits in der Planungsphase, um Anforderungen an die Qualität von Produkten zu definieren. Die statistische Qualitätskontrolle[146] war gut etabliert in Japan, doch es sollte ein Weg gefunden werden, Qualität im Sinne der Kunden frühzeitig beim Entwurf des Produkts sicherzustellen. 1972 wurde dann die bis heute für QFD charakteristische Qualitätstabelle erstmalig bei den Schiffswerften von Mitsubishi Heavy Industry in Kobe (Japan) angewendet

[142] Vgl. Akao (1990b), S. 185-186 und Klein (2012), S. 1.
[143] Vgl. Zimmerman (1995), S. 1.
[144] Vgl. Mizuno und Akao (1994), S. v und zum Folgenden auch Akao (1990b), Chan, et al. (2013), Cohen (1995), S. 16-21, Herzwurm et al. (1997), S. 23-24, Mazur und Akao (2003), S. 20-25 und Saatweber (2011), S. 33-35.
[145] Vgl. den Personenartikel in Herzwurm (2016a). Yoji Akao hat QFD zusammen mit Shigeru Mizuno erfunden.
[146] Vgl. z. B. Juran (1992), S. 274-298.

und veröffentlicht.[147] Mit einer Verknüpfung der Inhalte dieser Tabellen in Form einer Matrixkette wurde damit ein Mittel zur Abdeckung des gesamten Produkterstellungsprozesses beginnend bei den Kundenanforderungen gefunden. 1978 wurde dann ein erstes Standardwerk[148] über QFD in Japan publiziert, 1987 gefolgt von einem Herausgeberband[149] mit einer Fülle von industriellen Fallbeispielen.

Der wohl erste englischsprachige Artikel über QFD wurde unter Mitarbeit von Yoji Akao im Oktober 1983 in den USA in der Qualitätszeitschrift „Quality Progress“ veröffentlicht.[150] Es folgten einige Publikationen von begeisterten amerikanischen Anwendern im Umfeld des American Supplier Institute (ASI) insbesondere mit Schwerpunkt in der Automobilindustrie, darunter auch ein vielbeachteter Artikel in der Harvard Business Review.[151] Das erste englischsprachige Buch über QFD kam 1987 heraus.[152] Die oben angesprochene Sammlung von japanischen Fallstudien zur praktischen Anwendung von QFD in den verschiedensten Branchen wurde mit ihrer englischen Übersetzung 1990 zum amerikanischen Standardwerk.[153] Nordamerikanische QFD Konferenzen finden seit 1989 jährlich, internationale QFD-Konferenzen, durchgeführt im Wechsel in den USA, Japan und dem Rest der Welt, seit 1995 jährlich statt.[154]

In Europa und speziell in Deutschland gelangte QFD erst in den späten 80er Jahren zu erhöhter Aufmerksamkeit, wiederum zuerst in der Automobilindustrie und bei deren Zulieferern.[155] Das erste allgemeine QFD-Buch originär aus Deutschland wurde 1997 veröffentlicht.[156] Bereits ein Jahr zuvor wurde das QFD Institut Deutschland e.V. (QFD-ID) als zentrale Anlaufstelle für QFD in Deutschland mit dem Ziel der Förderung, Verbreitung und Weiterentwicklung von QFD, insbesondere in allen Zweigen der Industrie und an den Hochschulen gegründet.[157] Das QFD-ID veranstaltet seit 1996 bis 2000 jährlich, seitdem alle zwei Jahre QFD-Symposien.[158]

---

147 Insgesamt drei Veröffentlichungen in japanischer Sprache zeugen davon, vgl. Akao (1972), Nishimura (1972) und Suzuki (1972), zitiert nach Akao und Mazur (2003), S. 21-22.

148 Vgl. die englische Übersetzung Mizuno und Akao (1994).

149 Vgl. die englische Übersetzung Akao (1990a), deutsche Übersetzung Akao (1992).

150 Vgl. Kogure und Akao (1983).

151 Vgl. Hauser und Clausing (1988) und Sullivan (1986).

152 Vgl. King (1987) bzw. in deutscher Übersetzung King (1994).

153 Vgl. Akao (1990a).

154 Vgl. für die nordamerikanischen Symposien QFDI (2016a), für die internationalen (QFD 2016a).

155 Vgl. Bergman (1995), S. 12; Brunner (1992), S. 43.

156 Vgl. die dritte Auflage Saatweber (2011).

157 Vgl. QFD-ID (2016b).

158 Vgl. QFD-ID (2016c).

Einen weiteren Entwicklungssprung erfuhr QFD im Jahr 2008 durch die Initiierung eines internationalen Normungsvorhabens.[159] Es gibt zwar seit 2003 die englische Übersetzung der japanischen Norm JIS Q 9025 zu QFD,[160] doch hat diese international nicht die notwendige Beachtung gefunden. Durch eine Reihe von internationalen QFD-Experten ist nun mit der ISO-Norm 16355-1:2015 (General Principles and Perspectives of QFD)[161] ein Werk entstanden, dessen Ziel es ist, ein weltweit einheitliches und modernes Verständnis für die Ausgestaltung von QFD in der Praxis herbeizuführen. Es handelt sich dabei nicht um einen normativen Zertifizierungsstandard, sondern der Vielzahl individueller QFD-Anwendungen soll eine Orientierung gegeben werden, welche Techniken sich in der Praxis bewährt haben. Dieser ersten, grundlegenden Norm werden noch weitere sieben Teile folgen, insbesondere zu spezifischen Ausgestaltungen der einzelnen „best practices“.[162] Da QFD nicht nur zur Entwicklung von physischen Produkten verwendet werden kann, versteht sich die Norm übergreifend und berücksichtigt auch die Entwicklung und Verbesserung von Software, Dienstleistungen und Prozessen.[163] QFD wurde dabei bereits in sehr vielen Branchen wie z. B. dem Schiffsbau, der Automobilbranche und ihrer Zulieferer, der Elektronik, dem Bauwesen, der IT-Branche, dem Maschinenbau, der Touristik, der Versicherungsbranche, dem Handel, dem Gesundheitswesen, dem Transportwesen und auch bei der öffentlichen Verwaltung eingesetzt.[164]

Analog zum klassischen QFD hat das Software QFD seinen Ursprung in Japan. Die ersten Forschungen auf diesem Gebiet wurden gegen Ende der 70er Jahre des letzten Jahrhunderts unter der Leitung von Prof. Yoshizawa im Research Committee der Japanese Society of Quality Control (JSQC) durchgeführt.[165] Anfang der 80er Jahre hat insbesondere der Leiter des Software Production Control Board der Japanese Union of Scientist and Engineers (JUSE), Prof. A. Kanno, die Methode vorangetrieben und

---

159 Vgl. auch im Folgenden Herzwurm (2016b).

160 Vgl. JSA (2003).

161 Vgl. ISO 16355-1 (2015).

162 U. a. zur Beschaffung und Analyse von Kundeninformationen, vgl. Herzwurm (2016b), S. 502, ISO 16-355-1 (2015), S. vii. In der sog. „Draft“ – Version des fünften Teils ist dann auch ein Abgleich der Inhalte der japanischen Norm JIS Q 9025 mit der Normenfamilie ISO 16355 enthalten, vgl. ISO/DIS 16355-5 (2016), S. 102-127.

163 Vgl. ISO 16355-1 (2015), S. 3.

164 Vgl. für eine Vielzahl von Fallstudien die internationalen, vgl. (QFD 2016a), nordamerikanischen, vgl. QFDI (2016a), und deutschen QFD-Symposien, vgl. QFD-ID (2016c). Für einen Überblick über sämtliche in der ISO 16355-1 referenzierten 131 Quellen aus den Symposien vergangener Jahre vgl. QFDI (2016b). Vgl. auch die Fallstudiensammlung in Akao (1990a).

165 Vgl. auch zum Folgenden Yoshizawa et al. (1990), S. 329-331, Yoshiziwa et al. (1993), S. 496.

zu einer ersten nennenswerten Verbreitung von QFD in der japanischen Softwareindustrie, u. a. bei NEC IC Microcomputer Systems Ltd., geführt. 1989 erschien das erste japanische Buch zu Software QFD.[166] In den USA wurde QFD erstmals in den späten 1980er Jahren auf Software angewendet, darunter von den Firmen AT&T Bell Laboratories, Hewlett-Packard, Texas Instruments und Digital.[167] Seitdem haben eine Vielzahl von Unternehmen Software QFD eingesetzt darunter u. a. IBM, Vodafone, Motorola, Roche Diagnostics, SAP, Siemens, T-Systems, Toshiba und Unisys. Das erste deutschsprachige Buch zum Software QFD erschien 1997 bzw. drei Jahre später in einer erweiterten Neuauflage in Englisch.[168] Anwendungen von Software QFD gibt es somit seit etwa 30 Jahren.

3.2 Definition von (Software) QFD

Die japanische Wortfolge „Hin-Shitsu Ki-No Ten-Kai" ist als Quality Function Deployment (QFD) in die englische Sprache übersetzt worden.[169] Der Versuch der Übersetzung ins Deutsche als „Qualitätsfunktionen-Darstellung" hat sich nicht durchgesetzt.[170] Allgemein wird die vollständige Bezeichnung „Quality Function Deployment" als irreführend und wenig aussagekräftig bezeichnet, auch wenn sie natürlich die japanischen Bedeutungen trifft (Abb. 7).[171]

Abbildung 7: QFD in japanischen Schriftzeichen mit englischen Übersetzungen[172]

[166] Vgl. IPPA (1989), zitiert nach Zultner (2007a), S. 351.

[167] Vgl. zu einer frühen empirischen Studie zur Anwendung von Software QFD Haag et al. (1996) sowie Tran und Sherif (1995), S. 194-195.

[168] Vgl. Herzwurm et al. (1997), Herzwurm et al. (2000b).

[169] Vgl. Akao und Mazur (2003), S. 25. Interessanterweise stand bis 1983 die Übersetzung „Quality Function Evolution" im Raum, bis dann anlässlich des ersten Seminars von Yoji Akao in den USA „Evolution" durch „Deployment" ersetzt wurde.

[170] Vgl. zu dieser Bezeichnung QZ-online (2016).

[171] Vgl. ASI (1990), S. 26, Cohen (1995), 17, Guinta und Praizler (1993), S. 4.

[172] In Anlehnung an Guinta und Praizler (1993), S. 5, siehe auch Herzwurm und Pietsch (2009), S. 161 und Saatweber (2011), S. 31.

Die in Abb. 7 abgebildeten japanischen Schriftzeichen von QFD haben in ihrer Bildsprache nach einer Erklärung von Glenn Mazur, dem Begründer des amerikanischen QFD Institute (QFDI), überdies folgende Bedeutungen:[173]

- Das Symbol für „hin-shitsu“ steht für eine Vielzahl von Stimmen bzw. Personen („Münder“), die etwas hoch wertschätzen bzw. viel Geld für etwas zahlen (würden).
- Das Symbol für „ki-no“ steht für Grenzwächter, die genau arbeiten bzw. auf sämtliche Details achten und großen Mut besitzen („so viel wie Bären“).
- Das Symbol für „ten-kai“ steht für das Ausrollen einer Kette von Kimonos und die Kooperation, um Grenzen zu öffnen bzw. Hindernisse zu bewältigen.

Ein Versuch, diese Bedeutungen zu einer Definition von QFD zusammenzufügen, führt in etwa zu folgendem Resultat: QFD steht demnach für eine Gruppe mutiger Leute, die in Harmonie zusammenarbeiten und nach dem feinsten Detail streben, um die Organisation aufzubrechen und Produkte hervorzubringen, welche die verschiedenen Marktteilnehmer hochwertig einschätzen.[174] In gewissem Sinne trifft diese blumige Beschreibung durchaus zu, da die Anwendung von QFD i. d. R. eine interdisziplinäre Teamleistung ist mit dem Ziel, Kunden durch hochwertige Produkte zufriedenzustellen.

Schlüssel zum besseren Verständnis der Intention hinter der Bezeichnung QFD ist der Begriff „deployment“. Er steht innerhalb QFD für die detaillierte Analyse und systematische Berücksichtigung aller für ein qualitativ hochwertiges Produkt wichtigen Aspekte an jeder notwendigen Stelle im Entwicklungsprozess. Diese Aspekte sind dabei umfassend definiert, d. h. sie beschränken sich nicht auf die Funktionalität des Produkts, sondern können sich je nach Priorität auf die Zuverlässigkeit, den Preis, die Lieferzeit etc. beziehen.[175] In der bereits angesprochenen ISO-Norm 16355 wird QFD deswegen in einem ersten Schritt sehr umfassend als das Management aller Aktivitäten innerhalb einer Organisation zur Sicherstellung von Produktqualität definiert.[176] Wörtlich interpretiert wird die „quality function“, also die Qualitätsabteilung bzw. deren Werte in Form von hoher Kundenzufriedenheit, in der ganzen Organisation „deployed“ d. h. die Werte werde an alle für die Qualität relevanten Organisationseinheiten weitergegeben, damit diese dann zum Wohle der Kunden koordiniert zusammenarbeiten.[177]

---

173 Vgl. Mazur (1996).
174 Vgl. Mazur (1996).
175 Vgl. Zultner (1992a), S. 33.
176 Vgl. ISO 16355-1 (2015), S. 1.
177 Vgl. ISO 16355-1 (2015), S. 1, 3.

Inzwischen hat sich das Akronym QFD weltweit etabliert. Im Zentrum steht die Aufgabe, die geforderte Qualität in das Produkt hinein zu entwickeln (engl. auch „to design in"). Es sollen alle die Qualität (und damit die Stakeholder) betreffenden Bedürfnisse in Produktanforderungen zur Festlegung einer hohen Entwurfsqualität transformiert werden und in allen folgenden Entwicklungsschritten berücksichtigt werden.[178] Konkret steht QFD dabei für eine Methode zur Sicherstellung von Kunden- bzw. Stakeholderzufriedenheit mit neuen und bereits existierenden Produkten durch die Berücksichtigung der wichtigsten Anforderungen der Kunden bzw. Stakeholder aus unterschiedlichen Perspektiven und in verschiedenen Detaillierungsgraden.[179]

Unter diesem Blickwinkel kann das Essentielle von QFD zusammengefasst werden als die Transformation der wichtigsten Stakeholderbedürfnisse in entsprechende Produktanforderungen als Vorgaben für die weitere Produktentwicklung.[180] Der gesamte QFD-Prozess wird getragen von einem interdisziplinären („cross-functional") Team, bestehend – je nach Produkt und Phase – aus Mitgliedern des Marketing, des Vertrieb, des Service, der Entwicklung, der Produktion, der Forschung sowie des Qualitätsmanagements.[181]

QFD bedient sich dabei mehrerer Techniken, insbesondere der Affinitäts-, der Baum- bzw. Hierarchie- und der Matrixdiagramme, welche alle Bestandteile der insgesamt sieben Management- und Planungstechniken sind.[182] Eine Erweiterung des Matrixdiagramms ist die für QFD charakteristische und auch als „House of Quality" (HoQ) bezeichnete Qualitätstabelle, die insb. zur Priorisierung der Zielgröße (klassisch die Qualitätsmerkmale) auf Basis der Wichtigkeiten der Eingangsgröße (i. d. R. die Stakeholderbedürfnisse) genutzt wird.[183] Mehrere solcher Matrizen, über die Transformationen der Informationen in den Spalten und Zeilen zu einer Matrixkette verknüpft, stellen dabei die „deployments" spezifischer Aspekte der Produktentwicklung dar.[184] Genau in diesem funktionalen Sinne definiert auch die japanischen Norm JIS Q 9025 QFD als

178 Vgl. Akao (1990b), S. 191, Akao (1990c), S. 3.
179 Vgl. ISO 16355-1 (2015), S. vii.
180 Vgl. ASI (1990), S. 26, Herzwurm et al. (1997), S. 27-28, auch im Folgenden.
181 Vgl. Bossert (1991), S. 10f, ISO 16355-1 (2015), S. 6-7.
182 Siehe zu diesen Techniken Kap. 5.2.2.
183 Der Name „House of Quality" geht dabei auf eine QFD-Anwendung bei Toyota 1979 zurück, vgl. Akao und Mazur (2003), S. 25. Siehe zur Erstellung eines House of Quality Kap. 5.1.3.
184 Zur Beschreibung dieser typischen Basistechniken von QFD siehe Kap. 5.2.

eine Methode, die aus mehreren Transformationen und deployments besteht und eingesetzt wird, um Qualitätsziele für ein Produkt zu erreichen.[185]

Die Anwendung dieser Techniken ist nicht auf bestimmte Einsatzgebiete oder Branchen beschränkt, sie können als Problemlösungstechniken allgemein zur Analyse und Strukturierung von Informationen eingesetzt werden.[186] Somit sind die rein methodischen Merkmale von QFD nicht nur in der Produktentwicklung bzw. in speziellen Branchen anwendbar, sondern überall dort, wo gemeinschaftlich in einem Team Lösungen zu bestimmten Problemen bzw. Antworten auf Anforderungen gesucht werden.[187] In diesem allgemeineren Sinne ist QFD ein Planungs-, Analyse- und Kommunikationsinstrument.[188] Übertragen auf die Anwendung in der Produktentwicklung bedeutet das: QFD analysiert Kunden- und Marktinformationen, um das Produkt durch die Umsetzung dieser Daten in Entwicklungsvorgaben zu planen sowie durch die Involvierung aller Stakeholder in einem strukturierten Vorgehen eine Grundlage für verbesserte Kommunikation und solidere Entscheidungen in der Unternehmung zu schaffen.[189]

3.3 Haupttätigkeiten von (Software) QFD

"As a central principle, customer needs or requirements shall be known or acquired and understood adequately by all relevant stakeholders. It shall be validated if product requirements meet the needs of the customer or stakeholder."[190]

Bereits dieses Zitat aus der ISO Norm 16355-1 zu Quality Function Deployment (QFD) zeigt deutlich dessen Nähe zum Requirements Engineering. Zentral sind das adäquate Verständnis der Stakeholderbedürfnisse und Produktanforderungen unter allen Stakeholdern und die Sicherstellung, dass die Produktanforderungen die Stakeholderbedürfnisse erfüllen. QFD kann in diesem Sinne der RE-Haupttätigkeit der Prüfung und

---

185 Vgl. JSA (2003), S. 3-4.

186 Vgl. Zollondz (2016b), S. 645.

187 „As with any versatile tool, the applications of QFD are limited only by one's imagination." Cohen (1995), S. 21, auch die Beispiele dort sowie ISO 16355-1, S. 3, 5. Um nur einige Beispiele zu nennen kann QFD z. B. zur Produktlinienentwicklung, vgl. Helferich (2010), zur Prozessverbesserung, vgl. Hierholzer et al. (1998), zur Entwicklung von Geschäftsmodellen, vgl. Pelzl (2016), zur strategischen Geschäftsplanung, vgl. Pietsch und Mackert (2014), oder auch zur Planung des Marketing-Mixes, vgl. Herzwurm et al. (2010).

188 Vgl. Saxby und Streckfuss (1993), S. 2.

189 Vgl. Herzwurm et al. (1997), S. 28-29.

190 ISO 16355-1 (2015), S. 4. Die Begriffe „customer" und „stakeholder" werden referenziert zur ISO 9000 (2015). Dort wird der Stakeholderbegriff umfassend, auch die Kunden als direkte Empfänger des Produkts einschließend, definiert und damit wie in dieser Arbeit, siehe Kap. 2.1.3.

Abstimmung von Anforderungen zugeordnet werden.[191] Ebenfalls wird hier angesprochen, dass zum Verständnis der Anforderungen ihre Ermittlung nötig ist. Und in ISO 16355-1 an gleicher Stelle folgend wird die visuelle Dokumentation aller Informationen im Entwicklungsprozess zur Verbesserung der Kommunikation aller Beteiligten untereinander empfohlen.[192] Damit bewegt sich QFD ganz im Konsens mit den Zielen und der Definition des RE nach Pohl.[193]

Die ISO 16355-1 definiert überdies ein branchen- und domänenunabhängiges Ablaufdiagramm, das die Produktentwicklung mit QFD startend von Projektplanungsaktivitäten über die Aufnahme der Stimme des Kunden und dessen Umsetzung im Entwicklungsprozess bis hin zur Produktion, Service und Außerdienststellung aufzeigt (Abb. 8). Das Ablaufdiagramm will kein eigenständiges QFD-Modell aufzeigen, sondern nur eine Orientierung für die Zuordnung der in QFD verwendeten Methoden und Techniken und damit der Gliederung der Norm geben.[194]

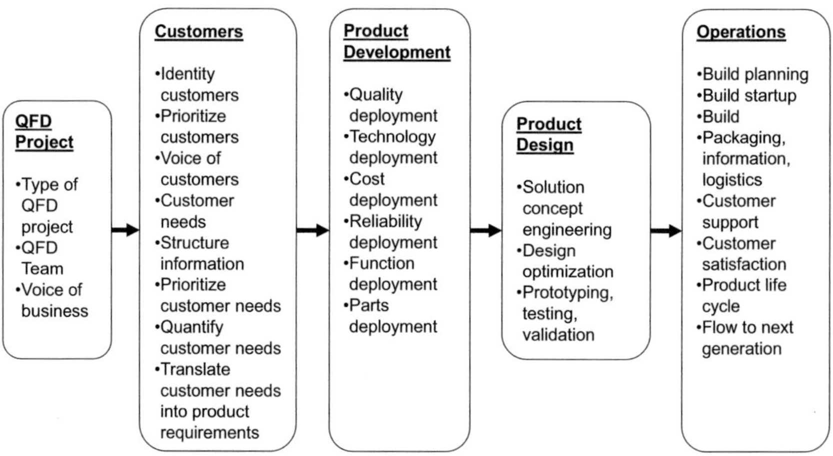

Abbildung 8: Ablauf der Produktentwicklung mit QFD nach ISO 16355-1[195]

---

[191] Siehe zu den RE-Haupttätigkeiten Kap. 2.2.2.
[192] Vgl. ISO 16355-1 (2015), S. 4.
[193] Siehe dazu Kap. 2.2.3.
[194] Vgl. ISO 16355-1 (2015), S. 4.
[195] In Anlehnung an ISO 16355-1 (2015), S. 5.

In ähnlicher Weise wurde eine QFD-Anwendung im Rahmen der Best Practice Arbeitskreise des QFD-Instituts Deutschlands e. V. (QFD-ID)[196] von den beteiligten QFD-Experten unterteilt in fünf Phasen:[197]

1. Stakeholderbedürfnisse erheben, aufbereiten und verstehen
2. Stakeholderbedürfnisse bewerten und analysieren
3. Erhebung der technischen Lösungsmerkmale (Produktanforderungen)
4. Analyse der Beziehungen zwischen Produktanforderungen und Stakeholderbedürfnissen
5. Deployment zur Umsetzung der Stakeholderbedürfnisse im gesamten Produktentstehungsprozess

Im Prinzip folgen diese beiden groben Abläufe einer einfachen Denke von QFD als Prozess, der Eingaben erhält bzw. sich beschafft (vor allem die Stakeholderbedürfnisse und Produktanforderungen), diese verarbeitet (vor allem bewertet und analysiert) und Ausgaben produziert (vor allem konkrete Entwicklungsvorgaben für das weitere Deployment). In der Terminologie des RE orientiert an den Dimensionen des RE nach Pohl lässt sich (Software) QFD somit in diese drei Haupttätigkeiten unterteilen (Tab. 4):

Tätigkeit	Kurz-Definition
Anforderungen gewinnen[198]	Anforderungen erheben, aufdecken und entwickeln
Anforderungen abstimmen	Anforderungen analysieren, bewerten und validieren
Anforderungen umsetzen	Anforderungen als Entwicklungsvorgaben festlegen und Umsetzung begleiten

Tabelle 4: Haupttätigkeiten des (Software) QFD[199]

Anforderungen umfassen hier alle Detaillierungsebenen und Arten d. h. Stakeholderbedürfnisse, funktionale und nicht-funktionale Produktanforderungen und Design-Einschränkungen. Zentral bleiben dabei das gemeinsame Verständnis der Anforderungen

[196] Auf Einladung des QFD-ID trafen sich rund ein Dutzend erfahrene QFD-Anwender dreimal zu jeweils zweitägigen Workshops, um den Stand der Technik von QFD in Deutschland herauszufinden.
[197] Vgl. Herzwurm et al. (2011a), S. 24.
[198] Lauenroth spricht in seinem Plädoyer des RE als Gestaltungsdisziplin von „definieren", vgl. Lauenroth (2015), S. 3. Pohl spricht von „Gewinnung" als deutsche Entsprechung der wohl besten, aber englischen Bezeichnung „Elicitation", vgl. Pohl (2008), S. 44.
[199] Eigene Darstellung.

unter allen Stakeholdern und die Sicherstellung einer hohen Kunden- bzw. Stakeholderzufriedenheit durch die Umsetzung von Produktanforderungen, welche die wichtigsten Stakeholderbedürfnisse am besten erfüllen.

(Software) QFD verkörpert somit eine Ausprägung des RE als Gestaltungsdisziplin.[200] (Software) QFD will die Anforderungen zur höchsten Stakeholderzufriedenheit gestalten und nicht etwa „nur" aufschreiben im Sinne eines „voice recorder"[201]. Produktanforderungen können nur dann zuverlässig als Entwicklungsvorgaben festgelegt werden (Anforderungen umsetzen), wenn zuvor Probleme bzw. allgemein die Bedürfnisse der relevanten Stakeholder von allen Beteiligten verstanden und die möglichst besten Lösungen für diese gefunden wurden (Anforderungen gewinnen und Anforderungen abstimmen).[202] Oder wie Roberston und Robertson es für das gesamte RE auf den Punkt bringen:

„...the requirements activity is not principally about writing a requirements document. Instead, it focuses on understanding a business problem and providing a solution for it."[203]

3.4 Literaturanalyse zu Software QFD

Um zu sehen, wo die Schwerpunkte des Software QFD im praktischen Einsatz liegen und auch um ggf. Anknüpfungspunkte für das Agile Software QFD zu finden, erfolgte eine kritische Analyse zur Software QFD Literatur.[204] Das Hauptziel der Analyse war es, einen Überblick über bestehende Software QFD Literatur zu erhalten. Es wurden nur Publikationen ausgewählt, deren inhaltlicher Kern die Anwendung von QFD in der Softwareentwicklung darstellt. Das bedeutet konkret, dass es nicht das Ziel der Untersuchung war, jede einzelne Quelle zu finden, die Software QFD irgendwie indirekt referenziert oder die Software und QFD zusammen in einem lose gekoppelten Kontext erwähnt oder allgemein eine Anwendung von QFD in einem IT-Unternehmen beschreibt (z. B. für gänzlich andere Zwecke als zur Softwareentwicklung). Zudem wurden solche Veröffentlichungen nicht weiter betrachtet, die nur spezielle Teilaspekte einer QFD-Anwendung betrachten. Darunter fielen z. B. Artikel zum Einsatz von QFD

[200] Siehe Kap. 2.2.3.
[201] Vgl. Lauenroth (2016), S. 3.
[202] Vgl. Lauenroth (2015), S. 3.
[203] Roberston und Robertson (2012), S. 1.
[204] Vgl. dazu ausführlich Herzwurm et al. (2016).

zur Softwareprozessverbesserung,[205] zur Auswahl von Standardsoftware[206] und die meisten der sog. Fuzzy-QFD-Anwendungen, die sich vor allem mit der statistischen Validität der Eingangsgrößen einer QFD Analyse beschäftigen.[207]

Das Vorgehen entsprach forschungsmethodisch einer systematischen Literaturanalyse.[208] Grundsätzlich dient eine systematische Literaturanalyse dem Zweck der Sammlung, Selektion, Bewertung, Interpretation und Darstellung aller verfügbaren Veröffentlichungen zu einem Themenbereich.[209] Sie durchläuft bestimmte Prozessschritte, um auch die Nachvollziehbarkeit der Analyse sicherzustellen. Zu diesen Schritten gehören nach Festlegung des Ziels der Analyse üblicherweise die Identifikation geeigneter Datenbanken, die Festlegung einer Suchstrategie mit geeigneten Filterkriterien sowie die Auswertung und Zusammenführung der Ergebnisse.[210] In diesem Fall wurde eine manuelle Suche innerhalb gängiger ingenieurwissenschaftlicher, informationstechnischer und betriebswirtschaftlicher Datenbanken durchgeführt. In allen drei Bereichen kann Literatur zu Software QFD vermutet werden, da QFD sowohl die Produktentwicklung, das Software Engineering als auch das Qualitätsmanagement tangiert. Konkret umfasste dies die ACM Digital Library, EBSCOhost Business Source Premier, IEEE Xplore, Sciencedirect, Scopus, SpringerLink und Web of Science. Da die internationalen und auch nordamerikanischen QFD Konferenzen nicht in den genannten Datenbanken verfügbar sind, wurden die Proceedings dieser Konferenzen separat durchsucht.

---

205 Bei diesen Ansätzen werden nicht einzelne Entwicklungsprojekte betrachtet, sondern der Entwicklungsprozess als Rahmen für viele Entwicklungsprojekte. Oft werden Prozessanforderungen einzelnen Forderungen von Standards wie dem Capability Maturity Model Integrated (CMMI 2006) gegenübergestellt. Typische Vertreter dieser Kategorie sind Hierholzer et al. (1998), Richardson (2002), Richardson et al. (2002), Sun und Liu (2010), und Xiong und Cao (2013).

206 Diese Beiträge beschäftigen sich i. d. R. eher grob mit einigen Features der in Frage kommenden Standardsoftware, die dann einigen Stakeholderbedürfnissen in einer Matrix gegenübergestellt werden, vgl. z. B. Karsak und Özogul (2009), Kumar und Midha, 2004, Yadav et al. 2006 sowie Zahedi et al. (2011).

207 Fuzzy-QFD-Anwendungen bedienen sich im Allgemeinen Techniken der Fuzzy-Set-Theorie wie der (non-)linearen Programmierung oder spezielle Regressionsmodelle, um Mehrdeutigkeiten in der natürlichen Sprache zu reduzieren. Für einen Überblick über Fuzzy QFD-Anwendungen vgl. Abdolshah und Moradi (2013).

208 Vgl. allgemein zu systematischen Literaturanalysen z. B. Kitchenham et al. (2009), Kitchenham und Charters (2007), Petticrew und Roberts (2006) sowie vom Brocke (2009). Für Beispiele von Literaturanalysen vgl. z. B. Lenz et al. (2016) und Peine (2014), S. 95-106.

209 Vgl. Kitchenham und Charters (2007), S. 3.

210 Vgl. Kitchenham et al. (2009), S. 8-9.

Der folgende Suchterm wurde für die Suchen in den Titeln und den Zusammenfassungen (Abstracts) der Veröffentlichungen genutzt:[211]

(Software OR App OR web OR "Information technology") AND
(QFD OR "Quality Function Deployment")

Es wurde nur nach englischsprachiger Literatur gesucht, stichprobenartige Suchen mit den deutschen Übersetzungen der Suchterme ergaben keine weiteren Treffer. Es wurde nach Artikeln in Zeitschriften, Beiträgen auf Konferenzen und in ganzen Büchern gesucht. White Paper oder Berichte auf Webseiten bzw. in Blogs wurden nicht eingeschlossen. Suchjahre waren alle von 1988 (dem Jahr der wohl ersten Software QFD Veröffentlichung[212]) bis einschließlich 2015. Tabelle 5 gibt eine Überblick über die Trefferzahlen.

Datenbanken	Anzahl gefundener Publikationen
ACM Digital Library	12
EBSCOhost Business Source Premier	103
IEEE Xplore	58
Sciencedirect	31
Scopus	265
SpringerLink	55
Web of Science	53
QFD-Proceedings	51
Summe	**628**

Tabelle 5: Anzahl der gefundenen Publikationen

Unter diesen 628 gefundenen Publikationen waren insgesamt 144 Dubletten. Es verblieben 484 potentiell relevante Veröffentlichungen. Um wirklich umfassende Ergebnisse zu erhalten, wurden die Ergebnisse mit den Referenzen von bereits existierenden Literaturanalysen zu QFD bzw. Software QFD, von empirischen Studien zu Software QFD und von bekannten State-of-the-Art-Artikeln zu Software QFD abgeglichen. Im Einzelnen waren dies folgende elf Quellen (Tab. 6).

211 Da es auf Springerlink nicht möglich ist im Titel und Abstract zu suchen, wurde zur Vermeidung vieler irrelevanter Ergebnisse im Volltext mit dem NEAR/5 Operator gesucht, bei dem die Suchterme für einen Treffer in räumlicher Nähe (innerhalb 5 Worten) zueinander stehen müssen.

212 Vgl. Cohen (1988), zitiert nach Cohen (1995), S. 335.

Beschreibung der Quelle	Referenz
Systematische Analyse zu QFD-Literatur allgemein von 2000-2006 mit insgesamt 157 gefundenen Beiträgen	Carnevalli und Miguel (2008)
Literaturübersicht mit über 650 Artikeln allgemein zu QFD bis einschließlich Anfang 2001	Chan und Wu (2002)
Literaturanalyse mit über 400 Artikeln zu QFD	Sharma et al. (2008)
Einfache Literaturübersicht mit 63 Artikeln zu QFD mit Beziehung Software Engineering und IT	Sharma et al. (2012)
Empirische Untersuchung mit 37 Software-Unternehmen, darunter sechs Software QFD Anwender	Haag et al. (1996)
Empirische Feldstudie mit zehn Anwendern von QFD, darunter fünf Softwareentwickelnde Organisationen	Herzwurm et al. (1998)
State-of-the-Art Artikel mit Stand bis zu dem Veröffentlichungsjahr, teilweise mit Vorstellung und Diskussion von QFD Modellen und Fallstudien	Barnett und Raja (1995)
	Herzwurm und Schockert (2003)
	Herzwurm et al. (2015)
	Tran and Sherif (1995)
	Zultner (2007a)

Tabelle 6: Für die Cross-Referenz verwendete Publikationen

Durch diesen Cross-Referenzcheck konnten zusätzlich 37 möglicherweise relevante Publikationen gefunden werden. Insgesamt wurden nun 521 Publikationen auf ihre Relevanz für das Untersuchungsziel untersucht, d. h. dem klaren Bezug zur Anwendung von QFD in der Softwareentwicklung. Durch das Lesen der Zusammenfassungen der Quellen konnten 186 Veröffentlichungen als irrelevant eingestuft werden. Die verbliebenen 335 Publikationen wurden detaillierter untersucht indem jeweils die Einleitungen, die wesentlichen Ergebnisse und die abschließenden Abschnitte geprüft wurden.[213] Diese genaue Analyse reduzierte die Menge der Publikationen auf 108, d. h. bei diesen Literaturquellen handelt es sich Publikationen bei denen die Anwendung von Software QFD im Kern der Ausarbeitungen steht.[214]

Abb. 9 zeigt die Gesamtverteilung der Software QFD Publikationen über die Jahre.

213 Acht Quellen konnten dabei leider nicht untersucht werden, da sie dem Autor bisher leider nicht zur Verfügung standen. Darunter war auch der vermutlich erste Software QFD Beitrag aus dem Jahr 1988, vgl. Cohen (1988), zitiert nach Cohen (1995), S. 335.

214 Für eine vollständige Referenzliste aller 108 untersuchten Software QFD Quellen vgl. Herzwurm et al. (2016), S. 192-199.

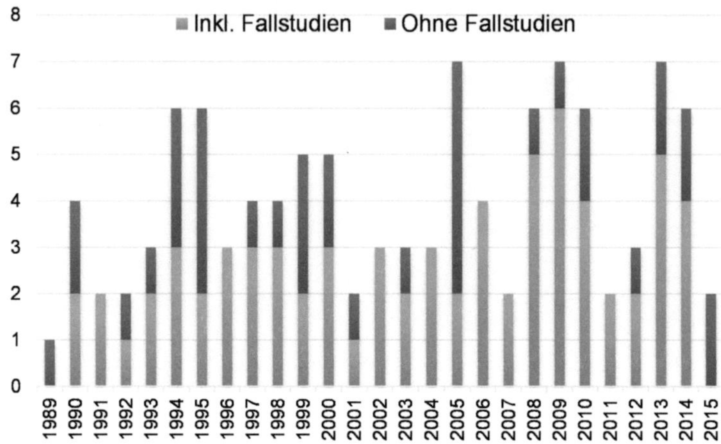

Abbildung 9: Anzahl der Software QFD Publikation pro Jahr[215]

Es ist dabei keine stetige Entwicklung zu erkennen, sondern vielmehr viele Höhen und Tiefen. Ein kleiner Trend zu mehr Veröffentlichungen seit 2005 ist offensichtlich (52 Publikationen vs. 56 Publikationen 1989-2004), aber nicht wirklich nachhaltig, da es immer wieder Jahre mit nur geringem Publikationsaufkommen gibt.[216] Insgesamt 71 der 108 Publikationen und damit etwa 2/3 aller Veröffentlichungen beinhalten (fiktive oder reale) Fallstudien von Software QFD Anwendungen. Signifikant ist dabei ein Anstieg in den Jahren 2008 bis 2010. 15 der 71 Fallstudien stammen aus diesen drei Jahren, acht davon befassen sich mit Web-Entwicklungen. Aber auch dieser Trend war nicht wirklich nachhaltig, wie auch die nur zwei Veröffentlichungen aus 2015, beide ohne Fallstudien,[217] belegen. Der erste kleine „Software QFD Hype“ Mitte der 1990er Jahre mit je 6 Veröffentlichungen 1994 und 1995 rührte vor allem von den frühen amerikanischen Anwendern.[218]

Die USA führt auch mit deutlichem Abstand bei einem Blick auf die Herkunft der Veröffentlichungen mit insgesamt 34 (Abb. 10). Es folgen Deutschland mit 16, China mit

215 Eigene Darstellung in Anlehnung an Herzwurm et al. (2016), S. 174, 176.

216 Z. B. 2007 oder 2011 ohne offensichtliche Gründe. Ebenso gibt es keine signifikanten Erklärungen für die positiven Ausschläge in den Jahren 2005, 2009 und 2013. Allenfalls zufällige Korrelationen können z. B. zum Internationalen QFD-Symposium in Santa Fe, 2013, mit drei Software QFD Beiträgen, vgl. Kapucugil-Ikiz und Ozdagoglu (2013), Schockert et al. (2013) und Watanabe et al. (2013), gezogen werden. Genauso auffällig sind 2009 vier Veröffentlichung alleine aus China, drei davon eng verwandt, vgl. Xiong und Wu (2009a), Xiong und Wu (2009b), Xiong und Wu (2009c).

217 Dabei handelt es sich um Herzwurm et al. (2015) und Xiong (2015).

218 Vgl. die Fallstudien in Elboushi et al. (1994) und McDonald (1995) sowie die bereits erwähnten Übersichtsartikel Barnett und Raja (1995) und Tran and Sherif (1995).

13 und Japan mit 7. Diese vier Länder („Big 4") stehen für den Ursprung von mehr als 60% aller Publikationen. Die restlichen knapp 40% verteilen sich auf insgesamt 21 Länder. Beim Vergleich der drei Kontinente Asien, Europa und Nordamerika ergibt sich allerdings eine fast gleichwertige Verteilung von 36, 42 und 34.[219]

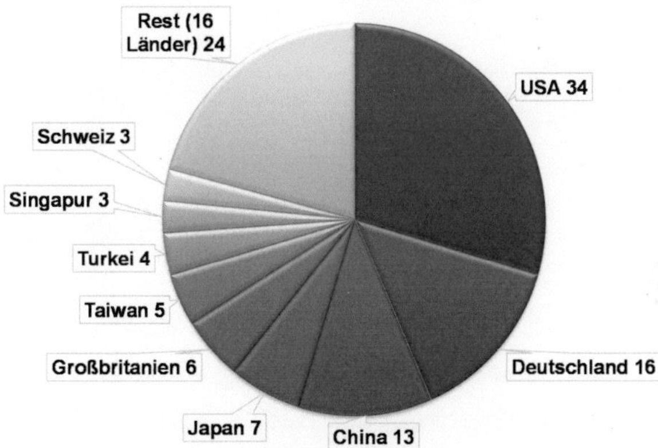

Abbildung 10: Herkunft der Software QFD Publikationen[220]

Abb. 11 zeigt die Herkunft der Software QFD Publikationen seit 1989 in 4-Jahres-Intervallen. Dabei zeigt sich deutlich, dass die Wurzeln von Software QFD in Japan und in den USA liegen.[221] 20 von 26 Beiträge kamen bis einschließlich 1995 aus diesen beiden Ländern. Auch die Briten gehörten zu den ersten Anwendern von Software QFD.[222] Deutschland tauchte auf der Software QFD Landkarte zum ersten Mal 1994 auf[223] und ist seitdem einer der stärksten Anwender. Taiwan folgte 2000.[224] China repräsentiert den seit 2004 intensivsten Anwender von Software QFD.[225] Darüber hinaus ist die steigende weltweite Verbreitung von Software QFD in Abb. 11 ersichtlich. Bis 2004 kamen nur etwa 30% (16 von 54) der Publikationen aus anderen Ländern als den „Big 4". Seit 2004 kommen fast 50% (29 von 61) der Veröffentlichungen aus insgesamt 18 anderen Ländern als den „Big 4". Im gleichen Zeitraum ist die Zahl der

219 Darüber hinaus gibt es zwei Artikel aus Australien und einen Artikel aus Afrika (Nigeria).

220 In Anlehnung an Herzwurm et al. (2016), S. 175. Es gab sieben multinationale Publikationen, so dass sich die Gesamtzahl auf 115 erhöhte. Die restlichen Länder umfassen Australien, Finnland, Indien, Iran, Malaysia, Rumänien, Süd-Korea, Schweden (je 2) und Österreich, Frankreich, Italien, Nigeria, Niederlande, Norwegen, Portugal, Slowakei (jeweils 1).

221 Vgl. insb. Betts (1990), Shaikh (1989), Thackeray und Van Treeck (1990), Yoshizawa et al. (1990), Yoshiziwa et al. (1993) und Zultner (1990).

222 Vgl. Rahman (1992), Taylor (1994), West (1991).

223 Vgl. Streckfuss (1994).

224 Vgl. Chu et al. (2000), Pai (2002).

225 Vgl. insb. Xiong et al. (2004), Xiong et al. (2005) und weitere fünf Artikel mit ihm als Co-Autor.

Software QFD Literatur aus den USA massiv zurückgegangen, von 50% (27 von 54) vor 2004 auf nur etwa 11% (7 von 61) seit 2004.

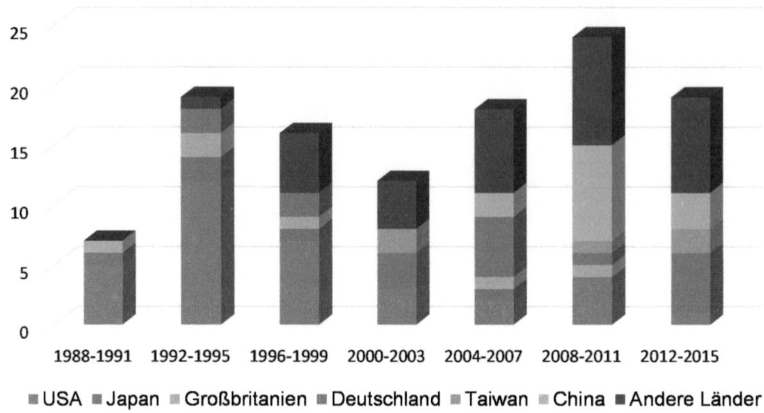

Abbildung 11: Herkunft der Software QFD Publikationen in 4-Jahres-Intervallen[226]

Die Software QFD Quellen wurden dann weiter untersucht, u. a. in Hinsicht des zugrundeliegenden Software QFD Modells, der betrachteten Anwendungsdomäne und der Integration von Software QFD in den Softwareentwicklungsprozess.[227] Die Ergebnisse dieser Analyse werden in den folgenden Kapiteln bzw. der ganzen Arbeit immer wieder aufgegriffen.

3.5 Vergleich von Software QFD und klassischem QFD

3.5.1 Gemeinsamkeiten von Software QFD und klassischem QFD

Die grundlegende Aufgabe der Produktentwicklung ist universell: Kunden haben gewisse Vorstellungen von dem Nutzen und der Benutzung eines Produkts, welche die Entwicklung in einem (mehr oder weniger) komplexen Prozess unter Beachtung von Zeit-, Kosten- und Qualitätsgesichtspunkten erfüllen muss. Grundsätzlich kann QFD daher in seiner klassischen Form mit Ursprung in der Fertigungsindustrie[228] auch auf Softwareprodukte übertragen werden.

Auch sind die Kunden- bzw. Stakeholderbedürfnisse im Software QFD wie beim klassischen QFD bei der überwältigenden Mehrheit aller Anwendungen Ausgangspunkt

226 In Anlehnung an Herzwurm et al. (2016), S. 175.
227 Vgl. detailliert zu den Ergebnissen Herzwurm et al. (2016).
228 Siehe Kap. 3.1.

der Analysen. Bei über 90% der untersuchten Software QFD Literatur war dies zumindest formal der Fall, d. h. es wurden entsprechende Begriffe wie z. B. „customer needs“ verwendet.[229] Wie Abb. 12 zeigt haben Software QFD und das klassische QFD auch die Flexibilität in den Anwendungsdomänen gemeinsam.

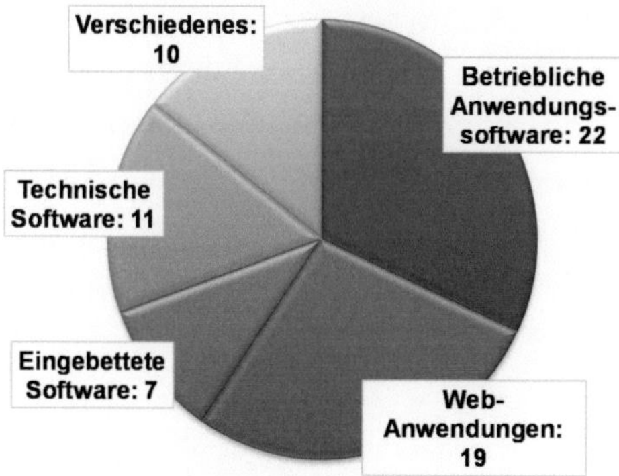

Abbildung 12: Anwendungsdomänen der Software QFD Fallstudien[230]

Software QFD wurde und wird in vielen unterschiedlichen Anwendungsbereichen eingesetzt, angefangen von hardwarenaher eingebetteter Software (z. B. Software zur Steuerung eines Raumschiffs[231]), eher technischer Software (z. B. geographische Informationssysteme[232] oder Suchmaschinen[233]) bis hin zu betrieblicher Anwendungssoftware (z. B. für Customer Relationship Management Systeme[234]). Letztere dominieren zusammen mit den Web-Anwendungen und stehen für etwa 60% aller Fallstudien. Bemerkenswert ist, dass fünf der sieben QFD-Anwendungen für eingebettete Software vor 1997 stattfanden. Eine Verschiebung hin zu weniger technischen Systemen zeigen auch die jüngsten Fallstudien zur Cloud-Software,[235] App-Entwicklung,[236] Gaming[237] und e-Learning-Systemen[238].

229 Kritisch anzumerken ist allerdings, dass hier den Angaben in den Veröffentlichungen größtenteils vertraut werden musste, da gerade die Überprüfung, ob es sich wirklich um die Bedürfnisebene und nicht schon um die Anforderungsebene handelte, bei vielen Beiträgen nahezu unmöglich war, da sie entweder keine Fallstudie enthielten oder zu wenig über die Anwendungsdomäne berichtet wurde.
230 In Anlehnung an Herzwurm et al. (2016), S. 177, 69 von 71 Fallstudien konnten zugeordnet werden.
231 Vgl. Elboushi und Sherif (1997).
232 Vgl. Kolagani et al. (2014).
233 Vgl. Sener und Karsak (2010), Sener und Karsak (2012).
234 Vgl. Fehlmann und Kranich (2013), Stansfield et al. (2010).
235 Vgl. Watanabe et al. (2012), Yuen (2014).
236 Vgl. Zhu und Tu (2014).
237 Vgl. Ip und Jacobs (2006).
238 Vgl. Violante und Vezzetti (2014), Kapucugil-Ikiz und Ozdagoglu (2013).

3.5.2 Unterschiede von Software QFD und klassischem QFD

Im klassischen QFD spielen die Produktanforderungen in Form der Qualitätsmerkmale eine herausragende Rolle. So werden bei (nahezu) allen klassischen QFD-Ansätzen in einer ersten zu bildenden HoQ Matrix die Stakeholderbedürfnisse den möglichst messbaren Qualitätsmerkmalen gegenübergestellt. Doch wie auch die Literaturanalyse zu Software QFD zeigt, nur in 20% der Publikationen werden ausschließlich die Qualitätsmerkmale als Lösungen zur Erfüllung der Bedürfnisse betrachtet (Abb. 13). Aber in gut 50% der Fälle werden beide Arten von Produktanforderungen als mögliche Lösungen gewählt (separiert in zwei Matrizen oder integriert in einem HoQ). Bzw. anders ausgedrückt: in 70% der Fälle werden die Produktfunktionen als mögliche Lösungen gewählt und damit in etwa gleich häufig wie die Qualitätsmerkmale.[239]

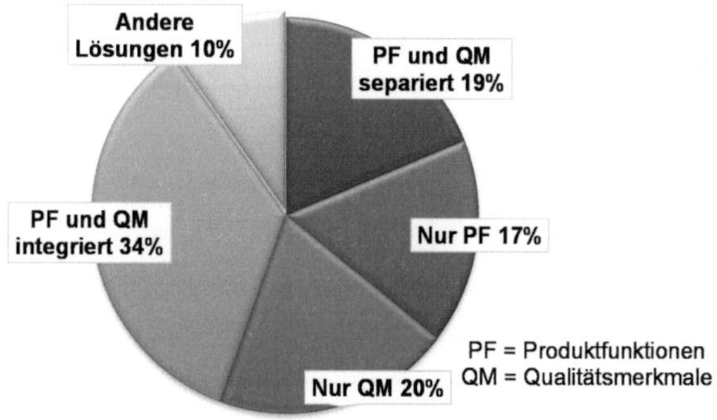

Abbildung 13: Lösungen zur Erfüllung der Stakeholderbedürfnisse[240]

Dies ist bei näherer Betrachtung auch nicht verwunderlich, denn Software zeichnet sich vor allem durch ihr Verhalten aus, d. h. eben durch die Produktfunktionen und im Allgemeinen weniger – und vor allem nicht ausschließlich – durch die Qualitätseigenschaften.[241] Plakativ als Beispiel formuliert: was nützt die zuverlässigste Software, wenn sie nicht Funktionalitäten bereitstellt, welche die Stakeholder zu schätzen wissen? Der Wert einer Software manifestiert sich (in erster Linie) in dem was sie leisten

[239] Genau sind es in 70% der Publikationen die Produktfunktionen und in 73% der Fälle die Qualitätsmerkmale, darunter 53% in denen beide Arten von Produktanforderungen betrachtet werden.
[240] In Anlehnung an Herzwurm et al. (2016), S. 182.
[241] Vgl. Herzwurm et al. (1997), S. 50, Herzwurm et al. (2000b), S. 27-29.

kann.[242] Das bedeutet, dass die Transformation der Stakeholderbedürfnisse in Qualitätsmerkmale im „klassischen HoQ",[243] die dann im Entwicklungsprozess kontrolliert werden, nicht zur Sicherstellung einer angemessenen Erfüllung der Bedürfnisse ausreicht. Die Planung der Funktionalität muss hinzukommen. Dies geschieht im Allgemeinen im sog. „Software HoQ" zur Gegenüberstellung von Stakeholderbedürfnissen und Produktfunktionen.[244]

Zu erwähnen ist an dieser Stelle allerdings auch, dass im klassischen QFD ein Umdenken begonnen hat bzw. in gewissem Sinne bereits stattgefunden hat. So werden in der ISO 16355 explizit die ersten Lösungsmerkmale als „functional requirements" bezeichnet und definiert als „an inherent performance of the product or an action that the product shall be able to accomplish."[245] Der Begriff „quality characteristic" – von Akao geprägt und zentraler Bestandteil aller Qualitätstabellen, auch der im japanischen QFD-Standard[246] – wird sogar als historisch bezeichnet und eben durch den allgemeineren Begriff der funktionalen Anforderungen, die auch die Qualitätseigenschaften umfassen können, ersetzt.[247]

Vor dem Hintergrund, dass der Produktionsprozess in der Softwarebranche ein reiner Vervielfältigungsprozess ist und selbst die Anwendungen des klassischen QFD in der Fertigungsindustrie – wie auch das QFD-ID Deployment Rahmenwerk als Ergebnis der mehrtägigen QFD-Expertenworkshops zeigten[248] – selten weiter als die Ebene der Funktionsträger bzw. Baugruppen gehen, stellt sich die Frage, wie weit in Software QFD überhaupt das deployment geht?

Die Analyse der Software QFD Literatur zeigt, dass in etwa 2/3 der Fälle nur zwei Anforderungsebenen genutzt werden.[249] Das bedeutet in absoluten Zahlen, dass nur in 36 von 108 Veröffentlichungen zumindest die drei Anforderungsebenen[250] aus Stakeholderbedürfnissen, Produktanforderungen und Design-Einschränkungen in Form

---

242 Vgl. Zultner (1994), S. 149.

243 Also dem HoQ, das i. d. R. bei den klassischen QFD-Modellen der Fertigungsindustrie als erstes gemacht wird, siehe dazu Kap. 5.2.4.

244 Siehe genauer dazu die Software QFD Modelle in den Kapiteln. 5.3 bis 5.5.

245 ISO 16355-1 (2015), S. 2.

246 Vgl. JSA (2003), S. 5, 8-9.

247 Vgl. ISO 16355-1 (2015), S. 14.

248 Vgl. Herzwurm und Schockert (2006), S. 173, Herzwurm et al. (2011a), S. 26.Siehe zum QFD-ID Deployment Rahmenwerk Kap. 5.3.

249 Vgl. Herzwurm et al. (2016), S.

250 Siehe zu den Anforderungsebenen Kap. 2.1.4.

von z. B. Komponenten- oder Schnittstellenanforderungen betrachtet werden. Offensichtlich liegt das Problem, dass durch die Anwendung von QFD in der Softwareentwicklung angegangen wird in noch größerem Maße als in der Fertigungsindustrie in den frühen Phasen der Entwicklung. Dem tragen auch die existierenden Software QFD Ansätze Rechnung wie sich insb. in Kap. 5.3 mit den fokussierenden Software QFD Modellen zeigen wird.

3.6 Leitlinien von (Software) QFD

„Quality Function Deployment (QFD) is a method to assure customer or stakeholder satisfaction and value with new and existing products (…).“[251]

Die oberste Maxime von QFD bzw. einer QFD-Anwendung ist die Sicherstellung einer hohen Kunden- bzw. Stakeholderzufriedenheit. In der ISO 16355-1 werden darüber hinaus konstituierende Prinzipien von QFD definiert (siehe Tab. 7).

Prinzipien von QFD nach ISO 16355-1:2015	
Prioritize information to focus	Priorisiere Informationen um zu fokussieren
Understand how to cause good quality	Verstehe wie gute Qualität herbeigeführt werden kann
Listen to the voice of the customer	Höre den Kunden zu
Observe the customers‘ situation	Beobachte den Kunden
Capture information from other sources	Erfasse Informationen auch von anderen Quellen
Improve internal communications through the transformation of information between perspectives	Verbessere die interne Kommunikation durch Betrachtung von Informationen aus verschiedenen Perspektiven

Tabelle 7: Prinzipien von QFD nach ISO 16355-1:2015[252]

An gleicher Stelle folgend fordert die ISO die Verpflichtung („commitment“)[253] aller intern Beteiligten zum Wohle der Kunden zusammenzuarbeiten und einen persönlichen

251 ISO 16355-1 (2015), S. vii.

252 Vgl. ISO 16355-1 (2015), S. 3 im englischen Original, Übersetzungen durch den Verfasser.

253 Der englische Begriff „Commitment“ taucht an vielen Stellen sowohl in QFD, im Requirements Engineering als auch in der agilen Softwareentwicklung auf, siehe z. B. Kap. 4.3. Eine richtig treffende Übersetzung in einem Wort gibt es nicht. Es drückt im Allg. die Verpflichtung eines Einzelnen auf ein gemeinsames Ziel einer Gruppe hin aus. Der Fokus soll auf der Erfüllung dieses Ziels bzw. zugehöriger Aufgaben liegen und der Verpflichtung diesen Weg gemeinsam zu gehen. Vgl. dazu Gloger (2016), S. 159.

Kontakt zum Kunden zu etablieren. Wie zu Anfang von Kap. 3.3 bereits erwähnt, wird dazu ein gemeinsames Verständnis der Stakeholderbedürfnisse und Produktanforderungen, die Sicherstellung, dass die Produktanforderungen die Stakeholderbedürfnisse erfüllen, und die visuelle Dokumentation aller Informationen im Entwicklungsprozess angestrebt.

Diese Prinzipien sind nicht alle auf der gleichen Detaillierungsebene angesiedelt und auch nicht unabhängig voneinander. So sind die Prinzipien, dem Kunden zuzuhören und zu verstehen, wie gute Qualität erreicht werden kann, sicherlich allgemeiner als die Beobachtung des Kunden in seiner „Situation" d. h. im Allgemeinen vor Ort beim Kunden, dort wo das zukünftige Produkt Nutzen stiften soll bzw. wo aktuell Probleme sind.[254] Auch ist die Forderung nach umfassender Informationssammlung aus vielen unterschiedlichen Quellen verschiedener Perspektiven sicherlich ein Mittel, um das gemeinsame Verständnis und die Kommunikation im Team zu erhöhen. Trotzdem lassen sich vor diesem Hintergrund und der Betrachtung der Definition und der Haupttätigkeiten in den vergangenen Kapiteln fünf Leitlinien von QFD ableiten, die allen QFD-Anwendungen zugrunde liegen (Tab. 8):

Leitlinien von (Software) QFD		
1	**Zusammenarbeit**	QFD ist eine interdisziplinäre Teamleistung, innerhalb des Unternehmens und persönlich mit den Kunden, zum Wohle der Kunden.
2	**Kommunikation**	Informationen insb. über Bedürfnisse und Anforderungen werden von allen Stakeholdern ausgetauscht und betrachtet.
3	**Analyse**	Informationen zu Bedürfnissen und Anforderungen werden aus allen möglichen Quellen gesammelt und unter verschiedenen Perspektiven analysiert.
4	**Fokussierung**	QFD priorisiert konsequent die wichtigsten Bedürfnisse und Anforderungen zur Erhöhung von Kunden- bzw. Stakeholderzufriedenheit.
5	**Transformation**	QFD transformiert die wichtigsten Stakeholderbedürfnisse in Produktanforderungen, die weiter in die gesamte Entwicklung getragen und berücksichtigt („deployed") werden.

Tabelle 8: Leitlinien von (Software) QFD

[254] Dieser Ort, wo die „wahren Informationen" zu finden sind, wird auch als „(customer) gemba" bezeichnet, vgl. ISO 16355-1 (2015), S. 2, Zultner (1992b), S. 309, Zultner (2007a), S. 372-374.

3.7 Vor- und Nachteile von (Software) QFD

Die beschriebenen Leitlinien von QFD weisen auch den Weg zu dessen berichteten Vorteilen. QFD steht für eine effektivere Produktentwicklung.[255] Denn QFD analysiert Bedürfnisse und Anforderungen aus allen Stakeholderperspektiven und hilft bei der Identifikation der „richtigen Dinge“, an denen gearbeitet werden muss.[256] QFD lenkt den Blick in jeder Entwicklungsphase auf die für die Stakeholder wertvollsten Aspekte. Nicht „alles ist wichtig“, sondern die Stakeholder, darunter i. d. R. vor allem der Kunde und die zukünftigen Nutzer, entscheiden was wichtig ist. Statt die „best efforts“ der Mitarbeiter mehr oder weniger zufällig auf die Entwicklung zu verteilen, wird in QFD von Anfang an und durchgehend fokussiert auf die Befriedigung der bedeutsamsten Stakeholderbedürfnisse.[257] Dies wird erreicht mithilfe durchgängiger Priorisierungsaktivitäten beginnend mit der Transformation der Stakeholderbedürfnisse in Produktanforderungen immer unter Berücksichtigung vorhandener Zeit- und Ressourcenbeschränkungen. Dies eröffnet sowohl Kosteneinsparpotenziale als auch einen zielgerichteten Einsatz der vorhandenen Mittel. Die verbesserte Kommunikation und Zusammenarbeit durch die Etablierung abteilungsübergreifender Teams und den ständigen Informationsfluss innerhalb der Unternehmung und mit den Kunden sind dabei Mittel und Ziel zugleich. Von vielen Autoren werden diese auch als die entscheidenden Vorteile von QFD gesehen.[258] Ebenso wird die systematische Vorgehensweise, strukturierte Dokumentation und höhere Transparenz aller Entscheidungen basierend auf Fakten zur frühzeitigen gemeinsamen Verpflichtung („commitment“) gegenüber dem zu entwickelnden Produkt hervorgehoben.[259]

Bei der Anwendung von QFD kann durch zu starke Konzentration nur auf die Stakeholderbedürfnisse die Ermittlung von zukunftsorientierten Kundenwünschen und damit die Kreativität, Eigeninitiative und Innovationskraft leiden.[260] Auch können gerade zu Anfang die Einarbeitungszeit und der Trainingsaufwand höher sein, insb. wenn zu

[255] Vgl. im Folgenden Herzwurm et al. (1997), S. 34-37, Herzwurm et al. (2000b), S. 19-20.

[256] Vgl. ISO 16355-1 (2015), S. vii.

[257] Vgl. Zultner (1992b), S. 302-305 und Zultner (2007a), S. 352-353, der dafür den Begriff des kohärenten Entwicklungsprozesses prägt. Vgl. dazu auch Herzwurm et al. (1997), S. 10-12.

[258] Vgl. Hauser und Clausing (1988), Griffin (1992), S. 179, S. 68, 73, Newton und McDonald (1994), S. 297, Saatweber (2011), S. 36, 334-337.

[259] Vgl. Cohen (1995), S. 32, Curtius und Ertürk (1994), S. 394; Schmidt und Steffenhagen (2007), S. 707, Zultner (1993), S. 79.

[260] Vgl. Brauer (2015), S. 793

komplexe Einführungsprojekte gewählt werden und sich dadurch auch die Produktplanungszeit verlängern.[261] Die offene interne wie insb. auch die externe Kommunikation und der enge Kontakt zu Kunden können für die Mitarbeiter eine große Veränderung bedeuten und Akzeptanzschwierigkeiten auslösen. Hinzu kommen u. U. methodische Probleme wie z. B. mit der (auch mathematisch) zuverlässigen Bewertung der Bedürfnisse und Anforderungen und ihrer Beziehungen untereinander.[262] Auch können die Matrizen zu groß und unübersichtlich und dadurch sehr ermüdend und aufwendig in ihrer Erstellung werden. Ebenso kann die Abgrenzung von Bedürfnissen und Anforderungen schwer fallen.[263]

Tabelle 9 stellt die berichteten typischen Vor- und Nachteile von QFD gegenüber.

Vorteile von QFD	Nachteile von QFD
Kundenorientierte Entscheidungen im Hinblick auf hohe Kundenzufriedenheit	Zu starke Konzentration auf Kundenbedürfnisse ohne Innovationskraft
Beschleunigt den Entwicklungsprozess insgesamt durch Fokussierung	Wenig Unterstützung bei Ermittlung von zukunftsorientierten Kundenwünschen bzw. innovativen Produktanforderungen
Zielgerichteter Ressourceneinsatz	Erhöht die Produktplanungszeit
Ermöglicht Kosteneinsparpotenziale	Hoher Trainingsaufwand, lange Einarbeitung
Interessen verschiedener Stakeholder berücksichtigt	Interner Widerstand gegen Teamarbeit und Zusammenarbeit mit Kunden
Fördert gegenseitiges Verständnis	Unübersichtliche Matrizen
Höhere Transparenz von Produktentscheidungen	Hoher Arbeitsaufwand insb. bei der Erstellung der Matrizen
Bessere Zusammenarbeit durch strukturiertes Vorgehen	Schwierigkeiten in der Differenzierung von Bedürfnissen und Anforderungen
Reduzierung der Fehler zu Beginn der Produktentwicklung	Mathematisch fragwürdige Transformation in Matrizen
Systematisiert und dokumentiert die Kommunikation	Bewertungen insb. der Beziehungen z. B. zwischen Bedürfnissen zu Anforderungen schwierig

Tabelle 9: Typische Vor- und Nachteile von QFD[264]

261 Vgl. Saatweber (2011), S. 52-53.
262 Vgl. Schmidt und Steffenhagen (2007), S. 708-709.
263 Vgl. Herzwurm et al. (2000b), S. 64.
264 In Anlehnung an Brauer (2015), S. 816, Cohen (1995), S. 35-32, DGQ (2001), S. 44, Herzwurm et al. (1997), S. 34-37, Herzwurm et al. (2000b), S. 13, 19, Saatweber (2011), S. 51-53, Schmidt und Steffenhagen (2007), S. 706-709.

Oberstes Ziel aller QFD-Anwendungen ist und bleibt die Sicherung einer hohen Kunden- bzw. Stakeholderzufriedenheit. Hier zeigt sich ein beginnender Wandel von QFD in den letzten Jahren, der auch durch die neue ISO-Norm vorangetrieben wurde. Denn obwohl der Kundenbegriff in QFD selbst immer schon weit gefasst und nicht auf Benutzer oder Käufer eingeschränkt war,[265] wird nun vermehrt (u. a. auch in der Norm) explizit von Stakeholdern als Adressaten von QFD gesprochen. Damit öffnet sich QFD – obwohl es natürlich an sich immer schon offen war – auch im Wortsinn möglichen anderen Präferenzstrukturen als der „Kundenorientierung im Sinne von Käufer- bzw. Nutzerorientierung" und begegnet so auch einem häufig genannten Vorwurf,[266] dass die bloße Orientierung an dem was der Kunde macht, sagt, will oder denkt ein limitierender Faktor von QFD ist.

[265] Vgl. Herzwurm et al. (1997), S. 24, Herzwurm et al. (2000b), S. 16-17.
[266] Vgl. Brauer (2015), S. 793.

4. Agile Softwareentwicklung

Ziel dieses Kapitels ist gemäß Forschungsfrage 2 dieser Arbeit die Ableitung von Problemanforderungen an die Ausgestaltung des Agilen Software QFD. Konstituierend für das agile Paradigma in der Softwareentwicklung sind die im Agilen Manifest genannten Werte und Prinzipien. Methoden werden in diesem Sinne sogar genau dann als agil definiert, wenn sie auf diesen Werten und Prinzipien basieren.[267] Von daher bilden sie eine Quelle von Anforderungen an das Agile Software QFD und werden in Kap. 4.3 dargestellt.

Die zweite Quelle bildet die typische Ausgestaltung der agilen Softwareentwicklung selbst. Auch wenn es hier ganz im Sinne der Agilität sehr viele Varianten gibt wird versucht, das Wesentliche der Entwicklungsmodelle – in erster Linie gemäß der Verbreitung in der Praxis – zusammenzutragen (Kap. 4.4). Dabei wird insb. die Perspektive des Requirements Engineering als Domäne des Software QFD eingenommen (Kap. 4.5). In Kap. 4.6 werden die Anforderungen an das Agile Software QFD dann kompakt dargestellt.

Den Anfang des Kapitels bilden zwei Abschnitte zum Agilitätsbegriff (Kap. 4.1) und zur historischen Entwicklung der agilen Softwareentwicklung (Kap. 4.2).

4.1 Agilität in der Softwareentwicklung

Der Begriff „agil“ stammt von dem lateinischen Wort „agilis“ ab. Er bezieht sich im Allgemeinen auf Personen, die behände, schnell und gewandt bzw. tätig, regsam, geschäftig und eifrig sind.[268] Im Wortsinne übertragen auf die Softwareentwicklung lässt sich darunter ein angepasster, flexibler Prozess verstehen, der schnell vorzeigbare Ergebnisse liefert.[269]

Im Software Engineering wird Agilität unmittelbar mit der um die Jahrtausendwende entstandenen agilen Softwareentwicklung assoziiert. Diese wird als Reaktion der Softwareentwicklung auf die sich zunehmend ständig verändernde, instabile und turbulente Geschäftswelt verstanden.[270] Die Zeiten deterministisch ablaufender, sequentieller Entwicklungsprozesse, in denen die Anforderungen zu Anfang der Entwicklung

[267] Vgl. Agile Alliance (2016a), Bleek und Wolf (2011), S. 1.
[268] Vgl. Pons (2016).
[269] Vgl. Bleek und Wolf (2008), S. 7.
[270] Vgl. Highsmith (2002), S. xxiii, 29, Highsmith und Cockburn (2001a), S. 120.

eingefroren werden und Anforderungsänderungen nur als Ausnahmen behandelt werden, sind vorbei.[271] Anforderungen ändern sich in jedem Fall und somit müssen Wege gefunden werden, mit diesen Änderungen effizient umzugehen.[272] Agilität steht hier für die Fähigkeit in einer unsicheren und turbulenten Welt sowohl Veränderungen für größeren Markterfolg selbst herbeizuführen aber vor allem auch darauf effizient zu reagieren, in diesem Sinne eine Art Balance zwischen Strukturierung und Flexibilität zu finden.[273] Es gibt dabei nicht DIE agile Softwareentwicklung sondern die Bezeichnung wird allgemein als Überbegriff für solche Methoden und Techniken verstanden, die auf den Werten und Prinzipien der Agilität bzw. des Agilen Manifests basieren.[274]

4.2 Geschichte der agilen Softwareentwicklung

„XP takes common sense principles and practices to extreme levels."[275]

Dieses, zwar nur auf Extreme Programming (XP) bezogene, Zitat zeigt gut das Selbstverständnis der agilen Ansätze. Sie verstehen sich nicht als revolutionäre Neuigkeit sondern als Zusammenstellung von bewährten Techniken. Die ersten Artikel über agile Softwareentwicklung, die zu diesem Zeitpunkt allerdings noch nicht so hieß, datieren aus der Mitte der 1990er Jahre. So veröffentlicht Ken Schwaber im April 1996 einen Artikel im American Programmer über die Eigenschaften des von ihm (mit-)entwickelten und eingesetzten Entwicklungsprozesses Scrum, den er auch auf der ACM Konferenz OOPSLA (Object-Oriented Programming, Systems, Languages & Applications) 1995 präsentierte.[276]

In dieser Zeit fällt auch Highsmiths Ansatz der adaptiven Softwareentwicklung bestehend aus dem abstrakten Zyklus des Spekulierens, Kollaborierens und Lernens.[277] Etwas später folgte Kent Beck mit Extreme Programming (XP), allerdings nicht nur als Artikel sondern auch direkt mit einem Buch, das die XP-Praktiken detailliert beschreibt.[278] Der Ursprung von XP lag dabei in einem Entwicklungsprojekt bei Chrysler

---

271 Vgl. Highsmith (1997), S. 23-24, Mellis et al. (2001), S. 4-5.

272 Vgl. Highsmith und Cockburn (2001a), S. 120, Highsmith und Cockburn (2001b), S. 131, Schwaber und Beedle (2002), S. 34.

273 Vgl. Agile Alliance (2016a). Für eine Diskussion des Agilitätsbegriffs allgemein und speziell für die Softwareentwicklung vgl. Trepper (2012), S. 65-67, Zimmer (2014), S. 34-38.

274 Vgl. Agile Alliance (2016a), Bleek und Wolf (2011), S. 1. Zum Agilen Manifest siehe Kap. 4.3.

275 Beck (1999a), S. xv.

276 Vgl. Schwaber (1996) sowie Schwaber und Beedle (2001), S. 19. Im Artikel von April 1996 wird auf die OOPSLA 1995 referenziert, im Buch von 2001 auf die OOPSLA 1996, die allerdings im Oktober 1996 war.

277 Vgl. Highsmith (1997), Highsmith (1999).

278 Vgl. Beck (1999a), Beck (1999b).

Comprehensive Compensation (C3),[279] einem Projekt zur Entwicklung eines Lohnbuchhaltungsprogramms, das ursprünglich schon gescheitert war, bevor es 1997 komplett mit Nutzung von Kent Becks XP neu aufgerollt und zum Erfolg wurde.[280] Neben den genannten Ansätzen gab und gibt es weitere verwandte Ansätze, wie die Familie der Crystal Light - Methoden,[281] Feature Driven Development[282], Kanban[283] und das Lean Software Development.[284]

Alle diese frühen Veröffentlichungen besitzen eine gewisse Nähe zu Rapid Application Development (RAD) Ansätzen, referenzieren zu Diskussionen über den Microsoft-Entwicklungsprozess Mitte der 1990er Jahre vs. einer Entwicklung gemäß des Capability Maturity Models (CMM) des Software Engineering Institute (SEI) und berufen sich auf den Terminus „good enough software“ als Ausdruck einer minimalistischen Denkweise.[285] Zu diesem frühen Zeitpunkt wurden solche Entwicklungsansätze als leichtgewichtig bezeichnet im Gegensatz zu den vor allem viele Dokumente produzierenden und deswegen als schwergewichtig bezeichneten Phasenmodellen in Tradition des Wasserfallmodells.[286]

Die Bezeichnung „agil“ wurde dann im Februar 2001 in Utah, USA geboren als sich 17 Praktiker zusammenschlossen, um den verschiedenen zu diesem Zeitpunkt existierenden Alternativen zur dokumentengetriebenen, schwergewichtigen Entwicklung eine gemeinsame Basis zu geben.[287] Daraus entstand das Agile Manifest mit grundlegen Werten und Prinzipien.[288] Diese haben bis heute unverändert Bestand und sind sowohl für Methoden als auch für Menschen der Gradmesser ihrer Agilität bei der Softwareentwicklung.[289]

---

279 Vgl. C3 Team (1998).
280 Vgl. Beck (1999b), S. 75.
281 Vgl. Cockburn (2004).
282 Vgl. Palmer und Felsing (2002).
283 Vgl. Anderson (2010).
284 Vgl. Poppendieck und Poppendieck (2003).
285 Vgl. Beck (1999b), S. 70, 73, Highsmith (1997), S. 24, 28, Schwaber (1996), S. 11-12. Vgl. zu „good enough software“ Bach (1995), zu Microsoft Cusumano und Selby (1995) und zu Rapid Application Development Martin (1991) und McConnell (1996).
286 Vgl. Beck (1999a), S. xv, Cockburn (2000), S. 28, Hawrysh und Ruprecht (2000), S. 4.
287 Vgl. Agile Alliance (2016a). Nach Gloger (2016), S. 21 setzte sich der Begriff „agil“ nur knapp gegen „adaptiv“ durch.
288 Vgl. Beck et al. (2001).
289 Vgl. Cockburn (2003), S. 287, Gloger (2016), S. 19.

4.3 Das Agile Manifest

Das Agile Manifest ist von Praktikern und für Praktiker der Softwareentwicklung entstanden. „We are uncovering better ways of developing software by doing it and helping others do it."[290] Ganz in diesem Sinne versteht sich beispielsweise auch Scrum als aus der erfolgreichen empirischen Entwicklungspraxis entstandenes Rahmenwerk, das Wissen aus Erfahrungen gewonnen hat bzw. weiterhin gewinnt.[291]

Auf Basis ihrer Erfahrungen definierten die Verfasser vier Leitsätze, in denen sie mögliche Werte einer Softwareentwicklung gegenüberstellen (Tab. 10).

<table>
<tr><th>Höher geschätzte Werte</th><th></th><th>Weniger geschätzte Werte</th></tr>
<tr><td>Individuen und Interaktionen</td><td rowspan="4">sind / ist wichtiger als</td><td>Prozesse und Werkzeuge.</td></tr>
<tr><td>Funktionierende Software</td><td>umfassende Dokumentation.</td></tr>
<tr><td>Zusammenarbeit mit dem Kunden</td><td>Vertragsverhandlung.</td></tr>
<tr><td>Reagieren auf Veränderung</td><td>das Befolgen eines Plans.</td></tr>
</table>

Tabelle 10: Leitsätze des Agilen Manifests[292]

Sie betonen ausdrücklich, dass die Werte rechts ihre Berechtigung haben. Allerdings schätzen sie die Werte auf der linken Seite für eine agile Softwareentwicklung höher ein. Diese Werte spiegeln ein Stück weit den Drang nach Freiheit wieder, den die Entwickler angesichts der, in den Jahren zuvor vorherrschenden, an Vorgaben wie dem CMM oder ISO 9000 orientierten Denkweise eines vollständig planbaren Entwicklungsprozesses verspürten.[293] Dieser deterministischen Denkweise wird explizit ein geringerer Stellenwert eingeräumt als der Möglichkeit, flexibel und eigenverantwortlich auf neue Situationen reagieren zu können.[294] Es geht dabei auch um Vertrauen in die effektive Zusammenarbeit von Menschen zum Wohle aller Beteiligten mit der (wenn nicht einzigen doch) vorherrschenden Kontrolle durch lauffähigen Code. Folgendes Zitat aus dem ersten Zeitschriftenartikel zum Agilen Manifest spiegelt diese Sichtweise gut wieder:

---

290 Vgl. Beck et al. (2001).
291 Vgl. Schwaber (1996), S. 11, Schwaber und Beedle (2002), S. 1, Schwaber und Sutherland (2016), S. 3.
292 In Anlehnung an Beck et al. (2001).
293 Vgl. Williams (2012), S. 71.
294 Vgl. Trepper (2012), S. 69.

„Agile methods stress two concepts: the unforgiving honesty of working code and the effectiveness of people working together with goodwill."[295]

Vorgeschriebene Abläufe und Methoden, ausgiebige Dokumentationen, ausgearbeitete Verträge und Pläne sind kein Selbstzweck. Sie müssen sich im realen Entwicklungsalltag beweisen, und wenn sich Anforderungen wandeln, Probleme schnell gelöst werden müssen oder sonstige Dinge die ursprüngliche Situation verändern, dann wird gemeinsam im Team darauf reagiert und adäquat gehandelt.[296] In diesem Sinne spiegeln auch die in den agilen Modellen beschriebenen Methoden und Techniken keine einzuhaltenden Vorschriften wider, sondern sie bieten einen flexiblen Rahmen in dem sich die Fähigkeiten und die Kreativität der Individuen entfalten können. Die Annahme ist, dass einfache, klare Regeln in hohem Maße intelligentes, innovatives Verhalten anregen, wohingegen komplizierte Regeln eher einfaches, wenig kreatives Verhalten nach sich ziehen.[297]

Um diese Forderungen nach mehr Eigenbestimmung und Freiheit nicht alleine stehen zu lassen, formulierten die Verfasser des Agilen Manifests 12 Prinzipien, welche die genannten Werte konkretisieren (Tab. 11). Aus der Gestaltungsperspektive betrachtet sind diese Prinzipien auf deutlich unterschiedlichen Detaillierungsebenen. So wird beispielsweise recht konkret die face-to-face Kommunikation im Team (Prinzip 6) und auch die tägliche Zusammenarbeit von Fachexperten und Entwicklern gefordert (Prinzip 4). Auch wenn hier selbstverständlich die konkrete Ausgestaltung nicht vorgegeben ist – eine Vorgabe würde ja den eigenen Werten widersprechen –, so ist doch eine klare Orientierung gegeben. Auf der anderen Seite sollen allgemein Anforderungsänderungen geradezu freudig begrüßt werden (Prinzip 2) und die Menge der nicht durchgeführten Arbeiten maximiert werden (Prinzip 10), ohne dass hier klar wäre, was das genau bedeutet bzw. welche Gestaltung dies nach sich ziehen könnte.

Interessant ist, dass die Prinzipien nur in Teilen fachlich-technischer Natur sind, sondern eher eine andere Art der Entwicklungsorganisation bzw. sogar der Entwicklungskultur erfordern. Eine frühe und kontinuierliche Auslieferung funktionierender Software (Prinzipien 1 und 3) bedingt sowohl die fachlichen Fähigkeiten der Mitarbeiter aber auch einen iterativen Prozessablauf. Allen voran wird das Vertrauen in die Individuen

295 Highsmith und Cockburn (2001a), S. 121.
296 Vgl. Highsmith und Cockburn (2001a), S. 121.
297 Vgl. Highsmith (2002), S. 183-187, der hier die Forderung nach „generative rules" zur Verstärkung von Kreativität und Schwarmintelligenz begründet.

(Prinzip 5) und in die Leistung selbstorganisierender Teams (Prinzip 11) propagiert. Es wird deutlich, dass agile Projekte die Menschen in den Mittelpunkt stellen, ihre Zusammenarbeit, ihre fachlichen und sozialen Fähigkeiten.[298] Als ein kritischer Erfolgsfaktor agiler Projekte werden auch immer wieder motivierte, kompetente Mitarbeiter genannt, selbst von den agilen Urvätern und sogar im Manifest selbst (Prinzip 5).[299]

Die 12 Prinzipien des Agilen Manifests	
1	Unsere höchste Priorität ist es, den Kunden durch frühe und kontinuierliche Auslieferung wertvoller („valuable“) Software zufrieden zu stellen.
2	Heisse Anforderungsänderungen selbst spät in der Entwicklung willkommen. Agile Prozesse nutzen Veränderungen zum Wettbewerbsvorteil des Kunden.
3	Liefere funktionierende Software („working software“) regelmäßig innerhalb weniger Wochen oder Monate und bevorzuge dabei die kürzere Zeitspanne.
4	Fachexperten („business people“) und Entwickler müssen während des Projektes täglich zusammenarbeiten.
5	Errichte Projekte rund um motivierte Individuen. Gib ihnen das Umfeld und die Unterstützung, die sie benötigen und vertraue darauf, dass sie die Aufgabe erledigen („trust them to get the job done“).
6	Die effizienteste und effektivste Methode, Informationen an und innerhalb eines Entwicklungsteams zu übermitteln, ist im Gespräch von Angesicht zu Angesicht („face-to-face conversation“).
7	Funktionierende Software ist das wichtigste Fortschrittsmaß („measure of progress“).
8	Agile Prozesse fördern nachhaltige („sustainable“) Entwicklung. Die Auftraggeber („sponsors“), Entwickler und Benutzer sollten ein gleichmäßiges Tempo („constant pace“) auf unbegrenzte Zeit halten können.
9	Ständiges Augenmerk („continuous attention“) auf technische Exzellenz und gutes Design fördert Agilität.
10	Einfachheit („simplicity“) – die Kunst, die Menge nicht getaner Arbeit zu maximieren – ist essenziell.
11	Die besten Architekturen, Anforderungen und Entwürfe entstehen durch selbstorganisierte Teams.
12	In regelmäßigen Abständen reflektiert das Team, wie es effektiver werden kann und passt („tunes and adjust“) sein Verhalten entsprechend an.

Tabelle 11: Prinzipien des Agilen Manifests[300]

[298] Vgl. Highsmith und Cockburn (2001b), S. 131, Trepper (2012), S. 73, 74.
[299] Vgl. Highsmith (2002), S. 97, Highsmith und Cockburn (2001b), S. 131, Misra et al. (2009), S. 1880-1881.
[300] In Anlehnung an Beck et al. (2001).

In diese Kerbe schlagen auch die Konkretisierungen der agilen Werte, die in den einzelnen agilen Modellen als Orientierung gegeben werden. So nennt Scrum in seiner Urfassung, wie auch im aktuellsten Scrum Guide von 2016, fünf Werte, die von den beteiligten Menschen gelebt werden sollen (Tab. 12):[301]

Werte von Scrum (Scrum Values)	
Commitment	Persönliche Verpflichtung, die Ziele im Team zu erreichen
Courage	Mut an schwierigen Problemen zu arbeiten
Focus	Fokus auf die zu erledigenden Aufgaben
Openness	Offenheit auch für neue Lösungen und Herausforderungen
Respect	Respekt für die Stärken und Schwächen anderer

Tabelle 12: Werte von Scrum[302]

In XP werden in gleicher Weise die Kommunikation, die Einfachheit, die Rückkopplung („Feedback"), der Mut und der Respekt betont.[303] Direkte, offene und ehrliche Kommunikation, um aktiv Aufgaben zu bewältigen und Entscheidungen zu fällen, wird dabei zur echten Zusammenarbeit. Hintergrund dieser Fokussierung auf die Fähigkeiten von Individuen und des Teams ist die grundlegende Annahme, dass Prozesse höchstens als nützlicher Rahmen für die Arbeit dienen können, sie können keine fehlenden Kompetenzen kompensieren: „people trump process".[304]

Eine konkretere Definition der agilen Softwareentwicklung auf Basis des agilen Manifests bleibt immer unvollständig, da eben nicht alle Prinzipien und Werte in einen kompakten Satz gepackt werden können. Auch deswegen scheuen sich viele Autoren vor dieser Aufgabe, die Definition erfolgt über das Manifest. Die internationalen Normungsgremien aber können und wollen sich vor einer Definition nicht drücken. Die ISO/IEC/IEEE 26515 zur Entwicklung einer Benutzerdokumentation in agilen Umgebungen trifft auch gut die Balance zwischen fachlich-technischen und organisatorischen Aspekten:

---

301 Vgl. ausführlich zu den Werten Schwaber und Beedle (2002), S. 147-154 sowie zu einer Diskussion und Zusammenstellung agiler Werte Röpstorff und Wiechmann (2012), S. 8-15.
302 Eigene Darstellung, in Anlehnung an Schwaber und Sutherland (2016), S. 4.
303 Vgl. Beck und Andres (2006), S. 17-21, ursprünglich ohne den Respekt in Beck (1999), S. 29-35.
304 Highsmith und Cockburn (2001b), S. 132.

„Agile development (is a) software development approach based on iterative development, frequent inspection and adaptation, and incremental deliveries, in which requirements and solutions evolve through collaboration in cross-functional teams and through continuous stakeholder feedback."[305]

Agile Softwareentwicklung basiert demnach auf einer iterativen Entwicklung, häufigen Überprüfungen (insb. im Sinne von Reflektionen der eigenen Arbeitsweise) und Anpassungen sowie einem inkrementell wachsenden Produkt, in dem Anforderungen und Lösungen durch Zusammenarbeit in selbstorganisierten, funktionsübergreifenden Teams und ständigem Feedback der Stakeholder entstehen.[306] Diese Definition lässt sich auch mit den Prinzipien des agilen Manifests vergleichen. Das iterative und inkrementelle Arbeiten (Prinzipien 1, 3 und 8), die Flexibilität bei Änderungen nicht nur aufgrund von externen Zwängen sondern auch durch internes Lernen aus Erfahrungen (Prinzipien 2 und 12) sowie die enge, eigenverantwortliche Zusammenarbeit aller Stakeholder mit direktem, regelmäßigem Feedback (Prinzipien 4, 5, 6, 8 und 11) treffen sicherlich den Kern agiler Softwareentwicklungen. Trotzdem fehlen Aspekte wie die Kundenzufriedenheit (Prinzip 1), die technische Exzellenz (Prinzip 9) und die Einfachheit (Prinzip 10) und sind deswegen gedanklich zu ergänzen.

4.4 Ein agiles Softwareentwicklungsmodell

Es gibt nicht DAS agile Entwicklungsmodell, sondern – wie bereits erwähnt – eine ganze Reihe von agilen Ansätzen. Es wurden und werden sogar bisher eindeutig als schwergewichtig bzw. eben nicht als agil bezeichnete Ansätze auf die agile Welt angepasst wie z. B. der Agile Unified Process (AUP) als agile Variante des Rational Unified Process (RUP), der dann weiterentwickelt wurde zum Disciplined agile delivery (DAD).[307] Allerdings gibt es mit Scrum ein Modell, das nicht nur aktuell sondern seit Jahren mit großem Abstand weltweit bezogen auf den Nutzungsgrad in der Praxis die Nummer 1 ist (Tab. 13).

Die Dominanz von Scrum ist sehr offensichtlich. Werden die beiden hybriden Modelle in der direkten Beteiligung mit Scrum (also Scrum/XP und Scrumban) noch hinzugezählt zur Verbreitung von Scrum, so sind 2015 drei von vier agile Entwicklungen mehr

305 ISO/IEC/IEEE 26515 (2012), S. 2.
306 Vgl. ISO/IEC/IEEE 26515 (2012), S. 2.
307 Vgl. Ambler und Lines (2012) und Ambysoft (2016) sowie zum Rational Unified Process Kruchten (2003).

oder weniger stark von Scrum geprägt. Bemerkenswert ist die gesteigerte Verbreitung von Kanban in den letzten Jahren verbunden mit dem gleichzeitigen deutlichen Rückgang an Extreme Programming (XP) Anwendern.

Agile Entwicklungsmodelle	2007	2012	2015
Scrum	49%	54%	58%
Scrum/Extreme Programming (XP) – Hybrid	22%	11%	10%
Custom Hybrid (verschiedene Modelle gemixt)	5%	9%	8%
Scrumban (Mix aus Scrum und Kanban)	-	7%	7%
Kanban	-	4%	5%
Lean Development	2%	2%	2%
Agile Modeling	0,5%	1%	1%
Feature Driven Development	2%	2%	1%
Dynamic systems development method (DSDM)	1,5%	1%	1%
Extreme Programming (XP)	8%	2%	1%
Agile Unified Process (AUP)	2%	1%	<1%
Andere Modelle bzw. kein spezielles Modell	7%	6%	7%
Anzahl Befragte	3.061	4.048	3.880
Erfahrung mit agiler Entwicklung >2 Jahre	34%	50%	63%

Tabelle 13: Verbreitung agiler Entwicklungsmodelle[308]

Aufgrund dieser hohen Verbreitung ist die Darstellung in diesem Kapitel (und auch in der ganzen Arbeit bei Bezug zu agilen Praktiken) von Scrum geprägt. Es wird sich aber zum einen auf den Kern des Modells beschränkt, in erster Linie gekennzeichnet durch die im Scrum Guide der Erfinder von Scrum enthaltenen Bestandteile und Regeln.[309] Dieser ist zwar nicht im Sinne eines Lehrplans oder Lehrbuchs für die Ausbildungen und Zertifizierungen rund um Scrum konzipiert, bildet aber deren Grundlage.[310]

[308] Eigene Darstellung gemäß VersionOne (2008), S. 5, VersionOne (2013), S. 5, VersionOne (2016), S. 9. Die Werte ergeben aufgrund von Auf- und Abrundungen nicht 100%.

[309] Die aktuelle, seit Jahren wenig veränderte Version des Scrum Guide ist von Juli 2016, vgl. Schwaber und Sutherland (2016).

[310] Die ScrumAlliance hat seit 2001 als non-profit-Organisation nach eigenen Angaben über 450.000 Personen-Zertifizierungen rund um Scrum hervorgebracht. Es gibt allerdings keine ausführlich ausgearbeiteten Lehrpläne o.ä., sie verweisen unter https://www.scrumalliance.org/why-scrum/scrum-resources auf assoziierte (Online-)Literatur, insb. den Scrum Guide oder den Scrum Primer, vgl.

Zum anderen wird, da der Fokus der Arbeit ja auf dem Requirements Engineering liegt, die Beschreibung punktuell ergänzt durch sowohl in Scrum als auch in anderen Modellen genutzte agile RE-Praktiken. Dies ist überdies ganz im Sinne der Anwendung von agilen Techniken, denn es wird gefordert, flexibel die agile Praktik anzuwenden, sie also anzupassen oder zu erweitern je nach Anwendungssituation.[311] Von daher ist jedes agile Entwicklungsprojekt ein Stück weit ein hybrides Projekt. Der Scrum Report von 2015 weist ähnliches aus, denn 54% der über 4.000 befragten Scrum-Nutzer nutzen es in Kombination mit anderen Methoden.[312]

Im Folgenden werden nach einer kurzen Einführung in Scrum die wesentlichen Bestandteile eines agilen Entwicklungsmodells d. h. der iterative Ablauf in Meetings, die beteiligten Personen in Rollen und die typischen Ergebnis-Artefakte vorgestellt.

4.4.1 Scrum

„Stop running the relay race and take up Rugby."[313]

Der Begriff „Scrum" bezieht sich auf das Gedränge im Rugby und wurde als erstes von Takeuchi und Nonaka kontrastierend zum Staffellauf verwendet.[314] Bei der traditionell sequentiellen Produktentwicklung in Phasen, wo der Staffelstab von einer Gruppe von Spezialisten der nächsten Gruppe weitergegeben wird, leidet Schnelligkeit und Flexibilität. Eine rasche und anpassungsfähige Produktentwicklung braucht ein holistisches Verfahren, wie beim Scrum im Rugby, wo eine Mannschaft versucht gemeinschaftlich eine Distanz zu überbrücken und sich dabei auch immer den Ball hin und her spielt.

Beim Rugby-Vorgehen soll so ein Produkt aus der fortlaufenden Interaktion innerhalb eines ausgesuchten, multidisziplinären Teams entstehen, das von Anfang bis Ende der Entwicklung eng zusammenarbeitet.[315] Insgesamt stellen Takeuchi und Nonaka sechs Merkmale modernen Entwicklungsmanagements auf, darunter mit dem selbstorganisierenden, fachübergreifenden Team, das in einem ständigen Lernprozess sich

---

Deemer et al. (2012a). Ein kurzes Dokument zu Lernzielen für den Certified Scrum Master zeugt davon, vgl. ScrumAllicance (2013).

311 In diesem Zusammenhang wird von "generative rules" gesprochen, also Regeln, die in ihrer Anwendung so viel Flexibilität besitzen, dass sie in Verbindung mit der Kreativität der Individuen zu neuen, auf die Situation besser passenden Regeln und Techniken führen, vgl. Highsmith und Cockburn (2001), S. 122, Highsmith (2002), S. 184-187.

312 Vgl. ScrumAlliance (2015), S. 10.

313 Takeuchi und Nonaka (1986), S. 137.

314 Vgl. Takeuchi und Nonaka (1986), S. 137-138.

315 Vgl. Takeuchi und Nonaka (1986), S. 138.

hinterfragt und sein Wissen teilt, einen Grundpfeiler agiler Entwicklung. Interessanterweise negieren sie dabei die Anwendbarkeit dieser Merkmale auf hochinnovative Produkte, die auf revolutionäre Durchbrüche abzielen.[316] Das hat kann Ken Schwaber und die frühen Scrum – Anwender allerdings nicht davon abgehalten, gerade die Selbstorganisation mit kleinen Teams im Rahmen der objektorientierten Softwareentwicklung einzusetzen, bezeichnenderweise hat sein erster Artikel zu Scrum auch den Titel „Controlled Chaos – living on the edge".[317]

4.4.2 Rollen und Artefakte in agiler Entwicklung

Das Scrum Rahmenwerk besteht gemäß des aktuellen Scrum Guides von 2016 aus dezidierten Rollen im Scrum Team, Ereignissen in Form von regelmäßigen Meetings zur Darstellung des Ablaufs innerhalb einer Iteration (sog. Sprint) und den verwendeten Artefakten (Tab. 14).[318]

Rollen im Scrum-Team	Meetings innerhalb eines Sprints	Artefakte
Product Owner	Sprint Planning	Product Backlog
Scrum Master	Daily Scrum	Sprint Backlog
Entwicklungsteam	Sprint Review	Inkrement
	Sprint Retrospektive	

Tabelle 14: Bestandteile von Scrum[319]

Der Product Owner ist Teil des Teams und gleichzeitig derjenige, der die Richtung der Entwicklung vorgibt. Er hat eine klare Vision für die Zukunft des Produkts und motiviert damit alle Beteiligten im Team.[320] Er ist alleinig verantwortlich für die Pflege des Product Backlogs. Dieser besteht aus einer von ihm geordneten bzw. priorisierten Liste[321] von allem, was vielleicht im Produkt enthalten sein könnte und dient als Anforderungsquelle.[322] Tab. 15 zeigt ein Beispiel für einen Webshop.

316 Vgl. Takeuchi und Nonaka (1986), S. 145
317 Vgl. Schwaber (1996), S. 11.
318 Vgl. Schwaber und Sutherland (2016), S. 3.
319 Eigene Darstellung gemäß Schwaber und Sutherland (2016), S. 4-15.
320 Vgl. Gloger (2016), S. 77-79.
321 Priorisiert bedeutet bei Scrum in erster Linie, dass die Einträge ordinal geordnet sind, im Allg. gemäß ihres Beitrags zum sog. Business Value, vgl. Deemer et al. (2012a), S. 5, siehe auch Kap. 4.5.2.
322 Vgl. Schwaber und Sutherland (2016), S. 13.

			Angepasste Schätzungen bei Sprint...				
Prio-rität	**Produkt-Backlog-Eintrag**	**Details (im Wiki unter...)**	**Initiale Größen-schätzung**	**1**	**2**	**3**	**4**
1	Als Käufer möchte ich ein Buch in den Warenkorb legen (siehe UI-Skizzen auf der Wiki-Seite)	...	5				
2	Als Käufer möchte ich ein Buch aus meinem Warenkorb entfernen	...	2				
3	Performance der Transaktionen verbessern (siehe Zielperformancemetriken im Wiki)	...	13				
4	Lösungen zur Beschleunigung der Kreditkartenvalidierung untersuchen (siehe Zielperformancemetriken im Wiki)	...	20				
5	Alle Server auf Apache 2.2.3 upgraden	...	13				
6	Diagnose und Fixen des Fehlers im Skript für die Bestellverarbeitung (Bugzilla ID 14823)	...	3				
7	Als Käufer möchte ich Wunschlisten erstellen und speichern können	...	40				
8	Als Käufer möchte ich Einträge zu meiner Wunschliste hinzufügen und löschen können	...	20				

Tabelle 15: Beispiel für einen Product Backlog[323]

In der Terminologie dieser Arbeit handelt es sich bei den Einträgen im Product Backlog um Produktanforderungen, in Scrum oft als Features des Produkts tituliert.[324] Wie Tab. 15 zeigt sind die Einträge i. d. R. auch verbunden mit ersten Größenschätzungen, die als Indikator für den Aufwand zu ihrer Umsetzung dienen.[325] Der Product Owner wählt aus dem Product Backlog Dinge zur Umsetzung für den nächsten Sprint aus, allerdings entscheiden insb. die Mitglieder des Entwicklungsteams (mit), welche dieser Dinge dann in der nächsten Iteration umgesetzt werden. Die Zusammenarbeit des Produkt Owner mit dem Entwicklungsteam lässt sich dabei gut durch folgendes Zitat charakterisieren:

„The Product Owner is responsible for turning issues into work that the Scrum Team selects for a sprint.“[326]

Diese Auswahl durch das Entwicklungsteam passiert im Sinne einer Selbstverpflichtung („Commitment“) genau das im Sprint zu liefern, was man sich selbst vorgenommen hat zu liefern.[327] Der Product Owner bleibt aber alleinig verantwortlich für die Wertmaximierung des Produkts und der Arbeit des Entwicklungsteams, im Sinne des

[323] In Anlehnung an Deemer et al. (2012b), S. 6.
[324] Z. B. in Deemer et al. (2012a), S. 6, Gloger (2016), S. 134, Schwaber und Beedle (2002), S. 33.
[325] Siehe zur Schätzung der Backlog-Einträge und ihrer Bedeutung für die Iterationsplanung Kap. 4.5.2 und 4.5.3.
[326] Schwaber und Beedle (2002), S. 34.
[327] Vgl. Gloger (2016), S. 65-67.

Return on Investment.[328] Er entspricht, übertragen auf nicht agile Entwicklungsprojekte, am ehesten einem Produktmanager, der in Verantwortung für die zukünftigen Eigenschaften des Produkts steht, gleichzeitig aber eng mit dem Entwicklungsteam zusammenarbeitet und vor allem verantwortlich ist für deren gemeinsame Leistung und jedes Iterationsergebnis, ohne allerdings weisungsbefugt zu sein.[329]

Der Scrum Master ist der Prozessmanager der Entwicklung, sozusagen der Methodenberater für den Product Owner und das Entwicklungsteam. Er achtet darauf, dass das Team innerhalb der Regeln von Scrum bleibt und hilft dabei, eventuell auftretende Schwierigkeiten zu beheben. Wenn nötig, kann er auch eine moderierende Rolle bei Meetings einnehmen, unterstützt aber insbesondere die Selbstorganisation des Teams.[330]

Das Entwicklungsteam besteht aus 3-9 Personen,[331] die das Inkrement als Ergebnis der Iteration erstellen. Sie decken alle zu erledigenden Aufgaben bei der Umsetzung des Sprint Backlogs ab, sie sind in diesem Sinne interdisziplinär tätig.[332] Der Sprint Backlog enthält dabei die ausgewählten Produktanforderungen zur Umsetzung in der Iteration, zuzüglich der Aufgaben die zu ihrer Implementierung nötig sind.[333]

Weitere Rollen sind in Scrum nicht definiert. Insb. ist eine klassische Projektleitung im Zuge der hohen Eigenverantwortlichkeit des Scrum Teams nicht vorgesehen und entsprechend in der Praxis auch nur in einem Sechstel aller Scrum Anwendungen zu finden.[334] Alle anderen beteiligten Personen werden im Scrum Guide als Stakeholder bezeichnet[335] und nicht irgendwie weiter charakterisiert. Im ursprünglichen Scrum Modell kamen weder der Kunde als Auftraggeber oder der Benutzer vor.[336] Dies ist einer

[328] Vgl. Foegen et al. (2013), S. 57, Schwaber und Beedle (2002), S. 34, Schwaber und Sutherland (2016), S. 5.

[329] Vgl. Deemer et al. (2012a), S. 4. Vgl. zu unterschiedlichen Typen von IT-Produktmanagern Herzwurm und Pietsch (2009), S. 60-70 und Peine (2014), S. 256-285.

[330] Vgl. Deemer et al. (2012a), S. 5, Schwaber und Sutherland (2016), S. 6-7.

[331] Nach dem Scrum Report 2015 sind es durchschnittlich 6,6 Teammitglieder, vgl. ScrumAlliance (2015), S. 21.

[332] Aber nicht zwingend interdisziplinär besetzt, da jeder Entwickler auch alle Entwicklungsaufgaben von Entwurf bis Test wahrnehmen könnte, ohne Spezialisten. Allerdings ist es durchaus erwünscht, diese Spezialisten im Scrum Team zusammen zu bringen, vgl. Schwaber und Beedle (2002), S. 37.

[333] Vgl. Schwaber und Sutherland (2016), S. 6, 14-15 und Kap. 4.5.3.

[334] Vgl. Deemer et al. (2012a), S. 5, ScrumAlliance (2015), S. 20.

[335] In begrifflicher Unterscheidung zum Stakeholderbegriff, der in dieser Arbeit verwendet wird, siehe Kap. 2.1.3.

[336] Vgl. Gloger (2016), S. 98-101. Gleiches gilt auch für das Management der Entwicklungsorganisation, das insb. im Hintergrund zur Sicherstellung der Rahmenbedingungen wie der Bereitstellung von Ressourcen wirkt, vgl. Gloger (2016), S. 101-104.

der größeren Unterschiede zu XP, das in den Anfängen der agilen Bewegung einen sehr ähnlichen Verbreitungsgrad hatte wie Scrum.

In XP ist das Konzept des Kunden als integraler Bestandteil des Teams in direktem, ständigem Austausch essentiell,[337] aber auch anspruchsvoll in der Umsetzung. Gemäß des Scrum Guides sind die Stakeholder vor allem beim Review des in der Iteration fertiggestellten Inkrements dabei.[338] Ansonsten ist für alle Fragen rund um die Anforderungen der Product Owner zuständig, er ist der „Anforderer".[339] Dieses Verständnis wird auch im Scrum Report 2015 unterstrichen, der Product Owner ist in fast zwei Dritteln aller Fälle DIE (und dann auch einzige) Schnittstelle zum Kunden.[340]

4.4.3 Ablauf in agilen Entwicklungsprojekten

Gemäß den agilen Prinzipien zur kontinuierlichen Auslieferung der Software (Prinzipien 1 und 3) ist allen Modellen ein iteratives Vorgehen in kurzen Zyklen (Sprints) gemein, bei denen das Produkt inkrementell wächst. Aber genauso wenig wie es DAS agile Entwicklungsmodell gibt, existiert DER eine, zu befolgenden agile Softwareentwicklungsprozess. Eine solche Vorgabe würde den agilen Werten der Selbstbestimmung und Flexibilität vollkommen widersprechen.

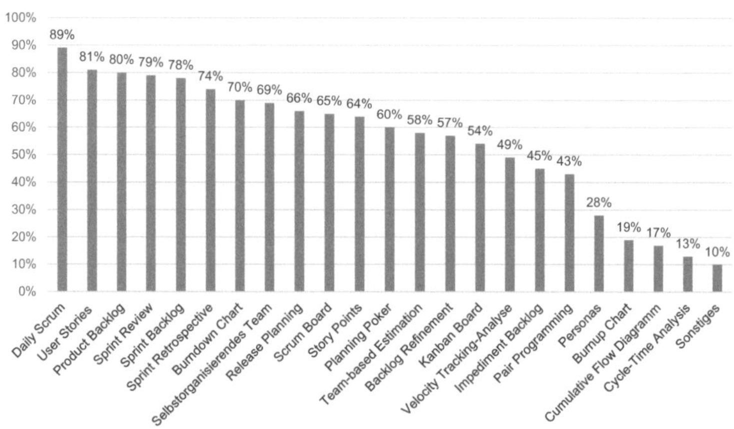

Abbildung 14: Überblick über genutzte agile Techniken[341]

---

337 Vgl. Beck (1999a), S. 4. Dies galt zu Anfang der Entwicklung für die Mehrzahl der agilen Modelle, vgl. Sillitti und Succi (2005), S. 316-317.

338 Vgl. Schwaber und Sutherland (2016), S. 11.

339 Vgl. Gloger (2016), S. 98.

340 Vgl. ScrumAlliance (2015), S. 20.

341 In Anlehnung an Komus und Kuberg (2015), S. 17.

Als Rahmenwerke bzw. Sammlungen von je nach Situation einzusetzenden Best Practices,[342] gibt es bei agiler Entwicklung auch nicht DIE Menge an Techniken, die immer angewendet wird. Es gibt aber sehr häufig verwendete Best Practices, einen Überblick dazu liefert eine Studie mit knapp 400 Teilnehmern, darunter 70% aus dem deutschsprachigen Raum (Abb. 14).

Sehr ähnliche Ergebnisse liefern internationale Studien.[343] Zu den Praktiken mit jeweils über 70% Verwendung in agilen Projekten gehören derzeit:[344]

- Verwendung von sog. User Stories[345] (im Sinne von Produktanforderungen) als Elemente des (priorisierten) Product Backlogs zur Planung der Entwicklungsvorgaben für die Umsetzung in der nächsten Iteration.
- Tägliches kurzes (max. 15 Minuten) Status Meeting des Teams über den individuellen Arbeitsfortschritt (Standup-Meeting, Daily Scrum).
- Review des Iterationsergebnisses mittels Demonstration der neuen, umgesetzten Funktionalitäten in der Software (Review-Meeting, Sprint Review).
- Retrospektive der Iteration zur Verbesserung der Zusammenarbeit in der nächsten Iteration.

Auf Basis dieser Techniken lässt sich so ein vereinfachter iterativer Prozess der agilen Entwicklung ableiten (Abb. 15). User Stories im Sinne von Produktanforderungen werden gemäß der Priorisierung im Backlog für die Implementierung in der nächsten Iteration ausgewählt (Planung, Sprint Planning). Während dieser Iteration werden die User Stories entworfen, kodiert und getestet und im Allg. nicht verändert (Entwicklung). Dabei wird täglich im Team über den Fortschritt berichtet (Daily Scrum). Das Ergebnis der Iteration wird im Team (und darüber hinaus) demonstriert und ggf. die funktionierende Software an den Kunden ausgeliefert (Demo/Review). Bereits während der Iteration sollte das Team über seine Arbeitsweise reflektieren, in jedem Fall aber am Ende der Iteration, um für den nächsten Durchlauf ggf. Verbesserungen vorzunehmen (Retrospektive).[346] Im Prinzip entspricht dieser Ablauf damit dem Plan-Do-Check-Act-Zyklus (PDCA-Zyklus) zur kontinuierlichen Verbesserung nach Deming.[347]

---

342 Vgl. Beck, (1999a), S. xv-xvi, Schwaber und Sutherland (2016), S. 3.

343 Vgl. z B. VersionOne (2013), S. 5, VersionOne (2016), S. 9-10.

344 Vgl. zu den genannten Techniken detailliert z. B. Deemer et al. (2012a), S. 5-14, Foegen et al. (2013), S. 74-85, Gloger (2016), S. 158-193, Schwaber und Beedle (2002), S. 32-56, Schwaber und Sutherland (2016), S. 9-15.

345 Siehe zu User Stories Kap. 4.5.1.

346 Vgl. Davies und Sedley (2010), S. 14-15.

347 Vgl. Foegen et al. (2013), S. 73, Zollondz (2016c).

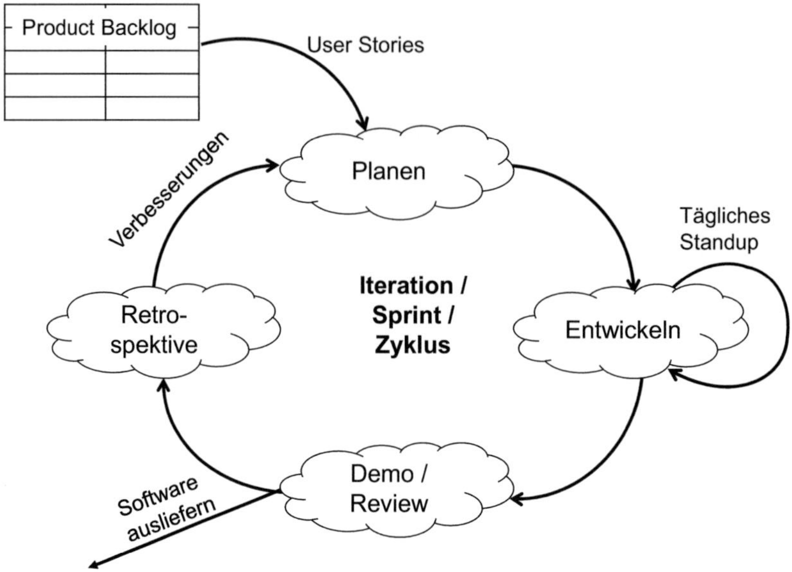

Abbildung 15: Vereinfachter iterativer Entwicklungsprozess agiler Modelle[348]

Der dargestellte Ablauf ist dabei schon fast ausführlicher als die Vorgabe von Scrum (Abb. 16), doch ist diese auch bewusst einfach gehalten, auch gemäß des agilen Prinzips der Einfachheit (Prinzip 10, siehe Kap. 4.3).

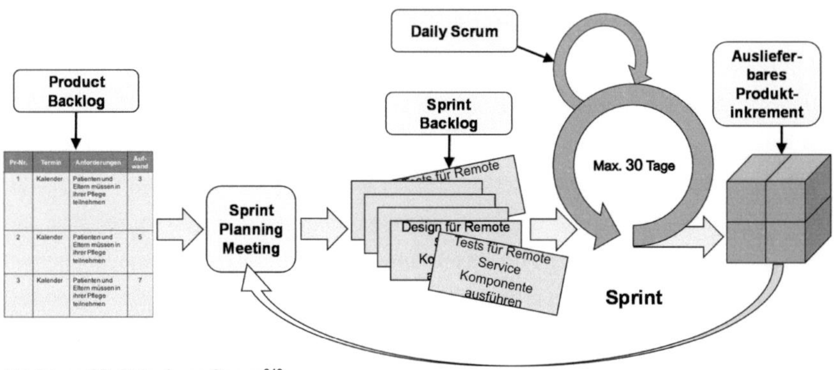

Abbildung 16: Ablauf von Scrum[349]

Auf dieser Basis hat die ISO ihre Definition von Scrum formuliert, die sich im Wesentlichen eben am Kernablauf orientiert und diesen gut trifft:

[348] In Anlehnung an Davies und Sedley (2010), S. 14.
[349] In Anlehnung an Schwaber und Beedle (2002), S. 8, Deemer et al. (2012a), S. 3.

„Scrum (is an) iterative project management framework used in agile development, in which a team agrees on development items from a requirements backlog and produces them within a short duration of a few weeks."[350]

Die Iteration hat eine Länge von 2-4 Wochen, in der Praxis überwiegen dabei in etwa 60% der Fälle zweiwöchige Sprints.[351] Die Anzahl der Iterationen ist per se nicht begrenzt, in der Praxis liegt der Durchschnitt bei etwa sieben Sprints pro Projekt.[352]

Die Bestandteile eines allgemeinen agilen Entwicklungsmodells lassen sich damit zusammenfassend „unabhängiger" von der Scrum-Terminologie benennen (Tab. 16, vgl. Scrum-Terminologie Tab. 14).

Rollen	Meetings	Artefakte
Produktmanager mit Wirtschaftlichkeitsverantwortung und enger Abstimmung mit Entwicklung	Planung der Iteration	Liste mit Produktanforderungen
Prozessmanager, Methodenprofi	Tägliches Statustreffen	Einzelne Produktanforderung i. d. R. user story
Entwicklungsteam	Review des Iterationsergebnisses	In Iteration umzusetzende Produktanforderungen
Kunden und Benutzer	Reflektion des Iterationsablaufs	Inkrement als Iterationsergebnis

Tabelle 16: Bestandteile eines agilen Entwicklungsmodells[353]

Allerdings fällt auf, dass die Begrifflichkeiten teilweise wenig eingängig sind (z. B. Liste mit Produktanforderungen) oder auch nicht wirklich präzise. Letzteres ist insbesondere beim Product Owner alias Produktmanager der Fall, denn zum Produktmanagement werden in der Praxis die unterschiedlichsten Aufgaben und Verantwortlichkeiten gezählt, die auch größtenteils deutlich über die Aufgaben des Product Owners hinausgehen.[354] Deswegen werden in dieser Arbeit auch die prägnanteren Begrifflichkeiten von

350 ISO/IEC/IEEE 26515 (2012), S. 3.

351 Vgl. ScrumAlliance (2015), S. 22.

352 Vgl. ScrumAlliance (2015), S. 22. Das achte agile Prinzip spricht dabei von einer konstanten Geschwindigkeit der Entwicklung, d. h. Iterationen gleicher Länge, die theoretisch auf unbegrenzte Zeit nacheinander folgen könnten, siehe Kap. 4.3 und 4.6.1.

353 Eigene Darstellung, vgl. Tab. 17.

354 Z. B. Vermarktungs-, Vertriebs- und Serviceaufgaben, vgl. Herzwurm und Pietsch (2009), S. 47-59, Peine (2014), S. 121-153. Vgl. zur Abgrenzung eines eher produktorientierten Product Owner vom marktorientierten auch Leffingwell (2011), S. 202-207.

Scrum, insb. der Product bzw. Sprint Backlog und der Product Owner verwendet, die sich auch de facto als Quasi-Standard bei agilen Entwicklungen etabliert haben.[355]

Ergänzt wurden als Bestandteile die Kunden und Benutzer sowie die User Story als inzwischen in der agilen Entwicklungspraxis üblichste Form der Dokumentation von Produktanforderungen. Da Scrum die Art und Weise der Dokumentation von Anforderungen im Backlog nicht vorschreiben will, sind sie weder originär noch in aktuelleren Veröffentlichungen wie dem Scrum Guide 2016 explizit ein Bestandteil von Scrum.[356]

4.5 Umgang mit Anforderungen in agilen Entwicklungen

Bei einer Untersuchung der Verbreitung agiler Entwicklungsmethoden im April 2012 lieferte der Suchterm „Agile requirements engineering" mit gerade 2.260 Treffern die wenigsten unter allen mit dem Term „agile" kombinierten Suchen auf Google.[357] Immerhin hat sich dieser Wert – bei weiterhin gleichmäßig hohem Interesse an agiler Softwareentwicklung[358] – bis heute verachtfacht auf 18.200.[359]

Auch wenn das keine statistisch oder wissenschaftlich validen Indikatoren sind, so zeigt es zum einen, dass das Interesse an der Anforderungsthematik bei agilen Entwicklungen nicht in vorderster Front untersucht wurde und wird. So kommen in der Auflistung von agilen Techniken der Agile Alliance[360] nur am Rande Techniken mit Bezug zum Requirements Engineering vor. Wie die sehr vielen Praktiken zum Entwurf, zur Programmierung (insb. aus Extreme Programming) und zum Testen belegen, liegt der Schwerpunkt deutlich in implementierungsnäheren Bereichen (Abb. 17).

---

[355] Vgl. Leffingwell (2011), S. 201-202.

[356] Allerdings wohl durchaus das Standardbeispiel bei Scrum Trainings, vgl. Leffingwell (2011), S. 100.

[357] Vgl. Janes und Succi (2012), S. 217. „Agile testing" mit 716.000, „agile web development" mit 364.000 und „agile product management" mit 323.000 führten die Liste an.

[358] Vgl. Komus und Kuberg (2015), S 11-12, VersionOne (2013), S. 2, VersionOne (2016), S. 2, 7.

[359] Suche auf www.google.com am 8.11.2016 mit dem Suchterm „agile requirements engineering". Der direkte Vergleich zwischen den vier Jahre auseinander liegenden Suchen kann natürlich aufgrund der möglicherweise nicht gleichen Umgebungsparameter nicht aussagekräftig gezogen werden. Deswegen wurde im Vergleich auch nach den drei 2012 Top gerankten Termen gesucht: „Agile testing" ergab 473.000 Treffer, „agile web development" 167.000 und „agile product management" 135.000. Im Vergleich ist die Aufmerksamkeit auf das RE im agilen Umfeld also noch stärker gestiegen, da alle drei Top-Suchen doch deutlich an Treffern verloren haben (siehe Fußnote 357).

[360] Die Agile Alliance ist eine non-profit Organisation, die sich als Zusammenschluss von Anwendern agiler Praktiken zur Softwareentwicklung zur Unterstützung der agilen Community versteht, entstanden 2001 unmittelbar nach dem Treffen zur Aufstellung des Agilen Manifests.

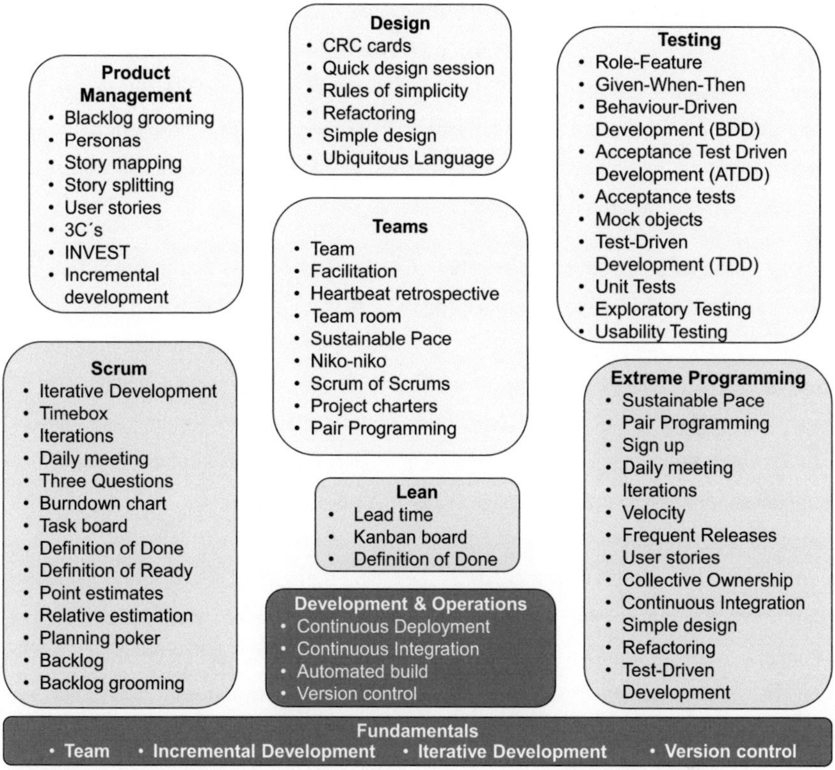

Abbildung 17: Überblick über agile Praktiken[361]

Das Backlog und dessen Pflege (Backlog grooming), die Personas als personifizierte Stakeholdertypen sowie eine ganze Reihe von Praktiken in Verbindung mit User Stories (INVEST, 3C's, Story Splitting, Story Mapping) werden dabei alle zum Produktmanagement gezählt.[362] Dezidierte Techniken z. B. zur Gewinnung von Anforderungen sind nicht zu finden, doch entspricht dies auch dem Selbstverständnis der agilen Ansätze. Produktanforderungen bzw. Forderungen und Wünsche rund um das zu entwickelnde Produkt als potentielle Einträge für den Product Backlog tauchen ohnehin

[361] Eigene Darstellung, in Anlehnung Agile Alliance (2016c). Vgl. zu Kurzerläuterungen der Praktiken Agile Alliance (2016b). Einige der Techniken werden mehreren Bereichen zugeordnet, da sie in beiden relevant sind bzw. zu diesen gehören, wie z. B. die User Stories, die aus dem Extreme Programming kommen, aber hier auch logisch zum Produktmanagement gehören.

[362] Zum Backlog grooming, zu dem auch das Story Mapping gezählt werden kann siehe Kap. 4.5.2. Zu den User Stories und dem Story Splitting, den 3C's sowie zu den INVEST-Qualitätskriterien einschließlich der Personas siehe Kap. 4.5.1.

durch die intensive Kommunikation im Team und durch das Feedback auf die Inkremente jederzeit auf. Dann müssen sie auch bearbeitet werden (eben durch den Product Owner), aber sie stellen in ihrer Ermittlung kein (größeres) Problem dar. Und wenn bspw. ein Dokument mit spezifizierten oder modellierten Anforderungen gefordert ist, dann muss das zwar gemacht werden, steht aber außerhalb der agilen Entwicklung, ist aus der agilen Sicht nicht notwendig.

Zum anderen zeigt die eingangs erwähnte Google-Suche, dass zumindest in den letzten Jahren das Interesse am agilen RE doch recht stark gewachsen ist. Dies auch auf Seiten der RE-Community wie z. B. des International Requirements Engineering Boards (IREB).[363] Mit Recht wird darauf hingewiesen, dass die Techniken des RE (wahrscheinlich) alle bei agiler Entwicklung eingesetzt werden können, dass aber deren Anwendungen bzw. konkrete Ausgestaltungen differieren können von z. B. sequentieller, phasenorientierter Entwicklung.[364] Dabei wird in erster Linie auf die Reihenfolge der Aktivitäten und die kontinuierliche Zusammenarbeit von allen Stakeholdern während der Iterationen abgestellt. Auch sind die agilen Leitsätze und Prinzipien offensichtlich gut vereinbar mit dem RE, z. B. hinsichtlich der Kundenzufriedenheit (Prinzip 1) oder der direkten Kommunikation (Prinzip 6).[365] Wie schon bei der Definition von RE als kooperativen, iterativen, inkrementellen Prozess mit den Zielen, die relevanten Anforderungen zu verstehen, unter allen Stakeholdern abzustimmen und adäquat zu dokumentieren, ersichtlich: „RE ist immer agil,“[366] nur dass das es jetzt ganz im Sinne des kontinuierlichen RE nie aufhört, eben begleitend zu den Iterationen wirkt.[367] Die Softwareentwicklungswelt wird vom IREB quasi aufgeteilt zwischen dem RE und der Agilität:

„Agility makes software development efficient and RE makes software development effective.“[368]

Ein Indiz dafür, dass bei RE und Agilität vielleicht doch noch andere Praktiken hinzukommen bzw. zumindest deutlich anders eingesetzt werden, liefert die IREB allerdings

363 Siehe zum IREB Kap. 2.2.1.
364 Vgl. Grau und Lauenroth (2014), S. 10-12, 17.
365 Vgl. Grau und Lauenroth (2014), S. 15-16, Lauenroth (2016), S. 6-7, Rupp und die SOPHISTen (2014), S. 68-69.
366 Rupp und die SOPHISTen (2014), S. 68.
367 Ähnlich auch Paetsch et al. (2003), S. 313. Siehe zur RE-Definition Kap. 2.2.3 und zum kontinuierlichen RE Kap. 2.2.4.
368 Lauenroth (2016), S. 7.

auch: ab 2017 bietet sie eine Extra-Zertifizierung für „RE@Agile“ an.[369] Wie bereits erwähnt kommen im ursprünglichen Scrum – Konzept keine Kunden oder User vor, der Product Owner ersetzt ihn komplett im Sinne eines einzigen Ansprechpartners für das Entwicklungsteam.[370] Er alleine und nicht irgendein Komitee/Gremium gemeinschaftlich ist verantwortlich für den Inhalt und die Reihenfolge der Einträge im Product Backlog und damit für den Pool der Dinge, die in den nächsten Iterationen umgesetzt werden.[371] Es ist seine Aufgabe alle möglicherweise unterschiedlichen Stakeholderansichten in EINEN priorisierten Product Backlog zu integrieren, mit dem das Team dann arbeitet.[372] An der Begründung für diese von Scrum geforderte Solo-Verantwortlichkeit lässt sich gut sehen, dass Scrum aus der Entwicklungspraxis stammt und nicht etwa aus dem (kundenorientierten) Produkt- oder Qualitätsmanagement:

„Otherwise, multiple conflicting list flourish and the Scrum teams don't know which list to listen to. Without a single Product Owner, floundering, spin, contention, and frustration result."[373]

Entsprechend einfach und problemlos sieht Scrum auch den Umgang mit Anforderungen. Alle Anforderungen oder auch nur Aussagen, egal welcher Detaillierungsebene oder Art, gelangen via des einzigen Eingangskanals, dem Product Owner, in den Product Backlog, der bringt die Einträge in eine Reihenfolge und dann kann die erste Iteration starten.[374]

Extreme Programming war da vor allem in seinen Anfängen etwas anders gestrickt. Zum einen indem es die Kommunikation zum Kunden nicht über eine Rolle wie den Product Owner lenkte, sondern dessen ständige persönliche Verfügbarkeit für die Entwickler forderte („on-site customer“) bzw. sie sogar zum Teil des Teams machte.[375] Die wenig kundenorientierte Haltung war allerdings ähnlich, denn: „Poor customers result in poor systems."[376] Zum anderen indem XP User Stories (zu Anfang nur Stories genannt) einführte. Diese dienen als Vehikel der Kommunikation mit dem Kunden, der auch die Stories für die nächste Iteration auswählt, allerdings vor dem Hintergrund des

---

369 Siehe unter https://www.ireb.org/de/cpre/re-agile-primer/.
370 Siehe Kap. 4.4.2.
371 Vgl. Schwaber und Sutherland (2016), S. 5.
372 Vgl. Leffingwell (2011), S. 121.
373 Schwaber und Beedle (2002), S. 34.
374 Vgl. Schwaber und Beedle (2002), S. 33-34.
375 „The customer is always available“, vgl. Wells (1999), auch Highsmith und Cockburn (2001b), S. 131.
376 Highsmith und Cockburn (2001a), S. 122.

technisch und zeitlich Machbaren, das wiederum die Entwicklung bestimmt.[377] Die Praktiken haben sich jedoch inzwischen angeglichen, in dem der Product Owner von Scrum und die User Stories von XP zusammen zum Standard bei agiler Entwicklung geworden sind.[378] Und auch die Meetings zur Pflege des Backlogs (Kap. 4.5.2) und zur Iterationsplanung (Kap. 4.5.3) sind bei beiden in ähnlicher Weise vorhanden.

4.5.1 User Stories als Elemente des Product Backlog

„A user story describes functionality that will be valuable to either a user or purchaser of a system or software.“[379]

Im Allgemeinen bezieht sich eine User Story also auf eine Produktfunktion, die für Benutzer oder Käufer des Produkts einen gewissen Wert haben. Hier kommen drei Dinge zum Ausdruck. Der Fokus liegt auf die Funktionalität, denn Software definiert sich im Allgemeinen über ihr Verhalten.[380] In erster Linie geht es um Benutzer oder Käufer von Produkten als Zielgruppe der Funktionen, andere Stakeholder sind erstmal nachgeordnet. Und es geht um den Wert, den diese Funktionen für die Benutzer oder Käufer haben. Dahinter steht direkt der Wert für die Entwicklungsorganisation, denn wenn Benutzer oder Käufer eine Funktion hochwertschätzen bedeutet dies auch z. B. mehr Käufer, zufriedenere Kunden, neue Aufträge etc., also höheren Business Value. Hier ist bereits ein wesentlicher Grund dafür offengelegt, warum User Stories in agiler Entwickler so weit verbreitet sind. Da der Product Owner für die Profitabilität der Produktentwicklung, im Prinzip also für den finanziellen Erfolg des Unternehmens verantwortlich ist,[381] schätzt er natürlich diese Verbindung von Produktfunktion zum Geschäftswert für seine Auswahl möglicher umzusetzender User Stories in der nächsten Iteration.

Inzwischen hat sich eine Vorlage bzw. Schablone (Template) zur Formulierung von User Stories durchgesetzt.[382] Ihr Vorteil ist, dass sowohl die Beziehung zum Stakeholder als Anforderer der Funktion als auch der Nutzen/Vorteil der Funktion explizit gemacht werden:

377 Vgl. Beck (1999b), S. 71-72.
378 Vgl. Leffingwell (2011), S. 100, 201.
379 Cohn (2004), S. 4.
380 Siehe für die gleiche Argumentation der Fokussierung auf das Software HoQ im Software QFD Kap. 3.5.2.
381 Siehe Kap. 4.4.2 oder auch Gloger (2016), S. 82-83
382 Das Template ist um die Jahrtausendwende entstanden bei Connextra und wurde zum XPDay2001 in London vorgestellt, vgl. Patton (2014), S. 97-99.

„I as a (role) want (function) so that (business value).“[383]

„Als (Rolle) möchte ich (Funktion) um (Nutzen/Vorteil) zu erreichen.“

Diese Schablone lässt sich in die Terminologie dieser Arbeit übertragen:

„Als (Stakeholder) möchte ich (Produktfunktion), um (Bedürfnis) zu befriedigen.“

Oder abstrakter: „Als (WER) möchte ich (WAS), um (WARUM) zu befriedigen.“

Qualitätsmerkmale und Design-Einschränkungen können auch in dieser Schablone formuliert werden, gerade wenn sie explizit wertsteigernd aus Sicht der Nutzer bzw. Käufer sind,[384] doch der Schwerpunkt liegt auf der Funktionalität. Die Differenzierung in unterschiedliche Anforderungsarten ist für die agilen Modelle auch nicht vorrangig, es geht hier „nur“ um die Formulierung der Elemente des Backlogs mit Verbindung zum Business Value, die dann auf dieser Basis priorisiert werden.[385] Ähnliches gilt für andere Stakeholder als Käufer oder Nutzer. Wenn ihre Wünsche signifikant in Bezug auf den Business Value sind, dann ist ihre Stimme willkommen im Backlog, sonst ist sie nachgeordnet.[386] Die User Story kann explizit in ihre drei Komponenten, das „Wer“, „Was“ und „Warum“ zerlegt werden:[387]

- „Wer“: Wer sind die Stakeholder? Wer sind die Käufer und Nutzer?
- „Was“: Was wollen die Stakeholder? Was wünschen die Käufer und Nutzer?
- „Warum“: Warum wollen die Stakeholder es? Warum wünschen es die Käufer und Nutzer?

Inklusive des obligatorischen, prägnanten Kurztitels und ggf. noch um weitere Angaben zu bekannten Abhängigkeiten mit anderen User Stories, dem Status oder der Wichtigkeit ergänzt, kann die User Story somit in diese drei Komponenten übersichtlich strukturiert werden (Abb. 18).

383 Cohn (2004), S. 81. Alternativ, aber gleichbedeutend: „A a (role), I can (activity) so that (business value)“, wobei bei „activity“ hier direkt auf die Interaktion des Benutzers mit dem System bezogen ist, vgl. Leffingwell (2011), S. 342.

384 Vgl. Leffingwell (2011), S. 342.

385 Siehe zur Priorisierung der Einträge im Product Backlog Kap. 4.5.2.

386 Dies gilt auch z B. auch für andere Systeme, die mit dem zu entwickelnden System interagieren, vgl. Leffingwell (2011), S. 103.

387 Vgl. Patton (2014), S. 42, 114-116.

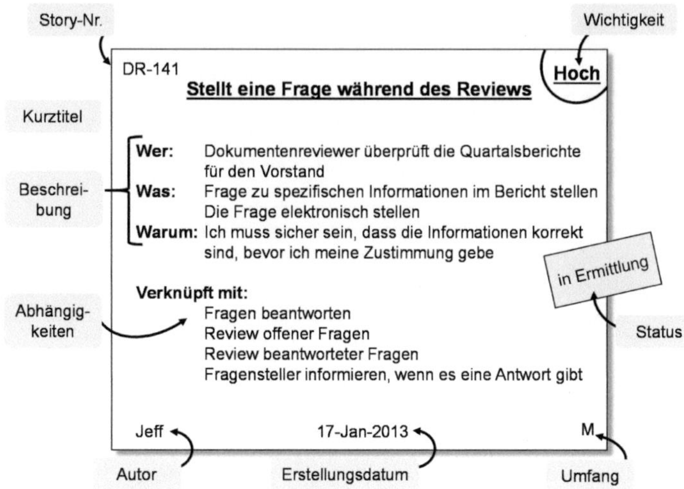

Abbildung 18: Beispiel einer (erweiterten) User Story Card[388]

An die Stelle der Stakeholder können bei der Formulierung der User Stories, insb. bei sehr interaktiven Anwendungen, auch die sog. Personas treten. Sie geben eher aufgabenorientierten Benutzerrollen und auch möglichen Kundengruppen ein Gesicht. Personas sind imaginierte Personen, die das Produkt benutzen, um ihre Ziele damit zu erreichen.[389] Sie sind mit Namen, ausgeprägten Eigenschaften und Fotos versehen, welche die abstrakte Nutzerrolle für das Team greifbarer machen soll. Die Nutzung von Personas ist allerdings im Verhältnis zu anderen agilen Praktiken nicht sehr weit verbreitet, sondern nur in etwa einem Viertel aller agilen Anwendungen anzutreffen[390] und nicht im Scrum Guide enthalten. Der Aufwand zur Identifikation von Personas ist auch nicht unerheblich, da er mit RE-Techniken zur Gewinnung von Anforderungen wie Interviews und Beobachtungen einhergeht.[391]

Es werden drei detaillierende Aspekte von User Stories in den sog. „3C‘s“ hervorgehoben. Diese stehen für „Card, Conversation, Confirmation“:[392]

388 In Anlehnung an Patton (2014), S. 114.
389 Vgl. Cooper und Reimann (2003), S. 59-63, Gloger (2016), S. 122
390 Siehe Abb. 14 bzw. Komus und Kuberg (2015), S. 17.
391 Vgl. zur Identifikation von Personas Cooper und Reimann (2003), S. 67-73, Leffingwell (2011), S. 126-129.
392 Vgl. im Folgenden Cohn (2004), S. 4, Jeffries (2001), Leffingwell (2011), S. 102-103, Patton (2014), S. 92-94.

- „Card“ steht bildlich für eine schriftliche Beschreibung der User Story, die durchaus auch 2-3 Sätze umfassen darf. Diese kann auf einer Karte handschriftlich erfolgen, die dann auch in Meetings zur Visualisierung genutzt wird (Abb. 18).[393]
- „Conversation“ steht für die Diskussionen zur Klärung und Detaillierung der Story unter den Stakeholdern. Es bildet die enge Zusammenarbeit und direkte Kommunikation ab, um zu einem gemeinsamen Verständnis der User Story zu kommen.
- „Confirmation“ steht für eine Vereinbarung, wie die Inhalte der Karte und der Diskussionen im Sinne eines Akzeptanztests[394] im fertigen Produkt überprüft werden kann.

Während also die Karte den Inhalt der User Story repräsentiert, werden die Details in den Diskussionen ausgearbeitet und in der Vereinbarung festgehalten.[395] Mit den fixierten Akzeptanzkriterien der Confirmation steht diese Art der Formalisierung von User Stories durchaus den Dokumentationspraktiken im RE nahe, z. B. den Abnahmekriterien für Anforderungen.[396] Die Verbreitung der 3C's bzw. des letzten, formalen Teils in der Praxis ist schwierige zu beurteilen, sie sind auch nicht im Scrum Guide enthalten. Jedoch weist eine aktuelle Untersuchung unter 92 Anwendern von XP und Scrum weltweit aus, dass in mehr als der Hälfte solche Akzeptanztests formuliert werden.[397] Verwandt ist in gewissen Sinne die sog. „definition of done“, wobei sich diese i. d. R. nicht auf einzelne User Stories, sondern auf die Arbeit im Entwicklungsteam im Sinne eines gemeinsamen, generellen Qualitätsverständnisses bezieht.[398]

Des Weiteren existieren für User Stories Qualitätskriterien, ähnlich den Qualitätskriterien von Anforderungen bzw. Anforderungsdokumenten.[399] Sie werden mit dem Akronym INVEST bezeichnet:[400]

---

393 Zur alternativen Repräsentation vgl. Bleiholder (2016), S. 49-50.

394 Vgl. dazu auch Cohn (2004), S. 67-72. Die Confirmation wird auch ab und an auf der Rückseite der Karte formuliert, vgl. auch Gloger (2016), S. 126.

395 Vgl. Cohn (2004), S. 4.

396 Vgl. Ebert (2014), S. 187-191, Pohl (2008), S. 224-228.

397 Vgl. Wagner et al. (2016), S. 11-12. Gleichermaßen gibt es ja recht viele agile Test-Praktiken, siehe Abb. 17.

398 Vgl. Goll und Hommel (2015), S. 96, 105, Scrum Guide (2016), S. 16. Alle im Entwicklungsteam sollten das Gleiche unter der Fertigstellung eines Product Backlog Eintrages verstehen.

399 Letztere z. B. in ISO/IEC/IEEE 29148 (2011), S. 11-12, Pohl und Rupp (2015), S. 44-49, IEEE 830 (1998), S. 4-8

400 Vgl. im Folgenden Cohn (2004), S. 17-27, Leffingwell (2011), S. 105-111, Wake (2003).

- Independent: User Stories sollten sowohl zu ihrer Umsetzung in abgegrenzten Arbeitspaketen als auch zur Priorisierung und Schätzung möglichst wenig Abhängigkeiten mit anderen User Stories besitzen.
- Negotiable: User Stories sollten verhandelbar sein. Da sie nicht im Sinne eines Vertrages zu sehen sind, sollten sie Raum für Gestaltung durch das Team besitzen. („A good story captures the essence, not the details.“[401])
- Valuable: User Stories sollten Mehrwert für die Stakeholder liefern (darauf zielt eine konsequente Benutzung der Schablone ab).
- Estimable: User Stories sollten (so detailliert sein, dass sie) eine zuverlässige Schätzung des Aufwandes zu ihrer Umsetzung zulassen.
- Small: User Stories sollten innerhalb einer Iteration umgesetzt werden können.
- Testable: Die Erfüllung einer User Stories sollte durch Akzeptanzkriterien (s. o. Confirmation) überprüfbar sein.

Diese Kriterien bietet auch die Richtlinien für das Schneiden von User Stories („story splitting“). Allerdings gibt es viele Möglichkeiten nach denen zu große User Stories, in der agilen Entwicklung Epic genannt,[402] in kleinere User Stories überführt werden können, so z. B. nach Workflowschritten, nach Varianten in Bedingungen oder Daten, nach unterschiedlichen Stakeholdern oder unterschiedlichen Szenarien.[403] Der Fokus liegt dabei auf der beschriebenen Funktionalität, denn die gilt es so zu schneiden, dass sie innerhalb einer Iteration umzusetzen ist. Wiederum geschieht das in der Conversation, im mündlichen Diskurs im Team, insb. auch in den Meetings zur Iterationsplanung und zur Pflege des Backlog (siehe dazu Kap. 4.5.2 und 4.5.3).

Trotz dieser Detaillierungen von User Stories und den INVEST-Qualitätskriterien wird immer wieder betont, dass User Stories, wie auch alle anderen möglichen Product Backlog Einträge, keine (!) Anforderungen darstellen.[404] Aus Sicht dieser Arbeit ist das allerdings zu präzisieren: sie sind keine Anforderungen im Sinne des formalen Grades, den z. B. der IEEE Standard 830 bzw. 29148 für ein Anforderungsdokument verlangen, dazu sind i. d. R. zu wenig Details erhoben bzw. auf der Karte vorhanden.[405] Sie

[401] Wake (2003).
[402] Vgl. Leffingwell (2011), S. 87, Patton (2014), S. 157-158.
[403] Vgl. Cohn (2006), S. 121-129, Leffingwell (2011), S. 112-113, Wake (2005).
[404] Vgl. z. B. Bleiholder et al. (2016), S. 50, Gloger (2016), S. 124, 129, Leffingwell (2011), S. 101-102.
[405] Vgl. Cohn (2004), S. 133-135.

enthalten aber im Sinne dieser Arbeit Stakeholderbedürfnisse (das „Warum") und Produktanforderungen (i. d. R. Produktfunktionen, eben das „WAS"), auch wenn Letztere für eine Implementierung zu präzisieren sind (entweder schriftlich oder mündlich im Team).[406] Deswegen sind sie auch gut geeignet für die Planung einer Iteration, sie besitzen dafür die richtige Größe, verhindern auch dass sich zu sehr im Detail verloren wird.[407] Vor allem aber sind sie das Mittel, um die Diskussion über Anforderungen anzuregen und zu kanalisieren, dafür stehen gerade die zwei ersten C's, Card und Conversation. Sie versuchen die Lücke zwischen Entwickler und Kunden zu schließen, da sie eben sowohl die Nutzen- als auch die Funktionsebene enthalten, eben Problem- und Lösungsraum verbinden.[408] Kurz und treffend ausgedrückt: „Good story conversations are about who and why, not just what."[409]

4.5.2 Pflege des Backlog

Wie auch in Abb. 16 (Kap. 4.4.3) zum Ablauf von Scrum ersichtlich und zu Beginn von Kapitel 4.5 schon angedeutet, eine explizite Aktivität zur Ermittlung von Anforderungen und in dem Sinne auch der regelmäßigen Pflege der Backlog-Einträge gab es im ursprünglichen Scrum-Rahmenwerk nicht.[410] Der Product Owner ist verantwortlich für die Einträge, er setzt neue Einträge rein oder nicht, priorisiert, schätzt und dann geht es in die Iterationsplanung (Kap. 4.5.3). Hinter dieser Haltung verbirgt sich auch, dass Scrum nicht so viele Vorgaben machen will, wie denn der Product Owner seine Arbeit zu machen hat, ob mit Meetings, Interviews, „nur" durch aktives Zuhören im Team oder ganz anders. Seit nun 2011 ist jedoch die Pflege des Backlogs als „Refinement" oder „Grooming" als Aktivität im Scrum Guide enthalten:[411]

„Product Backlog refinement is the act of adding detail, estimates, and order to items in the Product Backlog. This is an ongoing process in which the Product Owner and the Development Team collaborate on the details of Product Backlog items."[412]

---

406 Im Scrum Primer steht dazu: „State what is important in the least amount of space necessary – in other words, do not describe every possible detail of an item, just make clear what is necessary for it to be understood, and augment this with continuous dialog between the Team and Product Owner and stakeholders." Deemer et al. (2012a), S. 7-8.

407 Vgl. Cohn (2004), S. 148-150.

408 Vgl. Bleiholder et al. (2016), S. 51, Leffingwell (2011), S. 103-104.

409 Patton (2014), S. xi.

410 „Traditionally this has happened through an unstructured discussion between the product owner, ScrumMaster, and one or more developers." Cohn (2004), S. 173.

411 Andere Namen sind „Estimation Meeting", „Pre-Planning" oder „Story Time", vgl. Gloger (2016), S. 154.

412 Schwaber und Sutherland (2016), S. 14.

Es wird allerdings wiederum nicht vorgeschrieben, wie diese Detaillierung des Backlogs zu geschehen hat, nur dass das Scrum Team dies flexibel während des Sprints eigenverantwortlich bestimmt und diese Arbeit nicht mehr als 10% der Kapazität des Entwicklungsteams beanspruchen sollte.[413] Dies entspricht bei einem zweiwöchigen Sprint aber immerhin einem ganzen Tag, so dass sich regelmäßige Meetings dazu in vielen Scrum-Anwendungen etabliert haben.[414] Der Teilnehmerkreis ist dabei nicht genau festgelegt, vor allem wird die Hinzunahme von Kunden oder Usern uneinheitlich gehandhabt.[415] Der Scrum Guide äußert sich dazu nicht explizit, der ebenfalls von der Agile Alliance empfohlene Scrum Primer räumt zumindest die Möglichkeit ein, dass „andere Stakeholder", welche die Anforderungen verstehen und dem Team helfen können, zugelassen sind.[416] Klar ist allerdings, dass es bei diesen Treffen nicht um den aktuellen Sprint geht, sondern nur um zukünftige Iterationen, also im Prinzip bereitet das Grooming die Treffen zur Iterationsplanung vor.

Mit dem (User) Story Mapping gibt es allerdings zumindest eine Technik in der Liste der Agile Alliance (siehe Abb. 17, zu Anfang von Kap. 4.5), die explizit sowohl das Grooming als auch die folgende Iterationsplanung unterstützt. Das Story Mapping wird dabei immerhin in rund 30% der agilen Projekte eingesetzt.[417] Es handelt sich im engeren Sinne um eine Technik, welche die User Stories im Backlog visuell geschickt anordnet, so dass die Funktionalität des zu realisierenden Systems übersichtlich erfasst wird.[418] User Stories werden hier in der gemeinsamen Diskussion erhoben, in Form von Aktivitäten und zugehörigen Tätigkeiten funktional geschnitten, in einer Story Map visualisiert und für die Inkrementplanung den sog. „Outcomes", also dem Business Value eines ganzen Inkrements zugeordnet. Abb. 19 gibt ein Beispiel für eine Story Map für ein E-Mail-Verwaltungssystem inkl. Kalenderfunktionalität.

Oberhalb der doppelt gezogenen Linie ist der sog. Backbone mit den Nutzeraktivitäten von links nach rechts gemäß des sog. narrativen Erzählflusses, der Erzählrichtung, angeordnet. Darunter sind den Aktivitäten zugehörige Tätigkeiten aufgelistet, mit abnehmender Priorität nach unten. Die Unterscheidung lässt sich dabei auch in Epics als

413 Vgl. Deemer et al. (2012a), S. 13, Schwaber und Sutherland (2016), S. 14.
414 Vgl. zu einem Vergleich der Optionen des Zeitpunkts des Refinements Roock und Wolf (2016), S. 75-80.
415 Gloger schließt sie aus dem bei ihm „Estimation Meeting" genannten Treffen aus, vgl. Gloger (2016), S. 13, 155; Foegen et al. schließen sie explizit ein, vgl. Foegen et al. (2013), S. 86.
416 Vgl. Deemer et al. (2012a), S. 13.
417 30% in 2015, sogar 38% in 2012, vgl. VersionOne (2013), S. 5, VersionOne (2016), S. 10.
418 Vgl. Goll und Hommel (2015), S. 158.

high-level User Stories im Backbone und User Stories unterhalb treffen.[419] Auf dieser Basis können nun einzelnen Tätigkeiten zu Inkrementen zusammengeschlossen werden, die dann gewissen Outcome (ganz links angeordnet), also vor allem Nutzen für die Stakeholder (insb. Kunden und Anwender) erzeugen (sollen).[420] Die Story Map kann, wie in Abb. 19 durch die Häckchen „✓" bzw. den Label „in Arbeit" an den Tasks angedeutet, auch zur Fortschrittskontrolle innerhalb eines Inkrements genutzt werden.[421]

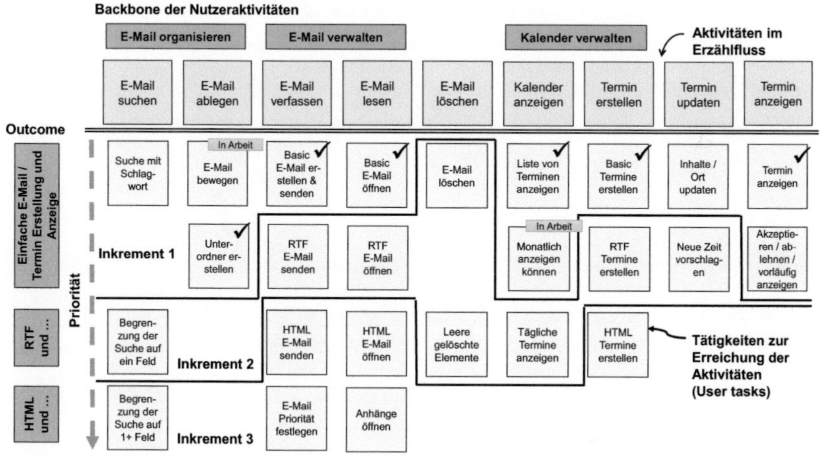

Abbildung 19: Beispiel einer Story Map[422]

Mit Story Mapping kann den Grooming Meetings im Sinne eines Story Workshops eine gewisse Struktur gegeben werden, neue Stories kommen entlang oder innerhalb des Erzählflusses dazu, werden geschnitten oder verschoben, detailliertere Tätigkeiten werden definiert, eben die Diskussion und Zusammenarbeit gelenkt.[423] Interessant ist die Verbindung zum Outcome, auch wenn diese sich „nur" auf das gesamte Inkrement bezieht und die einzelnen, in den User Stories angesprochenen Bedürfnisse sich im Backbone „verstecken" und so z. B. nicht unmittelbar die Priorisierung der Funktionalitäten unterstützen. Diese Priorisierung wiederum und auch zumindest eine erste vorläufige Schätzung des Aufwandes bei der Umsetzung der User Stories sind zwei Tä-

---

419 Vgl. Röpstorff und Wiechmann (2015), S. 133-138. Zu Epics z.B. Roock und Wolf (2016), S. 63-64.
420 Vgl. Patton (2014), S. 67-78.
421 Vgl. Patton (2014), S. 233.
422 In Anlehnung an Moreira (2015).
423 Vgl. Patton (2014), S. 217-230.

tigkeiten, die in Verantwortung des Product Owners vor dem Meeting zur Iterationsplanung erledigt werden müssen, da dieses sonst im Allgemeinen überfrachtet ist.[424]

Der Scrum Guide gibt hier wiederum keine weitere Hilfestellung, außer dass Einträge im Product Backlog wie die User Stories durch eine Reihenfolge der möglichen Implementierung, eine Aufwandsschätzung und einen Wert beschrieben werden.[425] Im Scrum Primer werden Schätzungen bzgl. Aufwand, (technischem und geschäftlichem) Risiko und Wert gefordert, die zu einer Reihenfolge der Implementierung der Einträge priorisiert werden sollen.[426] Dies ist vor dem Hintergrund der Verantwortung des Product Owners für die Maximierung des Return on Investments des Produkts naheliegend, als Verhältnis zwischen Business Value und Aufwand vor dem Hintergrund von Risiken (und ggf. weiteren Faktoren wie Abhängigkeiten[427], Verzögerungskosten (cost of delay)[428] oder der Kano-Analyse[429]).[430]

Methodisch sind zur Priorisierung im Scrum Guide wiederum keine Vorgaben gemacht. Im Scrum Primer wird eine aggregierte relative Punkte-Bewertung erwähnt, z. B. durch die Vergabe von 100 Punkten im Sinne von Prozentwerten, 1.000 Pingpong-Bällen oder Verwendung einer fiktiven Einheit wie den „Story Points“.[431] Letztere werden insb. im Rahmen des sog. Planning Pokers zur Schätzung des Umfangs bzw. der Größe einer User Story als Anhaltspunkt für den Aufwand zu ihrer Umsetzung genutzt.[432] Eine einfache, aggregierte Ein-Kriteriums-Klassifikation wird im agilen Umfeld auch immer wieder genannt, die MoSCoW-Rules.[433] Sie teilt die Anforderungen in

---

424 Vgl. Deemer et al. (2012a), S. 13.

425 Vgl. Schwaber und Sutherland (2016), S. 13.

426 Vgl. Deemer et al. (2012a), S. 7. Die Orientierung erfolgt da an den DEEP-Eigenschaften eines Backlog, „Detailed appropriately, Estimated, Emergent, Prioritized“, vgl. Cohn (2010), S. 253-254.

427 Vgl. Cohn (2004), S. 99.

428 Vgl. Leffingwell (2011), S. 263-268, Roock und Wolf (2016), S. 55-57.

429 Vgl. Cohn (2006), S. 111-117, Gloger (2016), S. 134-136. Siehe zu Kano-Analyse auch Kap. 5.2.3.

430 Es können noch weitere Aspekte hinzukommen, so z. B. das Lernpotential einer Anforderung (durch die Realisierung erfahren Team und Stakeholder mehr über das zu entwickelnde Produkt) oder auch die Veränderungskosten einer Anforderung (Risiko, dass Änderungen mit entsprechenden Kosten notwendig werden), vgl. Harris und Cohn (2006), S. 176-179. Vgl. zu einem Überblick über verschiedenste Kriterien zur Priorisierung von Anforderungen auf Basis einer Literaturanalyse Riegel (2016), S. 89-115.

431 Vgl. Deemer et al. (2012a), S. 8 und zu den genannten Techniken z. B. Cohn (2006), S. 35-41, Gloger (2016), S. 134, 141-143, Herzwurm et al. (2000b), S. 67-68. Siehe auch Kap. 5.2.3.

432 Vgl. Cohn (2006), S. 56-59. Beim Planning Poker bekommen die Teammitglieder Karten mit unterschiedlichen Werte (z. B. die Fibonacci-Folge) in die Hand und jetzt jeder unabhängig voneinander die gleiche Story. Bei Differenzen in den Schätzungen werden diese dann mündlich geklärt und neu geschätzt, im Ideal bis Übereinstimmung im Team herrscht. Es existieren inzwischen eine Reihe von weiteren Schätzverfahren, z. B. die „Magic Estimation“, vgl. Gloger (2016), S. 143-145, oder das Team Estimation Game, vgl. Röpstorff und Wiechmann (2015), S. 165-169.

433 Vgl. Cohn (2004), S. 98-99, Gloger (2016), S. 133-134. Die MoSCoW-Rules gehen auf die Dynamic System Development Method (DSDM) zurück, vgl. Stapleton (2002).

Muss-, Soll-, Kann- und Wunsch-Anforderungen („must, should, can, won't have this time") ein, wobei die Abgrenzung zwischen den mittleren Kategorien schwierig ist, da in beiden Fällen eine Verschiebung auf die nächste Iteration möglich ist. Die Einteilung geht zurück auf die klassische Dreiteilung in RE-Standards wie der IEEE 830 mit „essential", „conditional" und „optional"-Anforderungen.[434] Genannt wird auch eine einfache Portfolio-Anordnung in zwei Dimensionen wie etwa Kosten und Wert bzw. Risiko und Wert, bei dem dann die wertvollsten Funktionalitäten mit möglichst geringen Kosten bzw. geringem Risiko höher priorisiert werden.[435]

Eine Untersuchung der agilen Priorisierungspraxis ergab durchaus viele in der Literatur und Praxis angewandte Techniken, darunter auch einfache Ranking-Verfahren.[436] Das ist verständlich, denn das Ziel der Priorisierung im Backlog Grooming ist einzig eine eindeutige, ordinale Reihenfolge der Anforderungen bzw. User Stories im Sinne des Business Value zu bekommen.[437] Priorisieren im agilen Kontext ist somit im Endeffekt gleichzusetzen mit dem Bringen der User Stories in eine Rangfolge gemäß Business Value. Mehr ist nicht nötig und zu beachten ist auch, dass diese Aufgabe in jedem Sprint erneut ansteht, also durchaus eine kontinuierliche Aufgabe ist.[438] Mit dieser Reihenfolge und vorläufigen Schätzungen der Aufwände der Umsetzung der User Stories geht der Product Owner in die Iterationsplanungsmeetings.

4.5.3 Iterationsplanung

Die Planung des nächsten Sprints ist im Allgemeinen zweigeteilt in zwei direkt aufeinanderfolgende Meetings mit unterschiedlichen Aufgaben.[439] Im ersten wird festgelegt, welche der Einträge aus dem Backlog im nächsten Inkrement enthalten sein werden, d. h. welche Produktanforderungen, i. d. R. Funktionalitäten, in den Sprint Backlog der kommenden Iteration kommen. Im zweiten Meeting wird festgelegt, wie das Entwicklungsteam diese Funktionalität im Sprint erreichen kann. Beide Meetings zusammen sollten nicht länger als 8h in Anspruch nehmen bzw. etwas 5% der Sprint-Dauer.[440]

[434] Vgl. IEEE 830 (1998), S. 7, auch ähnlich Pohl (2008), S. 101.
[435] Vgl. Bleiholder et al. (2016), S. 51, Roock und Wolf (2016), S. 52-54.
[436] Insgesamt wurden 22 verschiedene Verfahren identifiziert, vgl. Racheva et al. (2010a), Racheva et al. (2010b).
[437] Vgl. Cohn (2004), S. 107, Deemer et al. (2012a), S. 5.
[438] Vgl. Cockburn und Highsmith (2001), S. 21, Deemer et al. (2012a), S. 13.
[439] Vgl. auch im Folgenden Schwaber und Beedle (2002), S. 47, Schwaber und Sutherland (2016), S. 9
[440] Vgl. Foegen et al. (2013), S. 75.

Im ersten Meeting sind das gesamte Scrum Team inkl. Product Owner und Scrum Master anwesend, im zweiten Meeting ist das Entwicklungsteam unter sich. Die Teilnahme von weiteren Stakeholdern wie Kunden und Benutzer wird wieder uneinheitlich gehandhabt. Im Scrum Guide werden sie nicht weiter erwähnt, in der Urfassung von Scrum sind Kunden und Benutzer als Teilnehmer am ersten Meeting genannt.[441]

Dies wird auch vor allem von dem Umfang der Vorarbeiten im Grooming-Meeting abhängen. So geht der Scrum Primer nur von „minor last-minute clarifying questions“[442] bzgl. der Produkt Backlog Einträge aus. Gloger spricht – obwohl er auch ein Grooming-Meeting vorher durchführt – von diesem ersten Planungstreffen als vergleichbar mit einem Anforderungsworkshop, in dem die User Stories durch das Entwicklungsteam in Anwesenheit der Anwender zu Anforderungen (inkl. Akzeptanzkriterien[443]) detailliert werden.[444] Hier wird die notwendige hohe multifunktionale Kompetenz des Entwicklungsteams[445] nochmals erweitert um Tätigkeiten der Anforderungsanalyse und Umsetzung in konkrete Entwicklungsaufgaben. Nach dem Verständnis des Scrum Guides ist eine gewisse Detaillierung bereits im Grooming-Meeting (oder sonst wann vor diesem ersten Planungsmeeting) erreicht worden. Die obersten Einträge im Backlog sollten in Scrum-Terminologie „ready“ für die Umsetzung sein, auch wenn sie noch konkretisiert werden müssen zu Entwicklungsaufgaben.[446] Da auch bei der Pflege des Backlogs nicht zwingend die Kunden bzw. Benutzer anwesend sein mussten,[447] wird hier wiederum die weitreichende Verantwortung des Product Owners deutlich.

Der Scrum Guide ist nun sehr eindeutig hinsichtlich der Aufgabenverteilung im ersten Planungstreffen. Auf Basis der Vorschläge des Product Owners, also der priorisierten Backlog-Einträge, wählt das Entwicklungsteam alleine und eigenverantwortlich die Produktanforderungen für den nächsten Sprint aus. Nur das Entwicklungsteam kann beurteilen, was und vor allem, wieviel sie in der nächsten Iteration schaffen können.[448] Das gilt insb. auch für die bisher nur vorläufigen Schätzungen der Anforderungen. Diese bilden zwar die Grundlage für die Entscheidungen, aber das Entwicklungsteam

441 Vgl. Schwaber und Beedle (2002), S. 47.
442 Deemer et al. (2012a), S. 8.
443 Siehe dazu Kap. 4.5.1, das dritte C „Confirmation“ der 3C's.
444 Vgl. Gloger (2016), S. 161-164. Er verschiebt somit Teile aus dem Grooming-Meeting in dieses erste Planungsmeeting.
445 Siehe dazu Kap. 4.4.2.
446 Vgl. Roock und Wolf (2016), S. 66-67, Schwaber und Sutherland (2016), S. 14.
447 Siehe Kap. 4.5.2.
448 Vgl. Schwaber und Sutherland (2016), S. 9.

kann diese nun anpassen, denn sie sind verantwortlich für die korrekte Schätzung.[449] Wichtige Eingangsgrößen für diese Auswahl sind die Erfahrungen aus den vergangenen Iterationen, d. h. das aktuelle Produkt-Inkrement und die Leistung des Teams im Abgleich zu der vorhandenen Kapazität.

In diesem ersten Planungstreffen wird auch für die anstehende Iteration ein zusammenfassendes Ziel (Sprint Goal) gemeinsam im Team festgelegt, i. d. R. auf Basis eines Vorschlags des Product Owners.[450] Das gemeinsame Commitment auf das Iterationsziel ist wichtig, denn es macht den Zweck der Arbeit im Sprint klar und soll so das Team motivieren.[451] Sehr ähnlich den Outcomes eines Inkrements in der Story Map[452] gibt das Ziel eine „guidance to the Development Team on why it is building the increment."[453] Es dient auch der Flexibilität im Sprint, denn während des Sprints sollte sich zwar die zu implementierenden Funktionalität nicht ändern und die kurze Zeitspanne von 2-4 Wochen ist dafür durchaus ein Garant. Doch ist es natürlich trotzdem möglich, dass sich Probleme oder auch neue Möglichkeiten für das Entwicklungsteam eröffnen. Dann ist die Ausrichtung am Sprint-Ziel das Entscheidende. Gemeinsam entscheiden Product Owner und Entwicklungsteam über eine Anpassung des Sprint Backlogs, also (des Umfangs) der ausgewählten Produktanforderungen, der Schätzungen oder auch der zu erledigenden Entwicklungsaufgaben.[454] Das Iterationsziel ändert sich im Regelfall nicht und sorgt für die nötige Stabilität der Aufgaben während der Iteration.[455]

Im direkt anschließenden zweiten Planungstreffen legt das Entwicklungsteam eigenverantwortlich (im Allg. auch ohne den Product Owner) fest, wie die selektierten Produktanforderungen in einzelnen Entwicklungsaufgaben (sprint tasks) umgesetzt werden können. Es handelt sich dabei inhaltlich in erster Linie um die klassischen Entwicklungsaufgaben des Grob- und Detailentwurfs, d. h. die Architektur- und Komponentenplanung.[456]

---

449 Vgl. Schwaber und Sutherland (2016), S. 14.

450 Vgl. Gloger (2016), S. 162, Roock und Wolf (2016), 69-70.

451 Vgl. Gloger (2016), S. 158-160, Roock und Wolf (2016), S. 70.

452 Siehe Kap. 4.5.2, genauer Abb. 19.

453 Schwaber und Sutherland (2016), S. 9.

454 Vgl. Schwaber und Beedle (2002), S. 49-50, Schwaber und Sutherland (2016), S. 8, 10.

455 Vgl. Deemer et al. (2012a), S. 10-11. Falls das Sprint-Ziel wirklich obsolet werden sollte und die Weiterarbeit keinen Sinn macht, muss die Iteration abgebrochen werden und ein neues erstes Planungsmeeting starten. Aufgrund der kurzen Sprintdauer ist dies allerdings sehr selten nötig und kann dann auch demotivierend wirken. Vgl. dazu auch Gloger (2016), S. 198-199, Schwaber und Sutherland (2016), S. 8.

456 Vgl. Gloger (2016), S. 63-64.

Dies wird im Sprint Backlog festgehalten. Tab. 17 zeigt ein Beispiel für einen Webshop aufbauend auf zwei Produkt Backlog Einträgen aus Tab. 15 (Kap. 4.4.2).

		Angepasste Schätzung: Restwerte am Tagesende							
Produkt Backlog Eintrag	**Sprint-Aufgabe**	**Freiwillige**	**Anfänglicher Schätzwert**	**1**	**2**	**3**	**4**	**5**	**6**
Als Käufer möchte ich ein Buch in den Warenkorb legen	Datenbank verändern	Sanjay	5	4	3	0	0	0	
	Webseite erzeugen (UI)	Jing	3	3	3	2	0	0	
	Webseite erzeugen (Javascript Logik)	Tracy & Sam	2	2	2	2	1	0	
	Automatischen Akzeptanztest erzeugen	Sarah	5	5	5	5	5	0	
	Hilfe-Seite für Nutzer aktualisieren	Sanjay & Jing	3	3	3	3	3	0	
	...								
Performance der Transaktionen verbessern	DCD code mergen und layer-level Tests vervollständigen	...	5	5	5	5	5	5	
	Maschinenbefehl für pRank vervollständigen	...	3	3	8	8	8	8	
	DCD und reader ändern, so dass sie pRank http API benutzen	...	5	5	5	5	5	5	
			Summen 31	**30**	**34**	**30**	**27**	**18**	

Tabelle 17: Beispiel für einen Sprint Backlog mit Fortschrittsverfolgung[457]

Die Sprint-Aufgaben sollten dabei zumindest diejenigen für die nächsten Tage umfassen, weitere können dann flexibel z. B. im Anschluss an die täglichen Statustreffen[458] dazu definiert werden. Die Zuteilung von Entwicklern zu Arbeitsaufgaben erfolgt nicht bzw. höchstens in Ausnahmefällen direkt in diesem Treffen. Im Ideal sucht sich jeder Entwickler seine Aufgaben flexibel während des Sprints selbst aus und nur wenn es zwingende Gründe gibt (wie eine besondere Expertise), dass eine Person eine Aufgabe machen muss, erfolgt die Zuweisung.[459] Deswegen ist die Personenzuordnung in Tab. 17 auch mit „Freiwillige" übertitelt. Ersichtlich ist dort zudem, dass der Sprint Backlog auch zur Fortschrittskontrolle während der Iteration genutzt werden kann, ähnlich eines Taskboards (auch Sprint Board genannt) für die Aufgaben der einzelnen beteiligten Entwickler.[460]

Der erste Teil des Planungsmeetings hat somit den Fokus auf der Klärung der umzusetzenden Anforderungen, der zweite Teil auf das Design und die Planung der einzelnen Tätigkeiten im Team zur Umsetzung der Anforderungen. Der zweite Teil hat dabei den Charakter eines Kick-Off-Meetings für das Team und den Sprint. In beiden Fällen ist das Entwicklungsteam eigenverantwortlich für die Entscheidungen, die getroffen

457 In Anlehnung an Deemer et al. (2012b), S. 13.
458 Siehe Kap. 4.4.3.
459 Vgl. Deemer (2012a), S. 10.
460 Vgl. Cohn (2006), S. 227-230, Foegen et al. (2013), S. 101, Gloger (2016), S. 164-167.

werden. Der Product Owner ist vor allem in der Vorbereitung der Meetings wichtig, er gibt mit Product Backlog und vorläufigen Schätzungen die Richtung vor, aber welcher genaue Weg eingeschlagen wird liegt in der Hand des Entwicklungsteams. Aus Sicht des RE ist die Tätigkeit zur Pflege des Backlogs damit bedeutender, denn hier wird der Backlog für die Iterationsplanung vorbereitet.

Abb. 20 gibt einen exemplarischen Ablauf mit der Verteilung der Meetings innerhalb eines 14-Tage Sprints in Scrum wieder.[461]

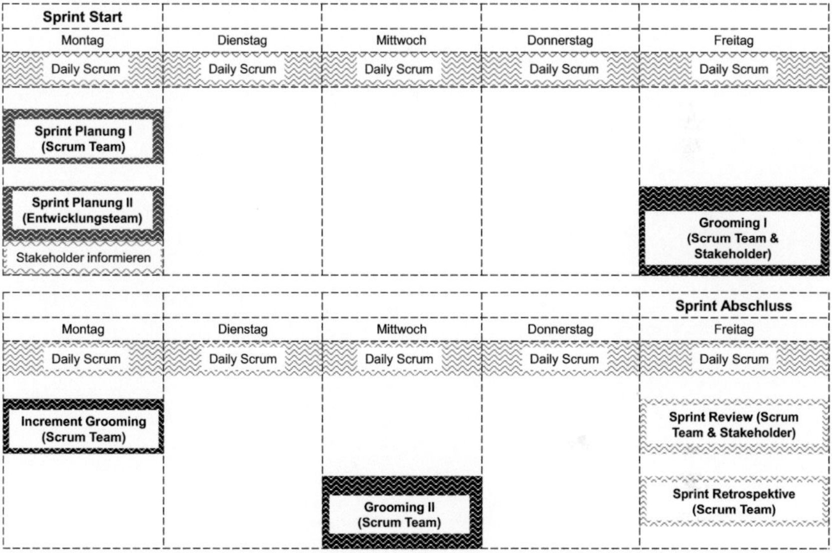

Abbildung 20: Typischer 14-Tage Sprint in Scrum[462]

Den Anfang bilden die beiden Planungsmeetings. Über das Ergebnis werden die Stakeholder dann am Abend informiert (falls sie denn nicht im Planungsmeeting I anwesend waren). Jeden Morgen findet das kurze Status Meeting des Teams über den individuellen Arbeitsfortschritt statt (Daily Scrum). Die Product Backlog Pflege ist hier dreigeteilt nach Aufgaben und Teilnehmern. Der erste Teil am Ende der ersten Woche entspricht dem Kern des Groomings mit den Ergänzungen und Detaillierungen des Backlogs und (möglichst) allen Stakeholdern. Die beiden internen Grooming-Meetings der zweiten Woche aktualisieren die Schätzungen und die Reihenfolge des Product Backlogs sowie die Zuordnung der Einträge zu Inkrementen, ggf. mit einer Story Map.

[461] Vgl. Foegen et al. (2013), S. 90-91.
[462] Eigene Darstellung in Anlehnung an Foegen et al. (2013), S. 90-91.

Den Abschluss bilden das Review Meeting zur Demonstration des Iterationsergebnisses wieder mit allen Stakeholdern sowie die interne Retrospektive zur Verbesserung der Zusammenarbeit im nächsten Sprint.

Veranschaulichen lässt sich dieser Ablauf auch gut aus Sicht der User Stories als zentrale Elemente des Backlogs (Abb. 21). Die 3C's aus „Card", „Conversation" und „Confirmation"[463] werden dabei erweitert um die „Construction" zur Realisierung der User Stories im Sprint und den „Consequences" zur Evaluierung der im Sprint realisierten User Stories im Review-Meeting.

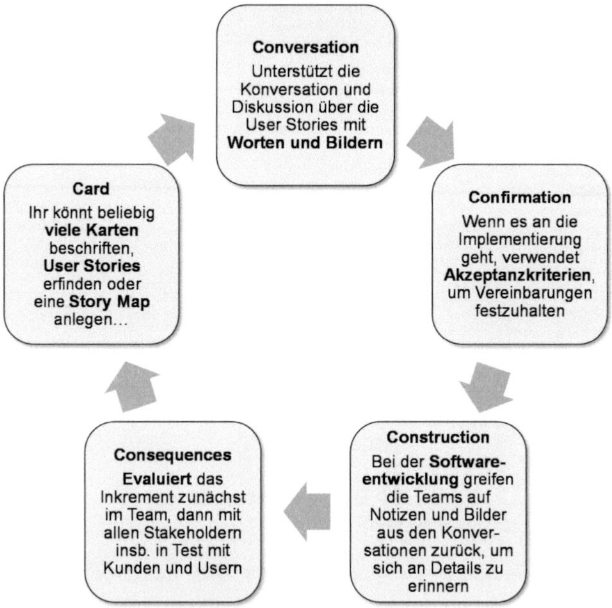

Abbildung 21: Iterationszyklus bei agiler Entwicklung[464]

„Card" steht dann insb. für das Grooming Meeting, bei dem vor allem neue User Stories erkannt werden und vorhandene detailliert werden, ggf. mit Unterstützung des Story Mapping. „Confirmation" steht für die Fixierung der Planung in Form von detaillierten Anforderungen und Akzeptanztests, als dem Ende des ersten Planungsmeetings. Dazwischen bzw. besser ausgedrückt überlagernd liegt die „Conversation", die weitere Klärung der User Stories unter allen Beteiligten, sowohl im Grooming als auch

463 Siehe Kap. 4.5.1.
464 Eigene Darstellung, in Anlehnung an Patton (2014), S. 122.

im Planungsmeeting als auch ggf. dazwischen (und im Prinzip natürlich auch im Sprint selbst). Das zweite Planungsmeeting zählt mit seinen Entwurfsaktivitäten und dem Charakter des Kick-Offs für den Sprint fast mehr zur „Construction“ als zur „Confirmation“, auch wenn der Sprint Backlog als Ergebnis durchaus als Vereinbarung gesehen werden kann, wie das Entwicklungsteam es sich vorstellt, das Iterationsziel zu erreichen.[465]

4.6 Gestaltungsanforderungen an das Agile Software QFD

Für das Agile Software QFD bzw. allgemein für die Ausgestaltung eines Agilen RE gibt es nach den Ausführungen in den vergangenen Kapiteln zwei Ansatzpunkte der Ausrichtung. Da ist zum ersten das Agile Manifest mit seinen Werten und Prinzipien. Wie auch eine empirische Untersuchung zeigt, finden die Prinzipien, obwohl inzwischen schon über 10 Jahre alt, immer noch eine überwältigende Zustimmung in der agilen Anwendungspraxis.[466] Bei einer Befragung von 326 Anwendern agiler Methoden, darunter mehr als drei Viertel mit mehr als 3 Jahren Anwendungserfahrung, hatten 11 der 12 Prinzipien des Agilen Manifests auf einer Likert-Skala von 1 bis 5 eine größere mittlere Zustimmung als 4,1.[467] Auf Basis kritischer Antworten hat die Autorin die Untersuchung mit einer modifizierten Fassung der Prinzipien wiederholt, doch der Zustimmungsgrad war nicht signifikant anders als bei den ursprünglichen Prinzipien, in zwei Punkten sogar schlechter wie z. B. beim Versuch die „face-to-face“-Kommunikation von Prinzip 6 zu ersetzen mit der vielfältigeren synchronen Kommunikation (mittels z. B. Videokonferenzsysteme).

Insgesamt sind und bleiben die Werte und Prinzipien des Agilen Manifests die Grundlage jedweder agiler Entwicklungspraxis. So bekam folgende Aussage auf die Frage, warum die agilen Prinzipien so wertvoll sind mit fast 65% die höchste Zustimmung: „Because all agile teams choose among software development practices, but, if they want to be agile, they should choose practices that are in line with the principles.“[468]

465 In früheren Versionen des Scrum Guide wurde hier auch explizit von „Commitment“ auf das Sprintziel bzw. den Sprint Backlog gesprochen, inzwischen ist dieser „nur“ noch Prognose („forecast“), was erreicht werden kann, vgl. Schwaber und Sutherland (2016), S. 14.

466 Vgl. im Folgenden Williams (2012).

467 Einzig das Prinzip 11, d. h. der Aussagen, dass die besten Architekturen, Anforderungen und Entwürfe aus selbstorganisierenden Teams, hatte eine nicht signifikante Zustimmung von 3,8. Begründet wurde dies damit, dass es eine Release Plan oder eine „Release Vision“ gerade bei größeren Produkten vorab existieren sollte, so dass klar ist, wie die Inkremente da reinpassen, vgl. Williams (2012), S. 74-75.

468 Williams (2012), S. 73. Gefolgt wurde diese Aussage von „Because they guide teams new to agile“ mit fast 50%.

Von daher sollte die Ausgestaltung des Agilen Software QFD nicht im Widerspruch zu den agilen Prinzipien stehen bzw. diese eben sogar proaktiv erfüllen. Deswegen werden die agilen Prinzipien in Kap. 4.6.1 dahingehend analysiert, was diese an konkreter Gestaltung an eine Methode des RE wie Software QFD fordern.

Zum anderen muss Software QFD, damit es innerhalb von agilen Rahmenwerken wie Scrum potentiell zum Einsatz kommen könnte, Aufgaben aus dem Umgang mit Anforderungen in der agilen Entwicklungspraxis übernehmen können. Von daher sind die Praktiken im Umgang mit Anforderungen in der agilen Entwicklungspraxis Quellen von Anforderungen an die Ausgestaltung des Agilen Software QFD. Die dahingehende Untersuchung dieser Praktiken erfolgt in Kap. 4.6.2 auf der Grundlage der Darstellungen in Kap. 4.4 und 4.5. Alle abgeleiteten Gestaltungsanforderungen werden dann zum Abschluss in Kap. 4.6.3 abgeglichen mit Ergebnissen von empirischen Untersuchungen der agilen RE-Praxis. Dieser Abgleich muss allerdings unspezifisch bleiben, da es DEN agilen RE-Prozess genauso wenig gibt wie DAS agile Entwicklungsmodell und die Untersuchungen demzufolge von ganz verschiedenen, nicht vergleichbaren Voraussetzungen ausgehen. Trotzdem könnten durch z. B. in der Praxis weit verbreitete RE-Praktiken bzw. Herausforderungen weitere neue Problemanforderungen hinzukommen.

4.6.1 Gestaltungsanforderungen gemäß agiler Prinzipien

Wie bereits bei der Darstellung des Agilen Manifests in Kap. 4.3 geschrieben, sind die Prinzipien bezogen auf ihre Handlungsleitung auf deutlich unterschiedlichen Detaillierungsebenen. Übergeordnet ist dabei – ähnlich wie bei den Leitlinien des Software QFD)[469] – die in Prinzip 1 angesprochene Ausrichtung auf hohe Kundenzufriedenheit. In Prinzip 1 werden aber auch direkt Mittel zur Erreichung einer hohen Kundenzufriedenheit angesprochen, die Gestaltungszielen deutlich näher kommen. So soll für den Kunden „wertvolle" Software geliefert werden. Wertvoll ist Software für einen Kunden, wenn seine Bedürfnisse erfüllt werden d. h. er Vorteile aus der Nutzung des Produkts zieht sein. Die klare Ausrichtung am, in der agilen Terminologie als Business Value[470] bezeichneten, Stakeholdernutzen ist also gefordert (A1)[471].

---

[469] Siehe dazu Kap. 3.6.

[470] Röpstorff und Wiechmann sprechen hier vom „höchsten Geschäftswert zur Zufriedenheit des Kunden", vgl. Röpstorff und Wiechmann (2015), S. 21.

[471] Die Auflistung der gefundenen Problemanforderungen an die Gestaltung des Agilen Software QFD ist weiter unten in diesem Kapitel in Tab. 18 durchnummeriert beginnend bei A1 enthalten.

Des Weiteren wird eine frühe und kontinuierliche Auslieferung der Software gefordert. Das hat auf den ersten Blick nicht unmittelbar Bezug zur Gestaltung des agilen RE. Doch daraus resultiert in der agilen Gestaltungspraxis vor allem die iterative Vorgehensweise in kurzen Zyklen (kontinuierlich) verbunden mit dem inkrementellen Wachsen des Produkts (früh beginnend). D. h. ein Agiles Software QFD muss sowohl das Vorgehen in kurzen Iterationen unterstützen (A2) als auch müssen die verwendeten Artefakte (Anforderungen aller Ebenen, Bewertungen etc.) inkrementell wachsen bzw. detailliert werden können (A3).

Prinzip 2 fordert den proaktiven Umgang mit Anforderungsänderungen. Neben dem Einstellungswandel in der Organisation, Anforderungsänderungen nicht mehr als Ausnahmen sondern als Normalfall zu akzeptieren, bedeutet dies für die Gestaltung des Agilen Software QFD, dass sie auf Änderungen der RE-Artefakte vorbereitet sein muss bzw. diese dann schnell und einfach durchführen kann. Aber die gewählte Formulierung, die Anforderungsänderungen „willkommen“ zu heißen, drückt auch aus, dass Feedback zu den (Zwischen-)Ergebnissen aktiv gesucht werden soll und nicht passiv gewartet wird bis die unweigerlichen Änderungen kommen. Es gilt: “facilitating change is more effective than attempting to prevent it.”[472] Die Einholung von Feedback zu den RE-Artefakten (A4) und die Verarbeitung des Feedbacks in Form der aufwandsarmen Änderungen von RE-Artefakten (A5) sind somit weitere Problemanforderungen an das Agile RE. Des Weiteren wird in Prinzip 2 wiederum die Orientierung am Wettbewerbsvorteil des Kunden angesprochen (A1).

Prinzip 3 betont nochmals deutlicher als Prinzip 1 die Forderung nach kurzen, regelmäßigen Iterationszyklen von wenigen Wochen oder Monaten (A2). Zudem soll die ausgelieferte Software „funktionieren“ („working software“), wobei dies zweierlei impliziert. Zum einen liegt die Verantwortung für funktionierende, im Sinne von lauffähiger Software, nicht im RE. Zum anderen muss eine lauffähige Software trotzdem etwas Sinnvolles für den Kunden tun, also in diesem Sinne „funktionieren“. Darin spiegelt sich also wiederum die Ausrichtung am Business Value (A1) wieder.

---

[472] Fowler und Highsmith (2001).

Prinzip 4 fordert die tägliche Zusammenarbeit von Fachexperten und Entwicklern. Dies ist sicherlich vor allem eine organisatorische Herausforderung an die beteiligten Stakeholder.[473] Es wird dabei auch nicht direkt der Kunde oder Nutzer gefordert, sondern – wie es z. B. in Scrum gelöst ist – es kann auch ein Fachexperte wie der Product Owner als Stellvertreter[474] ausreichend sein. XP geht mit seinen „on-site customern", die ständig bei der Entwicklung hautnah dabei sind, noch einen Schritt weiter.[475] Das Agile RE muss diese Zusammenarbeit unterstützen (A6).

Prinzip 5 verlangt nach „motivierten Individuen" als Teammitglieder. Auch wenn das RE natürlich nicht für die Personalauswahl im Team verantwortlich sein kann, so sollten doch die angewendeten Techniken in dem Sinne „Spaß" machen, als dass das Team motiviert ist und bleibt, diese auch anzuwenden (A7). Darüber hinaus wird die Unterstützung durch das Management angesprochen, u. a. durch die Einrichtung eines adäquaten Arbeitsumfelds. Hier ist es umgekehrt, jede agile Technik wird in dieser Hinsicht gewisse Anforderungen stellen bzw. Voraussetzungen der effizienten Anwendung haben, wie z. B. Moderationsmaterialien, Flipcharts, Whiteboards, Räumlichkeiten.[476] Diese müssen auch rational „erfüllbar" sein, aber dies ist nichts Spezielles der Agilität und somit handelt es dabei auch nicht um eine Forderung an das Agile RE.

Ähnlich verhält es sich auf den ersten Blick mit dem ebenfalls in Prinzip 5 erwähnten Vertrauen in die Leistung des Teams. Es ist eine Forderung an das Management, dieses zu haben, im engeren Sinne keine direkte Anforderung, die eine agile RE-Technik erfüllen kann. Allerdings kann die Anwendung einer Technik z. B. durch ein gut nachvollziehbares oder auch reproduzierbares Vorgehen „vertrauenswürdig" in dem Sinne sein, als dass den Ergebnissen einer Anwendung „vertraut" wird, sie also nicht in Frage gestellt werden. Pietsch hat in ähnlicher Weise die Authentizität von Ansätzen d. h. die Glaubwürdigkeit von Vorgehen und Ergebnissen definiert.[477] Er richtet eine hohe Glaubwürdigkeit direkt daran aus, inwieweit sich mit den Stakeholderbedürfnissen bzw. noch vorgelagert, der Stimme der Stakeholder („voice of stakeholder", „voice of customer"), direkt auseinandergesetzt wird statt sie „nur" zu rekonstruieren oder sogar

473 Das war den Autoren des Manifests auch bewusst, sie wollten damit vor allem das Commitment der Kunden zum Projekt betonen, vgl. Fowler und Highsmith (2001).

474 Cohn bezeichnet diese sehr treffend als „User Proxies", vgl. Cohn (2004), S. 55-65. Gottesdiener redet von „Surrogate users", vgl. Gottesdiener (2002), S. 92-94.

475 Siehe dazu den Anfang von Kap. 4.5.

476 Vgl. z. B. Cohn (2010), S. 412-420.

477 Vgl. Pietsch (2008), S. 251-252.

von außen zu bestimmen. Es kann also mehrere Möglichkeiten geben, eine hohe „Vertrauenswürdigkeit“ einer Methodenanwendung zu erreichen (Bedürfnisorientierung, Nachvollziehbarkeit, Reproduzierbarkeit, PersonenUNabhängigkeit etc.) und damit auch eine Überzeugung unter allen Stakeholdern für die Anwendung zu erzeugen. Auch wenn die Urheber des Agilen Manifests vermutlich nur die erste Interpretation dieses Aspekts vor Augen hatten, so kann doch die Glaubwürdigkeit durchaus als Anforderung an die Gestaltung agiler RE-Praxis aufgenommen werden (A8).

Prinzip 6 wiederum ist klar gestaltend ausgerichtet und fordert den direkten Informationsaustausch von „Angesicht zu Angesicht“ im und zum Entwicklungsteam, also die persönliche „face-to-face“ Kommunikation (A9). Prinzip 7 rückt die funktionierende Software nochmals (wie in Prinzip 3) in den Vordergrund allerdings mit der Betonung, dass das wichtigste Fortschrittsmaß zur Beurteilung der Leistungen eben die „working software“ ist. Im Sinne von „funktional“ für den Kunden (siehe oben in diesem Kapitel) steht hier wieder die Ausrichtung auf den Business Value im Vordergrund (A1).

Prinzip 8 betont eine „nachhaltige“ Entwicklung, die unter Beteiligung aller Stakeholder in gleichmäßigen Tempo voranschreitet. Die konstante Geschwindigkeit der Entwicklung geht dabei synchron mit der Forderung nach kurzen Iterationszyklen (A2). Die Bezeichnung der Entwicklung als „nachhaltig“ bzw. „sustainable“ lässt allerdings viel Spielraum für Interpretation. Im Kontext der agilen Entwicklung wird dies unmittelbar mit einer konstanten und ausgeglichenen Arbeitszeit im Gegensatz zu vielen Überstunden oder auch Leerlauf im Team assoziiert.[478] Es ist also der soziale Aspekt der Nachhaltigkeit gemeint. In diesem Sinne zeichnet das nicht verantwortlich für eine Anforderung an das Agile RE.

Nachhaltigkeit umfasst allerdings noch zwei andere Aspekte, den ökologischen im Sinne einer umweltschonenden Entwicklung und den ökonomischen zur Erhaltung einer dauerhaften wirtschaftlichen Leistungsfähigkeit.[479] In jedem der Fälle geht es um die Berücksichtigung der Auswirkungen, welche die Erfüllung aktueller Bedürfnisse auf die zukünftige Bedürfnisbefriedigung hat bzw. haben könnte. In diesem Sinne ließe sich beispielsweise eine Anforderung im Sinne der Beobachtung und Berücksichtigung

---

[478] Vgl. den Begriff „Sustainable Pace“ in Agile Alliance (2016b), sowie Fowler und Highsmith (2001), Röpstorff und Wiechmann (2015), S. 20.

[479] Vgl. Herzwurm et al. (2011b), S. 1-6 für eine ausführliche Diskussion des Nachhaltigkeitsbegriffs.

zukünftiger Technologien und Innovationen formulieren. Ähnlich lässt sich auch Prinzip 9 interpretieren, in dem eine ständige Ausrichtung auf die technische Exzellenz und gutes Design gefordert ist. Doch ist dies in beiden Fällen nicht die Intention der Urheber des Agilen Manifests, denn der Fokus ist hier nicht nach außen sondern nach innen gerichtet.[480] Innerhalb des multifunktionalen Entwicklungsteams soll eine Kultur der ständigen Verbesserung und des kontinuierlichen Wissensaustauschs etabliert werden. Dies geht einher mit Prinzip 12, der regelmäßigen Reflektion und Anpassung der Zusammenarbeit im Team, in Scrum realisiert in den Sprint Retrospektiven.[481] Allerdings ist dies weder spezifisch für die Agilität noch für das RE, von daher ergibt sich daraus keine neue Anforderung. Die Zusammenarbeit im RE ist hinreichend mit Anforderung A6 angesprochen.

Hinter der Forderung von Prinzip 9 nach gutem Design steckt hingegen aus RE-Sicht der Aspekt, nicht nur auf die Funktionalität der Software zu fokussieren, sondern auch die nicht-funktionalen Aspekte der Anforderungen, also Qualitätsmerkmale und Design-Einschränkungen, zu beachten (A10). „Es reicht nicht, wenn der Anwender zufrieden ist, sondern unter der Motorhaube darf auch keine Zeitbombe ticken."[482] Dies darf aber wieder nicht verwechselt werden mit intensivem Feintuning oder auch komplizierten Lösungen. Gutes Design genügt im Sinne des Agilen Manifests auch dem Prinzip 10, der Einfachheit. Die Maximierung der Menge nicht getaner Arbeit entspricht der Konzentration auf das Wesentliche.[483] D. h. vor dem Hintergrund den Business Value zu erhöhen, soll dem einfachen Weg der Vorzug gegeben werden. Aus RE-Sicht ist eben insb. abzuwägen, ob es sich lohnt an der Umsetzung einer Produktanforderung überhaupt zu arbeiten bzw. wenn ja, in welchem Umfang bzw. bis zu welchem Erfüllungsgrad. Die hier angesprochene Anforderung geht weiter als die reine Ausrichtung am Business Value (A1). Hier können auch andere Aspekte wie z. B. der Aufwand zur Umsetzung einer Anforderung, Wiederverwendungsmöglichkeiten, Abhängigkeiten zwischen Anforderungen oder auch Risiken eine Rolle spielen. Dies wird in Anforderung A11 als Fokussierung auf die wesentlichen Arbeiten subsummiert.

480 Vgl. Röpstorff und Wiechmann (2015), S. 20.
481 Siehe Kap. 4.4.3.
482 Röpstorff und Wiechmann (2015), S. 20.
483 Vgl. z. B. Röpstorff und Wiechmann (2015), S. 13, 21, Santos (2016), S. 1. Der Ursprung dieses Prinzips liegt in XP, bei dem die Einfachheit entsprechend vor allem auf die Codierung bezogen war, vgl. Beck (1999a), S. 37-38.

Prinzip 11 ist – neben Prinzip 2 zu dem Umgang mit Anforderungsänderungen – das einzige Prinzip das wörtlich auf Anforderungen referenziert. Der Fokus liegt hier allerdings darauf, dass Entwicklungsteams am besten eigenverantwortlich und selbstorganisiert arbeiten. Selbstorganisation ist nicht zu verstehen als unorganisiert, sondern die Teams können vor allem selbstständig und schnell auf Störungen reagieren und fühlen sich auch im Team gemeinsam verantwortlich für Entscheidungen.[484] Dazu gehört natürlich mehr als eine RE-Technik.[485] Allerdings kann diese die Selbstorganisation zumindest unterstützen bzw. erleichtern (oder auch nicht z. B. durch zu viele, einengende Regeln)[486] und von daher ist dies ebenfalls eine Anforderung an das Agile Software QFD (A12).

Tab. 18 zeigt die identifizierten Anforderungen an agiles RE bzw. das Agile Software QFD aus Sicht der agilen Prinzipien. Das Agile Manifest besteht zusätzlich noch aus übergeordneten Leitsätzen, welche vier höher geschätzte Werte über weniger geschätzte stellen.[487] Die höher gestellten sind alle in den Prinzipien und entsprechenden Anforderungen verarbeitet. Bei den geringer geschätzten, darunter die „umfassende Dokumentation“ und das „Befolgen eines Plans“, könnte die Versuchung bestehen, diese als Anforderungen zu sehen, z. B. als „möglichst wenig Dokumentation“ oder „möglichst wenig planen“. Allerdings sind diese Aspekte kein Selbstzweck sondern in diesem (negativ formulierten) Sinne eher Merkmale möglicher Ausgestaltungen des RE. So könnte eine Technik, die wenig dokumentiert und plant, die Selbstorganisation oder/und die persönliche Kommunikation unterstützen. Aus diesem Grund tauchen sie nicht in den Anforderungen in Tab. 18 auf.

In Kap. 4.3 werden überdies die speziell in Scrum und XP genannten Werte aufgeführt. Aus Gestaltungsperspektive des RE gibt es auch hier eine große Überschneidung bzw. Übereinstimmung, mit den abgeleiteten Anforderungen. So finden sich z. B. die Fokussierung, die Kommunikation, die Einholung und Verarbeitung von Feedback sowie die Einfachheit direkt wieder, aber auch die Offenheit für Neues korreliert stark mit Prinzip 9, der ständigen Verbesserung bzw. dem Wissensaustausch. Zur Offenheit gehören allerdings genauso wie zu Mut und Respekt vor allem auch Einstellungs- und

---

[484] Vgl. Agile Alliance (2016d), S. 1-2.

[485] Vgl. z. B. Karhatsu et al. (2010), die sechs Gestaltungsbereiche zur Bildung von selbstorganisierten Teams bei agiler Entwicklung identifizieren, u. a. die Partizipation an der Zielsetzung oder die Visualisierung des Arbeitsfortschritts.

[486] Vgl. Cohn (2010), S. 219-233.

[487] Siehe den Anfang von Kap. 4.3.

Verhaltensaspekte im Team zu denen die Ausgestaltung des RE nur bedingt und höchstens mittelbar beitragen kann (z. B. durch die Verwendung geeigneter Moderationstechniken). Sie fließen deswegen nicht in die Anforderungen ein.

Eine Anforderung kommt an dieser Stelle aus den Scrum Werten noch hinzu, die Verpflichtung („Commitment") auf ein gemeinsames Ziel einer Gruppe d. h. z. B. einer Menge an umzusetzenden Anforderungen in der nächsten Iteration. Dieser Punkt wäre allerdings auch in gleicher Form im nächsten Kapitel identifiziert worden, da dieses ein Ziel des ersten Teils des Planungsmeetings ist.[488] Es ist allerdings auch der erste in Scrum genannte Wert,[489] von daher ist er als A13 in Tab. 18 aufgeführt.

Anforderungen an das Agile Software QFD aus Sicht der agilen Prinzipien	
A1	Ausrichtung am Business Value der Anforderungen
A2	Vorgehen in kurzen, regelmäßigen Iterationen unterstützen
A3	RE-Artefakte können inkrementell wachsen und detailliert werden
A4	Feedback zu RE-Artefakten einholen
A5	Änderungen der RE-Artefakte schnell und einfach (wenig aufwendig) durchführen
A6	Zusammenarbeit von Fachseite (Experte, Kunde, User) und Entwicklern unterstützen
A7	Nachhaltig motivierendes Vorgehen
A8	Glaubwürdiges Vorgehen und Ergebnis liefern
A9	Direkte persönliche Kommunikation unterstützen
A10	Qualitätsmerkmale und Design-Einschränkungen berücksichtigen
A11	Fokussierung auf die wesentlichen Arbeiten
A12	Selbstorganisation im Team erleichtern
A13	Unterstützung der Verpflichtung („Commitment") auf gemeinsame Ziele

Tabelle 18: Problemanforderungen an das Agile Software QFD aus Sicht der agilen Prinzipien

4.6.2 Gestaltungsanforderungen gemäß agiler Modelle

Jede Methode oder Technik, so auch Software QFD, muss sich in ein Rahmenwerk agiler Modelle wie z. B. Scrum einfügen, um in agilen Entwicklungsprojekten genutzt

488 Siehe Kap. 4.5.3.
489 Vgl. Schwaber und Beedle (2002), S. 148-149.

zu werden. Dieser Rahmen besteht – wie in Kap. 4.4 dargestellt – aus dem idealtypischen Ablauf gekennzeichnet durch Meetings, den beteiligten Rollen und nicht zuletzt den genutzten Artefakten. Tab. 14 mit den Kernbestandteilen von Scrum kann im Hinblick auf das RE um die Bestandteile ergänzt bzw. detailliert werden, die sich aus dem in Kap. 4.5 geschilderten Umgang mit Anforderungen ergeben (Tab. 19).

Rollen	Meetings	Artefakte
Product Owner	Sprint Planning I: Anforderungen für das Inkrement festlegen	Product Backlog Sprint Backlog
Scrum Master	Sprint Planning II: Design und Planung der Umsetzung	Inkrement Sprint Goal, Outcome
Entwicklungsteam	Daily Scrum	Sprint-Aufgaben im Taskboard
Manager der Entwicklungsorganisation	Sprint Review	Produkt Backlog Einträge, i. d. R. User Stories inkl. ihrer Bewertungen
Kunden bzw. Käufer	Product Backlog Pflege – Grooming (Refinement)	Akzeptanztests der Backlog Einträge
User	Sprint Retrospektive	Ggf. Story Maps, Personas

Tabelle 19: Erweiterte Bestandteile von Scrum mit Fokus auf das RE[490]

Entlang der Artefakte und der Tätigkeiten ihrer Erstellung und Pflege lassen sich nun Anforderungen an Agiles RE ableiten. Dabei ist es allerdings für diese Arbeit entscheidend, die konkrete Ausgestaltung des beschriebenen Umgangs mit Anforderungen bei agiler Entwicklung von den Zwecken, welche diese Ausgestaltung begründen, zu trennen. Ersteres entspricht bereits konkreten Lösungsmöglichkeiten – wie auch das Agile Software QFD –, welche auf die Gestaltungsziele zur Integration von RE-Praktiken in ein agiles Rahmenwerk wie Scrum (möglichst) positiv wirken.[491] Die Letzteren entsprechen den gesuchten Problemanforderungen an denen sich das Agile Software QFD ausrichten sollte.

Es gibt einige Anforderungen an die Ausgestaltung des Agilen Software QFD, die sowohl aus den agilen Prinzipien als auch aus der Integration in agile Modelle herrühren, bspw. A2 zum iterativen Vorgehen oder A5 zum Umgang mit Änderungen (Tab. 18).

490 Eigene Darstellung gemäß Gloger (2016), S. 11-14, Schwaber und Sutherland (2016), S. 4-15.
491 Siehe zur Forschungsmethodik dieser Arbeit Kap. 1.3.

Auf diese wird in diesem Kapitel nur entsprechend verwiesen. Der Fokus liegt auf der Ableitung weiterer oder auch detaillierterer Problemanforderungen, die ein agiles Rahmenwerk wie Scrum von einer RE-Methode wie Software QFD verlangt, wenn sie in diesem Rahmen eingesetzt werden soll.

Zentrales Artefakt agiler RE-Gestaltung ist der Product Backlog. Die überwiegende Zahl an Gestaltungsanforderungen steht in direktem Zusammenhang mit dem Product Backlog als Ganzen bzw. seinen Einträgen. Zuvorderst ist da die eindeutige Reihenfolge gemäß Business Value zu nennen (A14, konkretisiert A1 der allgemeinen Ausrichtung am Business Value),[492] die zumindest zu Anfang des Sprints für die Auswahl der zu berücksichtigten Product Backlog Einträge für das nächste Inkrement vorliegen muss (A19). Weitere Bewertungen sind üblich, vor allem hinsichtlich des Umfangs bzw. Aufwands zur Realisierung eines Eintrags (A15),[493] um auf dieser Basis einen Anhaltspunkt für den Return on Investment zu haben, dessen Maximierung vorrangiges Ziel des Product Owners ist.[494] In die Beurteilung von Product Backlog Einträgen können neben ihren Abhängigkeiten untereinander (A17) auch noch weitere Kriterien wie eine Risikobeurteilung insb. aus technischer Sicht oder auch die Kano-Analyse eingehen (A16). Im Sinne einer dynamischen bzw. wiederholenden Priorisierung können sich die Bewertungen zumindest für jede neue Iteration ändern (A18, konkretisiert A5 auf die den Umgang mit Änderungen der Bewertungen).[495]

Die Benutzung von User Stories, genauso wie ihre Visualisierung in Karten, das Story Mapping oder die Verwendung von Personas repräsentieren im Sinne dieser Arbeit konkrete Lösungen, welche die agile Modelle zum RE gewählt haben. Die Frage ist somit, welche Zwecke ihre Anwendungen potentiell erfüllen, die dann ggf. weitere Gestaltungsanforderungen sein könnten. Wie zum Ende von Kap. 4.4.2 dargelegt, berücksichtigen und verbinden User Stories die „Warum-“ und „Was-“Ebene der Anforderungen, d. h. Problem- und Lösungsraum (A20 und A21). Auch wenn der Fokus

---

[492] Vgl. auch Cohn (2004), S. 107, der hier deutlich die Kundenperspektive bei der Bewertung des Business Value betont.

[493] Im weiteren Verlauf der Arbeit wird nicht zwischen der Aufwands- und Umfangsschätzung differenziert, auch wenn der Aufwand essentiell von den Fähigkeiten der Entwickler zur Umsetzung einer Anforderung abhängt, der Umfang in diesem Sinne unabhängiger ist, vgl. dazu Gloger (2016), S. 139-143.

[494] Siehe zur Rolle des Product Owner und seiner Verantwortung Kap. 4.4.2.

[495] Vgl. Cockburn und Highsmith (2001), S. 121 und Deemer et al. (2012a), S. 13, die auch von „re-prioritization“ bzw. „re-estimation“ sprechen.

dabei auf Produktfunktionen liegt, so können sie auch für nicht-funktionale Anforderungen oder Design-Einschränkungen eingesetzt werden, vor allem dann, wenn eine Verbindung zu einem Stakeholderbedürfnis betont werden soll.[496] Die User Stories werden zudem aus dem Blickwinkel der Stakeholder (bzw. Rollen oder auch Personas) formuliert (A22). Und gemäß der ersten beiden C's der 3C's, Card und Conversation, regen sie über ihre Visualisierung als Karte die Konversation, d. h. die Diskussion über Anforderungen an (A23).

Anforderungen an das Agile Software QFD aus Sicht der agilen Modelle	
A14	Eindeutige Ordnung (Priorisierung) des Product Backlog gemäß Business Value (konkretisiert A1)
A15	Bewertung der Product Backlog Einträge hinsichtlich Umfang (Aufwand der Umsetzung)
A16	Bewertung des Product Backlog Einträge hinsichtlich weiterer Kriterien wie z. B. Risiko, Kano-Kategorisierung, Verzögerungskosten (cost of delay)
A17	Abhängigkeiten zwischen Product Backlog Einträgen abbilden
A18	Anpassung der Priorisierung und Bewertungen des Product Backlog in jeder Iteration (konkretisiert A5)
A19	Unterstützung der Auswahl der Product Backlog Einträge für das nächste Inkrement (den nächsten Sprint)
A20	Problem- und Lösungsraum d. h. Stakeholderbedürfnisse und Produktanforderungen berücksichtigen
A21	Verbindung von Problem- und Lösungsraum d. h. Verbindung von Stakeholderbedürfnissen und Produktanforderungen
A22	Berücksichtigung unterschiedlicher Stakeholderperspektiven bei Anforderungen
A23	Diskussion über Anforderungen anregen
A24	Unterstützung der Ableitung des Sprint-Ziels
A25	Unterstützung bei der Ableitung von Akzeptanztests für Product Backlog Einträge
A26	Umsetzen der Anforderungen aus dem Product Backlog in Sprint-Aufgaben
A27	Kontrolle der Umsetzung der Sprint-Aufgaben

Tabelle 20: Problemanforderungen an das Agile Software QFD aus Sicht der agilen Modelle

---

496 Vgl. Cohn (2004), S. 178, Leffingwell (2011), S. 342.

Das Story Mapping unterstützt insb. die Auswahl der Backlog Einträge für das nächste Inkrement (A19) und auch das Setzen des Sprint-Ziels (A24). Zudem hat es wie das dritte C der 3C's, Confirmation, den Fokus auf der Verfeinerung der ausgewählten Backlog Einträge z. B. in Akzeptanztests (A25) bzw. konkretere Tätigkeiten bis hin zu Sprint-Aufgaben (A26). Sprint-Backlog bzw. die Erweiterung als Sprint- bzw. Taskboard dienen vor allem zur Planung und Kontrolle der Arbeiten während des Sprints. Sie tangieren damit in erster Linie einen Bereich außerhalb des RE, da Software QFD durchaus in der Umsetzung der Anforderungen wirken kann,[497] ist es als A27 aufgenommen in Tab. 20.

4.6.3 Abgleich mit empirischen Quellen

Tab. 18 und 20 zeigen insgesamt 27 Problemanforderungen an die Ausgestaltung des Agilen Software QFD. Die ersten 13 auf Basis der agilen Prinzipien sind dabei allgemeiner als die folgenden 14, die ihren Ursprung im Vorgehen und den Artefakten agiler Modelle, insb. Scrum, haben. An dieser Stelle erfolgt nun ein Abgleich dieser Anforderungen mit existierenden empirischen Quellen bzw. Sekundäranalysen (wie Mapping Studies oder Literaturanalysen) zum agilen RE. Falls auf Basis der Quellen z. B. in der agilen RE-Praxis weit verbreitete Techniken existieren, denen keine Anforderungen gegenüberstehen, wären diese entsprechend zu ergänzen. Ähnlich könnten auch gut begründete, spezifische Herausforderungen der agilen RE-Praxis neue Problemanforderungen begründen.

Es gibt leider nur wenige empirische Quellen, die den Fokus auf dem agilen RE als Ganzes haben und dabei mehrere Unternehmen (statt nur eines mit einer Fallstudie) betrachtet haben.[498] In der aktuellsten Studie von Wagner et al. im Rahmen der Internationalen NaPiRE-Initiative („Naming the Pain in Requirements Engineering") wird genau dies direkt zu Anfang herausgestellt.[499] So finden sie bspw. bei der Recherche nach verwandter Literatur gerade einmal drei relevante Quellen.[500] Die NaPiRE-Umfragen sind fortlaufend (sie finden aktuell alle zwei Jahre statt) und RE-umfassend ausgelegt, aber immerhin waren 92 von 228 Teilnehmer der letzten Untersuchung

497 Siehe die Haupttätigkeiten des Software QFD in Kap. 3.3.

498 Heikkilä et al. sagen sehr treffend, dass das agile RE in vielen Studien zur Agilen Softwareentwicklung oft eher zufällig oder nur am Rande behandelt wird, vgl. Heikkilä et al. (2015), S. 200.

499 Vgl. Wagner et al. (2016), S. 1-2. NaPiRE ist eine Initiative unterstützt weltweit von RE-Wissenschaftlern, um die empirische Basis im RE zu verbessern. Aktuell unterstützen dies mehr als 50 Forscher in 22 Ländern. Für mehr Informationen siehe http://www.re-survey.org/.

500 Vgl. Cao und Ramesh (2008), Heikkilä et al. (2015), Inayat et al. (2015).

2014/2015 Anwender von Scrum oder XP.[501] Die gefundenen agilen RE-Praktiken decken sich dabei gut mit denen in dieser Arbeit identifizierten. Am weitesten verbreitet sind demnach die Frei-Text Dokumentationen (i. d. R. mit User Stories), das Tracing zwischen Anforderungen aus dem (Sprint Backlog) und dem Programmcode (erledigte Sprint Aufgaben), die Nutzung des Product Backlog zur zentralen Anforderungsverwaltung, die Analyse von Abhängigkeiten zwischen Anforderungen sowie die Erstellung von Akzeptanztests zu Anforderungen.[502] Zudem wurden die iterative Vorgehensweise und die persönliche, direkte Kommunikation herausgestellt. Alle oben genannten Aspekte finden sich in den identifizierten Problemanforderungen wieder.

Referenziert wird auch immer wieder auf die Studien von Cao und Ramesh.[503] Sie untersuchten in Fallstudien und begleitender Beobachtungen bzw. Interviews 16 agil entwickelnde Software-Organisationen in der USA. Sie betonen dabei die kontinuierliche (Re-)Priorisierung sowohl als verbreitete agile RE-Praktik als auch als Herausforderung, insb. da neben dem Business Value andere Kriterien oft zu wenig Berücksichtigung finden.[504] Des Weiteren identifizierten sie die kontinuierliche Planung in jeder Iteration (regelmäßige Planungsmeetings), Akzeptanztests und regelmäßige Reviews (Review-Meeting am Ende der Iteration) sowie die face-to-face Kommunikation als zentrale RE-Praktiken. Als Herausforderungen sehen sie insb. die schwierigen Vorhersagen über Dauer und Kosten der Entwicklung (vor allem aufgrund der Unsicherheit und der kurzen Iterationszyklen), das Entstehen von technisch limitierten Architekturen (auch weil nicht-funktionale Anforderungen nicht bzw. selten zuvorderst berücksichtigt werden) und Schwierigkeiten bei Kundenverfügbarkeit bzw. allgemein der für alle ungewohnten Kunden-/Entwicklerinteraktion. Die bevorzugte minimale Dokumentation im Verhältnis zu viel mündlicher Kommunikation kann auch zu Problemen bei Änderungen führen, da Informationen fehlen, wenn die wissenden Personen nicht verfügbar sind. Wie bei Wagner et al. werfen auch diese Praktiken und Herausforderungen keinen neuen Problemanforderungen auf, sie akzentuieren höchstens z. B. A22 zur Berücksichtigung verschiedener Stakeholderperspektiven oder auch A6 zur Zusammenarbeit zwischen Fachseite und Entwicklung.

---

[501] Vgl. Wagner et al. (2016), S. 7. Für die Gesamtergebnisse über das agile RE hinaus vgl. Méndez Fernández et al. (2016).

[502] Vgl. Wagner et al. (2016), S. 9-12.

[503] Vgl. Cao und Ramesh (2008) und Ramesh et al. (2010).

[504] Vgl. auch im Folgenden Ramesh et al. (2010), S. 455-467.

Es ist bemerkenswert, dass in beiden Untersuchungen das Prototyping als durchaus verbreitet in der agilen RE-Praxis erkannt wurde.[505] Die Verwendung von Prototypen vor allem zur Visualisierung von Funktionalitäten für die Anwender ist ein klassisches RE-Werkzeug zur Ermittlung und Validierung von Anforderungen.[506] Es korrespondiert damit zu Anforderung A4, dem Einholen von Feedback zu RE-Artefakten. In den agilen Modellen ist Prototyping üblicherweise nur selten direkt erwähnt. Die Gründe dafür sind zum einen, dass durch die sehr kurzen Zyklen mit abschließendem Review eben ohnehin für jegliche (Zwischen-)Ergebnisse zeitnahes Feedback eingeholt wird. Zum anderen will die agile Entwicklung nicht als „Lizenz zum Hacken" verstanden werden[507] und gerade schnell entworfene Prototypen, die teilweise sogar operativ weiterverwendet werden, könnten diesen Eindruck befeuern.[508]

Auch in zwei aktuellen Literaturanalysen werden keine, zu neuen Problemanforderungen führende Aspekte genannt.[509] Vielmehr fällt bei diesen Sekundäranalysen die große Nähe der Erkenntnisse insb. zu Ramesh et al. auf. Bemerkenswert ist, dass Inayat et al. (2015), aufbauend auf ihrer Literaturanalyse ein Jahr zuvor, eine agilen RE-Prozess entlang der User Stories beschreibt, dessen Kern sehr genau dem in dieser Arbeit dargestellten Umgang mit Anforderungen bei agiler Softwareentwicklung entspricht.[510] Dies bestätigt ebenfalls, dass die in diesem Kapitel auf dieser Basis abgeleiteten Anforderungen an die Ausgestaltung des agilen RE bzw. des Agilen Software QFD ihre Berechtigung und Reife haben.

Tab. 21 gibt einen Überblick über die genannten Quellen und deren wesentliche Ergebnisse.[511]

505 Vgl. Ramesh et al. (2010), S. 460-461, Wagner et al. (2016), S. 8.

506 Vgl. z. B. Pohl (2008), S. 367-372, 457-462. Prototyping auch in Form von z. B. Papiermodellen oder Mock-ups ist auch essentieller Bestandteil des Design Thinking, einer Innovationsmethode, die auch immer wieder in Zusammenhang mit Agilität und Softwareentwicklung genannt wird, vgl. z. B. Dow und Klemmer (2011), Lindberg et al. (2011), Link (2014), S. 80-83, Sauvonnet und Blatt (2015), zum Vergleich von QFD und Design Thinking vor dem Hintergrund agiler Modelle auch Schockert et al. (2014).

507 Vgl. Fowler und Highsmith (2001).

508 Vgl. Ramesh et al. (2010), S. 461.

509 Vgl. Heikkilä et al. (2015), Inayat et al. (2014).

510 Vgl. Inayat et al. (2015), S. 2-3, aufbauend auf Inayat et al. (2014). Der Prozess besteht aus der Stakeholder-Identifikation, dem Finden und Schreiben von User Stories (inkl. Akzeptanztests), der Schätzung und Priorisierung von User Stories, der Konkretisierung von User Stories zu Sprint-Aufgaben sowie deren Zuordnung zu Entwicklern, vgl. dazu Abb. 21 und die Erläuterungen dazu in Kap. 4.5.3.

511 Es sind nur die Quellen enthalten, welche das agile RE im Zentrum ihrer Untersuchung haben, nicht solche, die nur allgemein die agile Softwareentwicklung oder auch nur Teilaspekte des RE betrachten.

Empirische Quellen agilen Praktiken und Herausforderungen im RE	
Cao und Ramesh (2008): Agile requirements engineering practices: an empirical study **Ramesh et al. (2010):** Agile requirements engineering practices and challenges: an empirical study	16 Softwareentwickelnde Organisationen, USA, 10 Fallstudien und 6 Beobachtungen/Interviews Verbreitete Agile RE-Praktiken: face-to-face Kommunikation, kontinuierliche RE-Priorisierung i. d. R. nur auf Business Value, Prototyping, fortlaufende Planung, Review und Akzeptanztests Herausforderungen: Zeit- und Kostenschätzungen, inadäquate Architektur, mangelnde Berücksichtigung nicht-funktionaler Anforderungen, Kundenbeteiligung und Interaktion schwierig, Vertrauen in agile Entwicklung und Entwickler, Einigkeit auf Kundenseite, Priorisierung vernachlässigt Technik bzw. zu wenige Kriterien, minimale Dokumentation
Heikkilä et al. (2015): A Mapping Study on Requirements Engineering in Agile Software Development	28 Artikel gefunden mit 60% Empirie, bis 2014, Scopus Datenbank Herausforderungen: Einbindung von Kundenrepräsentanten, Format der User Stories unzureichend für nicht-funktionale Anforderungen, Priorisierung nur mit Bezug zu Business Value vernachlässigt Technik, Vertrauen auf implizites Wissen, unpräzise Schätzungen
Inayat et al. (2014): A systematic literature review on agile requirements engineering practices and challenges **Inayat et al. (2015):** A Reflection on Agile Requirements Engineering: Solutions Brought and Challenges Posed	21 Artikel gefunden, 15 „empirically-based“, 2002 bis 2013, 8 Datenbanken u. a. ACM und IEEE 17 Agile (RE-)Praktiken: u. a. Priorisierung, Akzeptanztest, face-to-face Kommunikation, Kundeneinbeziehung, Retrospektiven 8 Herausforderungen: Minimale Dokumentation (User Stories zu wenig), Kundenverfügbarkeit, Inadäquate Architektur, Kosten- und Zeitschätzungen, Vernachlässigung nicht-funktionaler Anforderungen, Uneinigkeit bei Kunden(gruppen), Konsequenzen von Anforderungsänderungen einschätzen, Fixpreisprojekte

Sillitti et al. (2005): Managing Uncertainty in Requirements: a Survey in Documentation-driven and Agile Companies	Vergleich von 8 agil mit 8 dokumenten-orientiert arbeitenden Softwareentwickelnde Organisationen, Italien, strukturierte Interviews mit Projektleitern Genutzte Agile (RE-)Praktiken: Einfaches Design, flexible Verträge, Eigenverantwortung der Entwickler, on-site customer, Priorisierung auf Business Value, multifunktionale Teams
Wagner et al. (2016): Requirements Engineering Practice and Problems in Agile Projects	92 Personen in 92 Organisationen, die Scrum bzw. XP nutzen, weltweit, Fragebogen, im Rahmen der NaPiRE-Initiative Verbreitete Agile RE-Praktiken: Frei-Text Dokumentationen, Tracing zwischen Anforderungen und Code, Backlog ist zentral, Abhängigkeiten analysieren, Akzeptanztests, Prototyping Probleme: u. a. unklare Anforderungen, Kommunikationsprobleme im Team und zu Kunden (Auswahl aus einer Liste von 21 möglichen RE-Problemen)

Tabelle 21: Überblick über empirische Quellen zum agilen RE[512]

[512] Eigene Darstellung.

5. Herleitung und Darstellung des Agilen Software QFD

Dieses Kapitel begründet das Agile Software QFD. Auf Basis der im vorangegangenen Kapitel 4.6 identifizierten Gestaltungsanforderungen werden die möglichen Gestaltungsmaßnahmen des Agilen Software QFD hergeleitet, dargestellt und evaluiert (Kap. 5.7 und 5.8). Zuvor werden die den Stand der Wissenschaft und Praxis entscheidend prägenden Software QFD Modelle identifiziert und ebenfalls dargestellt. Die Software QFD Modelle werden dabei anhand ihrer zentralen Charakteristika in drei Gruppen eingeteilt, den umfassenden klassischen, den fokussierenden und den dynamischen Modellen (Kap. 5.3 bis 5.5). Um mögliche Anknüpfungspunkte für die Gestaltung des Agilen Software QFD zu identifizieren, werden diese dann hinsichtlich der Gestaltungsanforderungen bewertet (Kap. 5.6). Bei der Darstellung wird auch immer wieder Bezug genommen auf die Literaturanalyse zu Software QFD, die in Kap. 3.4 vorgestellt wurde.

Das Rüstzeug aller QFD-Anwendungen bilden dabei grundlegende QFD-Basistechniken, die in Kap. 5.2 kompakt dargestellt werden. Sie nehmen dabei auch Bezug auf die Leitlinien des Software QFD aus Kap. 3.6, die zunächst auf ihre grundsätzliche Konformität mit den Prinzipien der Agilen Softwareentwicklung sowie den Problemanforderungen geprüft werden (Kap. 5.1). Dies bildet gewissermaßen die Voraussetzung ab, dass die Nutzung eines Agilen Software QFD in einem agilen Rahmenwerk wie Scrum überhaupt sinnvoll ist und nicht sämtliche Werte von QFD oder auch der Agilität negieren würde.

5.1 Software QFD und die agilen Werte

Sowohl Software QFD als auch das Agile Manifest als Basis des agilen Entwicklungsparadigmas formulieren als oberste Maxime die Sicherstellung einer hohen Kunden- und Stakeholderzufriedenheit.[513] Beim Agilen Manifest wird dies insb. in den ersten drei Prinzipien evident, die auch in Kap. 4.6.1 zur Gestaltungsanforderung A1, der Ausrichtung am sog. Business Value, führten. Die Zufriedenheit der Stakeholder, also möglichst aller (auch intern) Beteiligten und Betroffenen am Entwicklungsprozess und

[513] Vgl. auch im Folgenden insb. Kap. 3.6 für die QFD-Leitlinien und Kap. 4.3. für die agilen Werte und Prinzipien.

dem späteren Einsatz der Software, wird in QFD ebenfalls ausdrücklich hervorgehoben,[514] auch wenn die Wurzeln in der „reinen“ Kundenorientierung liegen. Gleichermaßen hat auch das agile Paradigma die Zufriedenheit der Entwickler im Auge. Nicht nur ist es als eine Bewegung für mehr Freiheit und weniger Regeln in der Entwicklung entstanden, sondern generell liegt der Fokus auf den handelnden Menschen, ihrer Motivation und ihren Fähigkeiten.

Eine detailliertere Betrachtung der fünf QFD Leitlinien zeigt die Nähe von QFD zum agilen Paradigma, auch wenn keine der Leitlinien eine 1-zu-1-Entsprechung auf agiler Seite findet. Die Leitlinie 1 zur Zusammenarbeit intern, aber insb. auch der externe persönliche Kontakt mit dem Kunden findet sich im agilen Prinzip 4 zur täglichen Zusammenarbeit von Fachexperten und Entwicklern am besten wieder (entsprechend auch Anforderung A6). Allerdings wird der direkte Kontakt zum Kunden bei agiler Entwicklung nicht zwingend gefordert, sondern, wie z. B. auch bei Scrum durch den Product Owner, es „reicht“ ein Fachexperte im Sinne eines Kundenkenners bzw. Kundenstellvertreters, der die Kundenseite vertritt.[515] Auch das in QFD übliche, interdisziplinäre Team bestehend je nach Produkt und Phase z. B. zusätzlich aus Mitgliedern des Marketing, des Vertrieb oder des Service wird in den agilen Prinzipien nicht gefordert. Es findet allerdings z. B. in Scrum seine Entsprechung im cross-funktionalen Team, das alles benötigte Wissen, auf die Mitglieder „ausbalanciert“, verteilt zur Verfügung hat.[516] Jedoch ist dabei vorrangig an Wissen und Fähigkeiten zur Entwicklung gedacht, weniger an Wissen über Kunden bzw. andere Stakeholder, da in Scrum der Product Owner DIE Schnittstelle zum Kunden ist.[517]

QFD-Leitlinie 2 zur Kommunikation betont die Berücksichtigung und den Austausch von Informationen über die Anforderungen aller Detaillierungsebenen unter allen Stakeholdern. Dem gegenüber steht auf agiler Seite das Prinzip 6 zur direkten, persönlichen (face-to-face) Kommunikation innerhalb des Teams und nach außen (entsprechend auch Anforderung A9). Die Forderung nach expliziter Beachtung von Stakeholderbedürfnissen und Produktanforderungen aus der Sicht aller Stakeholder ist für die

[514] Vgl. auch Herzwurm et al. (2000b), S. 19 („QFD is developer-oriented.“) sowie das Ende von Kap. 3.7.

[515] In XP dagegen sind „on-site customer“ üblich und zum z. B. Grooming-Meeting sind (und sollten) auch regelmäßig andere Stakeholder dabei (sein), siehe Kap. 4.5.

[516] Vgl. Cohn (2010), S. 190.

[517] Siehe zum cross-funktionalem Team und der Rolle des Product Owners auch Kap. 4.4.2.

agilen Prinzipien zu konkret formuliert. Sie findet sich indes wieder in den Gestaltungsanforderungen A20 und A22 zu Berücksichtigung von Problem- und Lösungsraum und unterschiedlicher Stakeholderperspektiven. A10 zur Beachtung von Qualitätsmerkmalen und Design-Einschränkungen ergänzt A20.

Der Hintergrund von QFD-Leitlinie 3 zur umfassenden Sammlung und Analyse von Informationen zu Anforderungen ist in erster Linie, dass möglichst alle relevanten Quellen zu insb. Kundeninformationen gesichtet werden sollten, um auf dieser Basis dann – gemäß Leitlinie 4 – die Entwicklung auf die wichtigsten Bedürfnisse und Anforderungen aus Kunden- bzw. Stakeholdersicht zu fokussieren. Das bedeutet gleichzeitig, dass (eher grobe) Vollständigkeit vor Detaillierung geht.[518] Diese Detailierung kommt auch in QFD – ganz im Sinne agiler Praktiken – erst später im Entwicklungsprozess, wobei es je nach QFD-Modell unterschiedlich ist, wann dieses „später“ denn ist.[519]

Das agile Entwicklungsparadigma ist ausgerichtet auf leichtgewichtige, schlanke Abläufe und wie Prinzip 10 zur Einfachheit („simplicity“) impliziert, auf die Vermeidung von unnötiger Arbeit. Das bedeutet, dass QFD-Leitlinie 4 sehr gut korrespondiert zu der Fokussierung auf die wesentlichen Arbeiten (entsprechend auch Anforderung A11, aus Prinzip 10 abgeleitet), ergänzt um die nötige Priorisierung des Backlogs gemäß Business Value (A14) und möglicher weiterer Bewertungen (A15, A16).

QFD-Leitlinie 3 hingegen findet auf den ersten Blick keine direkte Entsprechung in den agilen Prinzipien. Die Gewinnung von Anforderungen – wie auch zu Anfang von Kap. 4.5 bereits dargelegt – wird bei agiler Entwicklung nicht als Problem angesehen, sie sind ohnehin da bzw. „tauchen auf“ durch die intensive Kommunikation im Team und durch Feedback auf die Inkremente. Der Hauptzweck des Einholens von Feedback ist wiederum, dass neue bzw. geänderte Anforderungen gefunden werden.[520] Es wird deutlich, dass sich bei agiler Entwicklung der Kontext der Leitlinie 3 von der reinen Sammlung und Analyse von Informationen auf das Einholen von Feedback (A4) und dem Umgang mit Anforderungsänderungen (A5) verschiebt. Demzufolge steht das agile Prinzip 2 zu den Anforderungsänderungen der Leitlinie 3 am nächsten, auch

518 Vgl. Herzwurm et al. (2011a), S. 24.

519 Siehe dazu die Bewertung der Software QFD – Modelle in Kap. 5.6.1.

520 Zwei der Autoren des Agilen Manifests drücken dies noch deutlicher aus: „Although most people agree that feedback is important, they often ignore the fact that the result of accepted feedback is change.” Fowler und Highsmith (2001).

wenn es einen deutlich anderen Blickwinkel auf das RE besitzt. Wichtig ist an dieser Stelle für die spätere Herleitung des Agilen Software QFD festzustellen, dass durch einen geringeren Umfang bzw. eine andere Art der Analyse von Anforderungen bei agiler Entwicklung nicht die Anwendung von Software QFD innerhalb eines agilen Rahmenwerks wie Scrum in Frage gestellt wird. Oder anders ausgedrückt: Agiles Software QFD bleibt bezogen auf die Analyse von Anforderungen – sofern es sich an den Gestaltungsanforderungen A4 und A5 orientiert – konform zu den Leitlinien von QFD.

Die QFD-Leitlinie 5 spricht die Umsetzung der Stakeholderbedürfnisse in Produktanforderungen und die Sicherstellung ihrer Berücksichtigung im weiteren Entwicklungsprozess an („deployment")[521]. Wenn die Stakeholderbedürfnisse im fertigen Produkt bzw. Inkrement adäquat berücksichtigt werden, dann wird eine hohe Stakeholderzufriedenheit erreicht. Damit liegt die Verbindung dieser Leitlinie zu Prinzip 1 bzw. dessen Konkretisierung in Anforderung A1 auf der Hand: Es geht um die Ausrichtung der gesamten Entwicklung am Kunden- bzw. Stakeholdernutzen bzw. Business Value. Darüber hinaus ist diese Leitlinie recht operativ formuliert und steht mit einer ganzen Reihe der ebenfalls recht konkreten Gestaltungsanforderungen, die abgeleitet wurden aus den agilen Entwicklungsmodellen, in Beziehung.[522] Angefangen mit der Verbindung von Problem- und Lösungsraum (A21) und der Definition eines Sprint-Ziels (A24) werden insb. die Ableitung von Akzeptanztests (A25) und Sprint-Aufgaben (A26) sowie die Kontrolle ihrer Umsetzung (A27) angesprochen. Tab. 22 fasst die vorangegangen Ausführungen zur Beziehung der fünf QFD-Leitlinien zu den agilen Prinzipien zusammen.

Leitlinien von (Software) QFD	Korrespondierende agile Werte bzw. Prinzipien	Ergänzungen, Differenzen, Bemerkungen
Leitlinie 1 – Zusammenarbeit: QFD ist eine interdisziplinäre Teamleistung, innerhalb des Unternehmens und persönlich mit den Kunden, zum Wohle der Kunden.	**Prinzip 4:** Fachexperten („business people") und Entwickler müssen während des Projektes täglich zusammenarbeiten; entsprechend A6 zur Unterstützung dieser Zusammenarbeit	**Fehlt:** persönlicher Kontakt zum Kunden (z. B. in XP gefordert, in Scrum „nur" durch Product Owner) **Fehlt:** interdisziplinäres Team, allerdings z. B. in Scrum cross-funktionales Team verlangt, auch wenn das eher auf Entwicklungstätigkeiten abzielt

521 Siehe zum Deployment-Begriff Kap. 3.2. und 3.3.
522 Siehe Tab. 20 in Kap. 4.6.2.

Leitlinie 2 – Kommunikation: Informationen insb. über Bedürfnisse und Anforderungen werden von allen Stakeholdern ausgetauscht und betrachtet.	**Prinzip 6:** Die effizienteste und effektivste Methode, Informationen an und innerhalb eines Entwicklungsteams zu übermitteln, ist im Gespräch von Angesicht zu Angesicht („face-to-face conversation“); entsprechend A9 zur Unterstützung direkter, persönlicher Kommunikation	**Ergänzt durch**: A10 und A20 zur Berücksichtigung von Anforderungen aller Arten und Detaillierungsebenen **Ergänzt durch:** A22 zur Berücksichtigung von Stakeholderperspektiven
Leitlinie 3 – Analyse: Informationen zu Bedürfnissen und Anforderungen werden aus allen möglichen Quellen gesammelt und unter verschiedenen Perspektiven analysiert.	**Prinzip 2:**[523] Heisse Anforderungsänderungen selbst spät in der Entwicklung willkommen. Agile Prozesse nutzen Veränderungen zum Wettbewerbsvorteil des Kunden.	**Kontext verschoben:** A4 Feedback zu RE-Artefakten einholen als Gewinnung von Anforderungen und A5 Änderungen der RE-Artefakte aufwandsarm durchführen ist Analyse
Leitlinie 4 – Fokussierung: QFD priorisiert konsequent die wichtigsten Bedürfnisse und Anforderungen zur Erhöhung von Kunden- bzw. Stakeholderzufriedenheit.	**Prinzip 10:** Einfachheit („simplicity“) – die Kunst, die Menge nicht getaner Arbeit zu maximieren – ist essenziell; entsprechend A11 zur Fokussierung auf die wesentlichen Arbeiten	**Ergänzt durch:** A14 (ggf. A15 und A16) zur eindeutigen Priorisierung Bewertung des Product Backlog gemäß Business Value (bzw. weiterer Kriterien)
Leitlinie 5 – Transformation: QFD transformiert die wichtigsten Stakeholderbedürfnisse in Produktanforderungen, die weiter in die gesamte Entwicklung getragen und berücksichtigt („deployed“) werden.	**Prinzip 1**: Unsere höchste Priorität ist es, den Kunden durch frühe und kontinuierliche Auslieferung wertvoller („valuable“) Software zufrieden zu stellen; konkretisiert in A1 als Ausrichtung am Business Value	**Konkreter Bezug:** A21 zur Verbindung von Problem- und Lösungsraum, A24-A26 zur Ableitung von Sprint-Ziel, Akzeptanztests und Sprint-Aufgaben sowie deren Kontrolle A27

Tabelle 22: QFD-Leitlinien und korrespondierende agile Prinzipien

Es wird deutlich, dass es bei allen QFD-Leitlinien eine zumindest gute Übereinstimmung gibt, drei der Leitlinien habe sogar eine direkte Entsprechung in den Prinzipien bzw. Gestaltungsanforderungen gefunden, auch wenn sie noch etwas umfassender sind und mehr fordern (Leitlinie 1, 2 und 4). Allerdings sind auch kleine Unterschiede

[523] Erklärung zu dieser, auf den ersten Blick ungewöhnlichen Zuordnung im Text bzw. verkürzt in den Anmerkungen in der rechten Spalte.

wie bspw. bei der Zusammenarbeit mit Kunden (Leitlinie 1) und bei der Ausrichtung der Analysetätigkeiten erkennbar (Leitlinie 3). Der Anwendung von Software QFD im Rahmen einer agilen Entwicklung steht von dieser Seite also nichts entgegen. Agiles Software QFD kann sowohl den QFD-Leitlinien als auch den agilen Prinzipien treu bleiben. Und sowohl die Übereinstimmungen als auch die Differenzen deuten an, dass ein Agiles Software QFD als Kombination aus beiden Welten durchaus vielversprechend sein kann.

Damit ist die grundsätzliche Eignung von QFD für die agile Welt geklärt. Um QFD in der Praxis (erfolgreich) einzusetzen, wurden im Rahmen der bereits in Kap. 3.3 angesprochenen Arbeitskreise zu den QFD Best Practices des QFD-ID vier Voraussetzungen für ein QFD-Projekt identifiziert:[524]

1. Die Bedürfnisse der Stakeholder sind vorhanden bzw. können ermittelt werden.
2. Die Lösungskonzepte sind noch nicht endgültig definiert und fixiert d. h. es muss Gestaltungsspielraum in der Erfüllung der Stakeholderbedürfnisse und damit der Lösungsfindung vorhanden sein.
3. Ein in QFD kundiger, neutraler Methodenfachmann moderiert die Anwendung, denn im interdisziplinären Team prallen die unterschiedlichen Sichten auf die Produktentwicklung aufeinander.
4. Schlüsselpersonen des Teams wie der Kundenkenner sind benannt und verfügbar.

Die ersten beiden Voraussetzungen sind fachlicher Natur. Die erste Voraussetzung wirkt direkt wie das Aus für die Anwendung von QFD bei den dynamischen Entwicklungsaufgaben, denen sich die agilen Modelle widmen. Jedoch ist bspw. für Scrum eine sehr ähnliche Voraussetzung formuliert: „To get the first Sprint going, Product Backlog only needs to contain enough requirements to drive a thirty-day sprint.“[525] In Scrum wird dabei zudem oft auf eine Produktvision als nötige Orientierung am Anfang abgestellt,[526] in QFD auf eine initiale Produktdefinition (Product Scope).[527] Die erste Voraussetzung geht somit genauso wie die zweite konform mit der Ausgangsituation bei agilen Entwicklungsprojekten. Wenn kein Gestaltungsspielraum vorhanden ist

524 Vgl. im Folgenden Herzwurm et al. (2011a), S. 27 sowie Herzwurm et al. (2000b), S. 54-55, 233-234.
525 Schwaber und Beedle (2002), S. 33.
526 Vgl. z. B. Gloger (2016), S. 77-78, 117-120, Schwaber und Beedle (2002), S. 34.
527 Vgl. z. B. Cohen (1997), S. 128, Herzwurm et al. (2000b), S. 56.

bzw. keine nennenswerten Probleme zu lösen sind, gibt es wenig Unsicherheiten und Dynamik, so dass agile Modelle (zumindest sehr wahrscheinlich) ineffizient werden.[528] Und sowohl Software QFD als auch das RE insgesamt wollen gestalten und verstehen sich als Gestaltungsdisziplin.[529]

Die Voraussetzungen 3 und 4 sind organisatorischer Natur. Zuvorderst ist die Teamzusammensetzung angesprochen. Agile Entwicklungsteams, genauso wie QFD-Teams, sind eher klein ausgelegt, Orientierung bieten da die oft zitierten 7+/-2 Personen als Richtlinie.[530] Die Teamzusammensetzung unterscheidet sich zuerst einmal nicht. Ein Product Owner im Sinne eines Kundenkenners ist bei QFD ebenfalls wichtig, der Verantwortungsbereich des Product Owners ist nur ungleich größer.[531] Dafür gibt es bei QFD-Projekten normalerweise den klassischen operativen Projektleiter, dessen Aufgaben bei agilen Projekten i. d. R. auf die Schultern von Product Owner und Scrum Master sowie das z. B. für die Arbeitseinteilung eigenverantwortliche Entwicklungsteam[532] verteilt sind. Die von der vierten Voraussetzung angesprochene Verfügbarkeit der Teammitglieder ist für agile Modelle aufgrund der Dynamik der Aufgabe und der kurzen Zyklen ebenso essentiell. Der Scrum Master als Prozessverantwortlicher ist prädestiniert als agiles Pendant zum in Voraussetzung 3 angesprochenen QFD-Moderator.[533] Explizit gehören zu seinen Aufgaben die Unterstützung des Entwicklungsteams und des Product Owners sowie die Moderation von Meetings.[534]

Die genannten vier Voraussetzungen für eine QFD-Anwendung stehen somit ebenfalls im Einklang mit den agilen Entwicklungsmodellen. Die Teamzusammensetzung ist vergleichbar, wenn auch in QFD die Interdisziplinarität sowie der direkte Kundenkontakt im Normalfall stärker ausgeprägt sind in QFD als bei agilen Modellen. Doch auch bei agilen Modellen können z. B. im Grooming-Meeting explizit andere Stakeholder dazu genommen werden.[535]

---

528 Vgl. Roock und Wolf (2016), S. 11-14, generell auch Nonaka und Takeuchi (1986), S. 137-138.

529 Siehe für das RE Kap. 2.2.3, für QFD Kap.3.3. Und User Stories als Quasi-Standard für die Product Backlog – Einträge sollen gemäß de INVEST-Qualitätskriterien „negotiable“, also verhandelbar sein, eben Raum für Gestaltung lassen, siehe zu den Kriterien Kap. 4.5.1.

530 Vgl. Cohn (2010), S. 180-182, Herzwurm et al. (2000b), S. 57, Schwaber und Sutherland (2016), S. 6.

531 Siehe zur Rolle des Product Owners Kap. 4.4.2.

532 Siehe dazu Kap. 4.5.3.

533 Siehe zur Rolle des Scrum Masters Kap. 4.4.2.

534 Vgl. Goll und Hommel (2015), S. 91, Roock und Wolf (2016), S. 21.

535 Siehe Kap. 4.5.2.

5.2 QFD-Basistechniken

Jede QFD-Anwendung bedient sich gewisser grundlegender Techniken. Die Auswahl begründet sich dabei im Endeffekt an den Leitlinien von (Software) QFD. In der Notation eines Matrixdiagramms[536] lässt sich das durch die Angabe der möglichen Wirkungen des Einsatzes dieser Techniken (Spalten) auf die Leitlinien (Zeilen) übersichtlich darstellen (Tab. 23).

Leitlinien vs. QFD-Techniken ⊙ starke Wirkung O mittelbare Wirkung	Gruppenarbeit	Moderation	Gruppierungs-diagramme	Relationendia-gramm	Ordinale Priori-sierungstechnik	Kardinale Priori-sierungstechnik	Priorisierungs-matrix	Matrixkette
Zusammenarbeit	⊙	⊙	O	O	O		O	O
Kommunikation	⊙	O	O	O	O		O	
Analyse	O		⊙	O	O	O	O	⊙
Fokussierung				O	⊙	⊙	⊙	O
Transformation				O	O	O	⊙	⊙

Tabelle 23: Wirkungen der QFD-Basistechniken auf die QFD-Leitlinien[537]

Da die Leitlinien von QFD, wie in Kap. 5.1 gezeigt, eng mit den Agilen Prinzipien und auch einigen Gestaltungsanforderungen an das Agile Software QFD aus Kap. 4.6. zusammenhängen (siehe Tab. 22) wirken die obigen Basistechniken auch auf diese Gestaltungsanforderungen. So sind hier zuvorderst – da dies für nahezu alle QFD-Modelle charakteristisch ist – die starken Wirkungen der Priorisierungsmatrix und der Matrixkette auf die Transformation hervorzuheben. Das bedeutet, dass gerade diese beiden Basistechniken stark auf die Gestaltungsanforderung A1 zur Ausrichtung am Business Value sowie A21 zur Verbindung von Problem- und Lösungsraum wirken. Die Priorisierungsmatrix wie auch die Priorisierungstechniken sind gleichermaßen ein Mittel innerhalb von QFD den Product Backlog zu priorisieren (A14) und zu bewerten (A15, A16). Gruppierungsdiagramme wie auch die Matrixkette beleuchten Informatio-

536 Siehe dazu Kap. 5.2.2.

537 Eigene Darstellung. Die Symbolik der Wirkungen entspricht dabei der ursprünglich in Japan genutzten Abstufungen der Korrelationswerte in Matrixdiagrammen bzw. Priorisierungsmatrizen wie auch dem HoQ: ⊙ für starke Wirkung, O für mittlere Wirkung und (hier ausgelassen) △ für schwache Wirkung.

nen aus verschiedenen Perspektiven, was insb. zur Einholung von Feedback (A4) beiträgt. Die positive Wirkung von Gruppenarbeits- und Moderationstechniken auf die Zusammenarbeit und Kommunikation ist selbsterklärend.

Anzumerken ist hier wiederum, dass die Anwendung dieser Techniken durchaus variieren kann und damit dann auch unterschiedliche Wirkungen erzielen kann. So könnten eher mathematisch orientierte kardinale Priorisierungstechniken auch im Team gemeinsam angewendet werden und würden dann sicherlich positiv auf die Kommunikation und Zusammenarbeit wirken. Das ist allerdings eher unüblich, wohingegen dies bei ordinalen Priorisierungstechniken zumindest deutlich häufiger vorkommt.[538] Zudem können Wirkungen zwar die gleiche Stärke aufweisen jedoch inhaltlich unterschiedlich sein. So trägt die ordinale Priorisierung aufgrund ihrer vielfältigen Anwendung z. B. im Qualitätsplan[539] insb. auch in der Gruppenarbeit zur Analyse von Anforderungen aus verschiedenen Perspektiven bei. Dies können auch kardinale Priorisierungstechniken, jedoch eher aufgrund ihrer Fähigkeiten zur mathematisch fundierten Analyse hinsichtlich konsistenter oder konvergenter Bewertungen.[540]

Im Prinzip ist keine der nachfolgend beschriebenen Techniken nur QFD vorbehalten bzw. gänzlich originär QFD zuzuordnen. Ausnahmen dabei bilden in erster Linie das House of Quality (HoQ) und die Matrixkette. Das HoQ entspricht von seiner Systematik und seiner Wirkung der Priorisierungsmatrix der sieben Management- und Planungstechniken. Aufgrund seiner herausgehobenen Position innerhalb QFD wird es allerdings in einem eigenen Kapitel (5.2.4) behandelt.[541] Die Matrixkette (synonym Matrixsequenz) entspricht im Wesentlichen „nur" einer Aneinanderreihung von Priorisierungsmatrizen, ist aber das methodische Mittel von QFD zum deployment von Informationen innerhalb einer Organisation.

538 Vgl. Schockert und Herzwurm (2011), S. 9-10.

539 Siehe Kap. 5.2.4.

540 Siehe dazu Kap. 5.2.3.

541 Für andere QFD-Techniken wie die Maximum Value Table (MVT), die 6W-Tabelle oder die Customer Voice Table (CVT) gelten vergleichbare Aussagen wie für das HoQ. Sie sind im Prinzip zurückführbar auf Basistechniken, z. B. das Relationendiagramm, und dienen vorrangig der Dokumentation von Fragen bzw. Antworten während Gruppenarbeiten. Da sie allerdings nicht den Bekanntheitsgrad des HoQ haben werden sie an dieser Stelle nicht unter den Basistechniken behandelt, sondern bei Bedarf z. B. bei den Software QFD Modellen (Kap. 5.2-5.4).

5.2.1 Moderations- und Gruppenarbeitstechniken

Zur Förderung der interdisziplinären Zusammenarbeit und Kommunikation der Stakeholder untereinander bedingt jede Gruppenarbeit gewisse Spielregeln, unabhängig vom Kontext (QFD, Agil, RE usw.) der Anwendung. Dabei handelt es sich grundsätzlich im Kontext von QFD nicht um besondere Richtlinien, sondern um übliche Grundsätze zur Organisation und zur Kreativitätsförderung wie z. B. die Orientierung an eindeutigen, allen Teilnehmern bekannten, auch visualisierten Fragestellungen/Zielen oder auch dass keine Begrenzung und unmittelbare Beurteilung („zerreden") von Ideen stattfinden sollte.[542] Dies ist allerdings sicherlich auch eine Frage der richtigen fachlichen und charakterlichen Zusammenstellung des Teams.[543]

Eine Besonderheit ist allerdings in QFD gegeben, der direkte, persönliche Kontakt zwischen Kunden- und Entwicklungsseite mit ihren unterschiedlichen Perspektiven und Zielsetzungen, direkt resultierend aus der ersten QFD-Leitlinie der engen Zusammenarbeit. Sicherlich lassen sich die einzelnen Techniken des QFD wie das HoQ auch einsetzen ohne diesen unmittelbaren Austausch, doch gilt es gerade zu Anfang die sog. Stimme des Kunden („Voice of the Customer" oder „Customer voice") möglichst ungefiltert kennen zu lernen und da wird gerade dem persönlichen Kontakt mit den Kunden hohe Bedeutung beigemessen.[544]

Hier kommt der Moderation der Gruppe eine Schlüsselrolle zu. Dessen Aufgabe ist es das Team durch den gesamten QFD-Prozess inhaltlich wie zeitlich zu leiten und möglichst den Konsens aller Beteiligten bei den Entscheidungen zu erreichen, ggf. auch unter Zurückstellung kritischer Punkte zur späteren Klärung. Maßnahmen zur Konfliktbewältigung[545] können dabei ebenso zum Tragen kommen wie allgemeine Moderationstechniken.[546] Oftmals wird der Moderator sogar als entscheidender Faktor für den Erfolg oder Misserfolg einer QFD-Anwendung bezeichnet, da die enge(re) Zusammen-

---

542 Vgl. zu allgemeinen Grundsätzen und Möglichkeiten der Gruppenarbeit z. B. Gordalla und Baumann (2014), aus organisationstheoretischer Sicht Liebig und Nentwig-Gesemann (2009) sowie QFD spezifisch Herzwurm et al. (1997), S. 39.

543 Vgl. allgemein und für Scrum dazu Gloger (2016), S. 70-76, auch Cohen (1995), S. 229-231, Cohn (2010), S. 197-199.

544 Vgl. z. B. Herzwurm et al. (2006), S. 24 und Herzwurm (2011), S. 171-172.

545 Vgl. Gordalla und Baumann (2014), S. 40-45, Gottesdiener (2002), S. 100-101 und speziell für das RE Pohl (2008), S. 397-406.

546 Vgl. Seifert (2014), S. 85-174, speziell im RE Unterauer (2014), S. 13-47 und zur Metaplan-Methodik Ramshaw (1989).

arbeit mit Kunden durchaus interne Widerstände auslösen und auch Einstellungsveränderungen bedingen kann, die individuell und organisatorisch geleistet werden müssen.[547] Allerdings lassen sich durch eine abgestimmte Moderation sicherlich nicht die grundlegenden Herausforderungen einer Kundenintegration beheben, wie z. B. der richtigen Vorauswahl repräsentativer Kunden oder das Selbstbild vieler softwareentwickelnder Organisationen als hoch innovativ verbunden mit Vorbehalten den Kunden und ihrem Beitrag zu neuen Problemlösungen gegenüber.[548]

5.2.2 Die sieben Management- und Planungstechniken

Die sieben Management- und Planungstechniken (affinity diagrams, tree/hierarchy diagrams, matrix diagrams, interrelationship diagrams, matrix data anlysis charts, arrow diagrams, process decision program charts)[549] entstammen der vorbeugenden Qualitätsplanung und dienen der Strukturierung von überwiegend qualitativen Informationen wie z. B. schriftlichen oder verbalen Aussagen und deren Beziehungen untereinander. Innerhalb QFD werden üblicherweise vor allem das Affinitäts-, das Baum- bzw. Hierarchie-, das Relationen- und das zweidimensionale Matrixdiagramm inkl. dessen Erweiterung zur Priorisierungsmatrix angewendet.[550]

Affinitäts- und Baumdiagramm korrespondieren dabei zueinander. Im Allg. werden zuerst vorhandene Informationen in einem Affinitätsdiagramm – oftmals über mehrere hierarchische Ebenen – zu inhaltlichen verwandten Gruppen zusammengefasst (Bottom-Up-Gruppierung). Diese Struktur bzw. die Zuordnung einzelner Elemente zu Gruppen und Ebenen wird danach durch eine Top-Down-Betrachtung geprüft und zu einem Baumdiagramm (bzw. Hierarchiediagramm bei Zuordnung von Informationen zu mehreren Gruppen) transformiert. Typischerweise werden beide Diagramme innerhalb QFD bei der Systematisierung des Inputs der Matrizen verwendet.[551] Zudem kann die Hierarchie durch Nutzung einer Priorisierungstechnik wie des Analytic Hierarchy

---

547 Vgl. z. B. Bicknell und Bicknell (1995), 251-262, Cohen (1995), S. 301-304, Herzwurm et al. (2006), S. 27, Herzwurm (2011), S. 171. Auch die unterschiedlichen Ausgestaltungen des direkten Kundenkontakts bei agiler Entwicklung (z. B. Scrum ohne vs. XP mit direkten Kontakt) zeigen dieses Spannungsfeld.

548 Vgl. Blohm et al. (2011), S. 51.52.

549 Vgl. z. B. Jayaswal und Patton (2007), S. 227-248, Mizuno (1988), King (1987), S. 379-435, Zollondz (2016b).

550 Vgl. zum Folgenden Cohen (1995), S. 45-67, Herzwurm et al. (1997), 40-42.

551 Vgl. auch die Normen ISO 16355-1 (2015), S. 52-53 und JSA (2003).

Process (AHP) bei der Bewertung gerade der Stakeholderbedürfnisse genutzt werden.[552] Die Bildung eines Affinitätsdiagramms basiert dabei mehr auf Intuition und Kreativität, wird oft gemeinsam in einer Gruppe durchgeführt, die Transformation des Affinitätsdiagramms in ein Baum- bzw. Hierarchiediagramm mehr auf analytischem und logischem Denken. Abb. 22 gibt schematische Beispiele für die beiden Diagrammtypen und ihre Beziehung untereinander wider.

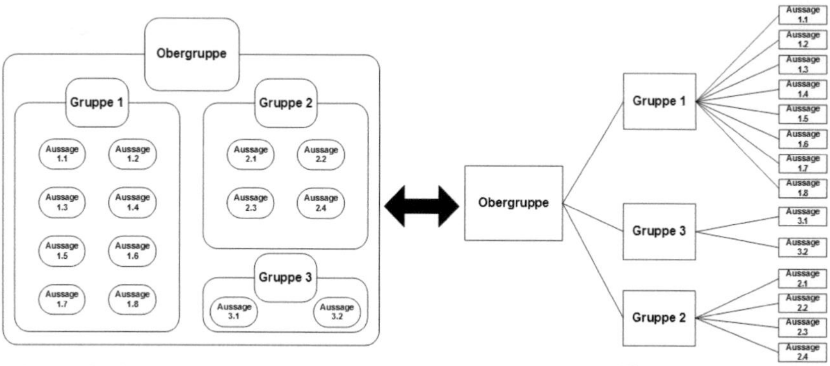

Abbildung 22: Schematische Beispiele für ein Affinitäts- und Baumdiagramm[553]

Im Unterschied zu Affinitäts- und Baumdiagramm löst sich das Relationendiagramm bei der Strukturierung von Informationen vollständig von einer hierarchischen Struktur. Im Mittelpunkt steht alleine die Identifikation von Beziehungen zwischen Elementen, die dann durch Pfeile visualisiert werden. Innerhalb von QFD wird dabei i. d. R. eine Zweck-Mittel-Beziehung beschrieben, d. h. z. B. dass ein Stakeholderbedürfnis durch eine Produktanforderung erfüllt wird, ganz im Sinne des Was/Wie-Spiels von Anforderungen bzw. generell RE-Artefakten.[554] Es ist die einfachste Form der Abbildung der Beziehung zwischen Anforderungen unterschiedlicher Detaillierungsebenen und wird beispielsweise in der Maximum Value Table (MVT) genutzt.[555]

---

552 Siehe zum Analytic Hierarchy Process Kap. 5.2.3.

553 Vgl. Herzwurm et al. (1997), S. 41.

554 Siehe dazu Kap. 2.1.2.

555 Siehe zur Maximum Value Table Kap. 5.4.2. Das Relationendiagramm repräsentiert damit in gewissem Sinne eine Vorstufe bzw. ein einfaches Ursache-Wirkungsdiagramm nach Ishikawa, das insb. zur Sammlung vieler Ursachen, die zu einer einzelnen Wirkung führen (z. B. zu einem Problem) führen, vgl. dazu z. B. Zollondz (2016d).

Das Matrixdiagramm bzw. seine Erweiterung zur Priorisierungsmatrix geht dann einen Schritt weiter und bildet die Beziehungen in einer m:n-Matrix ab.[556] Durch die Untersuchung der Beziehungen zweier Informationstypen zueinander und der Quantifizierung der Korrelationsstärke, ist es möglich, aus den bekannten Gewichtungen eines der beiden Informationstypen (i. d. R. die Zeilen), die andere (i. d. R. die die Spalten) zu priorisieren. Abb. 23 gibt dazu ein einfaches Beispiel einer Priorisierungsmatrix mit 4 Zeilen und 3 Spalten.

	y_1	y_2	y_3	**Relatives Gewicht**
x_1	$w_{11}= 1$	$w_{12}= 9$	$w_{13}= 3$	**0,4**
x_2	$w_{21}= 9$	$w_{22}= 0$	$w_{23}= 1$	**0,3**
x_3	$w_{31}= 0$	$w_{32}= 3$	$w_{33}= 3$	**0,2**
x_4	$w_{41}= 3$	$w_{42}= 0$	$w_{34}= 9$	**0,1**
Absolutes Gewicht	3,4	4,2	3,0	Σ 10,6
Relatives Gewicht	0,32	0,4	0,28	Σ 1

Berechnungen:

$$\textit{Absolutes}\ \text{Gewicht}\ (y_j) = \sum_{i=1}^{n} \text{Relatives}\ \text{Gewicht}\ (x_i) * w_{ij}$$

$$\textit{Relatives}\ \text{Gewicht}\ (y_j) = \frac{\textit{Absolutes}\ \text{Gewicht}\ (y_j)}{\sum_{j=1}^{m} \textit{Absolutes}\ \text{Gewicht}\ (y_j)}$$

Abbildung 23: Beispiel für eine Priorisierungsmatrix[557]

Die relativen Gewichtungen der Zeilen x_i sind 40% (also 0,4), 30% (0,3), 20% (0,2) und 10% (0,1), in der Summe 100 %. Die Korrelationswerte zwischen den Zeilen und Spalten sind entsprechend als w_{ij} angegeben. Das absolute Gewicht von Spalte y_1 ergibt sich dann aus der Spaltensumme der Multiplikationen der einzelnen Korrelationswerte w_{i1} mit den zugehörigen Zeilengewichten der x_i, d. h. $(0{,}4*1) + (0{,}3*9) + (0{,}2*0) + (0{,}1*3) = 3{,}4$. Um das relative Gewicht der Spalte y_j zu erhalten müssen dann die einzelnen absoluten Gewichte der Spalten jeweils durch die Summe aller absoluten Gewichte dividiert werden, d. h. 3,4 / 10,6 = 0,32 oder 32%. Das bedeutet, dass

556 Von einem einfachen Matrixdiagramm wird gesprochen, wenn zwar die Korrelationsstärken angegeben werden, aber keine Gewichte für die Zeilen- bzw. Spalteninformationen vorliegen.

557 Vgl. Herzwurm et al. (1997), S. 42.

die Information in Spalte y1 durch ihre Korrelationen mit den Informationen in den Zeilen ein Gewicht von 32% relativ zu den anderen Spalten hat. Genau diese Priorisierungsrechnung bildet die Grundlagen für das HoQ.

5.2.3 Priorisierungstechniken

Die Nutzung von Priorisierungsmatrizen bedingt die Nutzung von Priorisierungstechniken für die Eingangsgrößen (in obiger Abb. 23 die Gewichtungen der Zeilen). Es gibt allerdings eine große Vielzahl von Priorisierungstechniken für Anforderungen, die sich auch nach vielen Aspekten wie z. B. den verwendeten Kriterien und Skalen oder der Komplexität der Anwendung bzw. Auswertung unterscheiden können.[558] In QFD werden diese Verfahren vor allem dazu genutzt, die Stakeholderbedürfnisse als essentielle Eingangsgröße für den gesamten QFD-Prozess zu priorisieren.

Innerhalb QFD gibt es dazu im Wesentlichen zwei Strömungen. Die eine tendiert zu einfachen absoluten Bewertungen auf z. B. Skalen von 1-5 oder 1-10 im Sinne einer einfachen Ranggruppenbildung. Die Ergebnisse sind im Allg. ordinale Reihenfolgen von Gruppen zu bewertender Items oder auch, wenn ein klassisches Ranking mit eindeutiger Positionierung für jedes zu bewertende Item genutzt wird,[559] von allen Items.[560] Die andere Strömung strebt Kardinalskalen (Verhältnisskalen) an, bei denen die zu bewertenden Items gemäß eines einzelnen Bewertungskriteriums in das richtige Verhältnis zueinander gebracht werden (Item X ist z. B. dreimal wichtiger als Item Y). Kardinale Priorisierungstechniken werden insb. dann empfohlen, wenn mit den Werten mathematische Operationen durchgeführt werden sollen (wie z. B. in Priorisierungsmatrizen) und dabei die Verhältnisse zwischen den Items mathematisch aussagekräftig bleiben sollen.[561] Dazu wird innerhalb QFD z. B. der paarweise Vergleich im Rahmen des Analytic Hierarchy Process (AHP) genutzt.[562]

---

[558] Vgl. für einen Überblick z. B. Berander und Andrews (2005), S. 75-79, Hatton (2008), S. 518-519, Pohl (2008), S. 525-541. Auch die Kombination von mehreren Verfahren ist dabei durchaus üblich.

[559] Dies entspricht im Prinzip der Anforderung A14 der eindeutigen Ordnung der Backlog Einträge, siehe auch das Ende von Kap. 4.5.2.

[560] Vgl. Berander und Andrews (2005), S. 76-77, Cohen (1995), S. 98-100.

[561] Vgl. ISO 16355-1 (2015), S. 11, ISO/DIS 16355-4 (2016), S. 15-16. Dies ist allerdings keine zwingende Bedingung zur Anwendung von Priorisierungsmatrizen oder anderer Operationen. Die Ergebnisse können weiterhin zur Priorisierung eingesetzt werden, sie sind nur – wie aber ohnehin selbstverständlich – auf Plausibilität zu prüfen.

[562] Vgl. z. B. Fehlmann und Mazur (2016), S. 97-99, ISO/DIS 16355-4 (2016), S. 16-20, zu den Ursprüngen von AHP Saaty (1995).

Angeordnet in einer symmetrischen Matrix werden die Items (im Allg. die Stakeholderbedürfnisse) auf einer drei- oder fünfstufigen Skala von Werten zwischen 1 und 9[563] paarweise miteinander verglichen. Durch Annäherungsberechnung des Eigenvektors[564] der Matrix können die relativen Gewichte der Items zueinander ermittelt werden. Da bei zunehmender Zahl von zu vergleichenden Items die Menge der Paarvergleiche[565] genauso wie die Gefahr von inkonsistenten Bewertungen[566] stark steigt, wird i. d. R. zuvor ein Baumdiagramm[567] erstellt (Abb. 24, links).

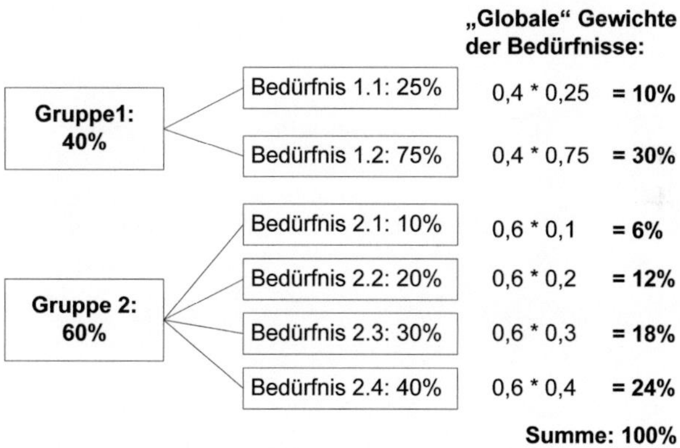

Abbildung 24: Beispiel für eine Bewertung mittels AHP[568]

Beginnend mit der höchsten Ebene werden nun die Items auf gleicher Ebene und innerhalb gleicher Gruppe jeweils paarweise miteinander verglichen. Durch Multiplikation dieser lokalen Gewichte mit den Gewichten der Gruppe entstehen relative „globale" Gewichte für alle bewerteten Items (Abb. 24, rechts).

Als Mittelweg bzw. Kompromiss zwischen der einfachen ordinalen Bewertung und der Verhältnisbewertung mit dem AHP kommt auch die Vergabe einer vorgegebenen Menge an Einheiten, z. B. 100$ im Sinne von Prozentpunkten, auf die zu bewertenden

[563] 1 – 3 – 9, 1 – 5 – 9, 1 – 3 – 5 – 7 – 9 oder noch granularer, siehe dazu auch Kap. 5.2.4., Tab. 24.

[564] Vgl. z. B. Fehlmann et al. (2011), S. 5-7, Herzwurm et al. (2000b), S. 59-60, ISO/DIS 16355-4 (2016), S. 16-17.

[565] Es handelt sich um n*(n-1)/2 Paarvergleiche, d. h. z. B. bei 10 Stakeholderbedürfnissen bereits 45 Paarvergleiche.

[566] Vor allem Transitivitätsverletzungen in der Form, dass A wichtiger als B, B wichtiger als C, aber C wichtiger als A bewertet wird. Solche Konsistenzverletzungen können allerdings in der Matrix erkannt bzw. berechnet werden, vgl. Fehlmann et al. (2011), S. 7-8.

[567] Ein Hierachiediagramm ist auch möglich, dann haben Elemente durchaus mehrere Väter, der AHP wird dann zum Analytic Networking Process (ANP), vgl. Saaty (2005) und für die Anwendung in Software QFD Paghaleh (2011).

[568] Eigene Darstellung.

Items vor.[569] Dabei wird formal ebenfalls eine Verhältnisbewertung erreicht. Da die Berechnung der Gewichtung mittels Eigenvektoren entfällt, steigt die Transparenz für die bewertenden Personen an, allerdings fallen die Paarvergleiche des AHP oft leichter.[570]

Generell sind alle diese Techniken in Software QFD verbreitet. Abb. 25 gibt einen Überblick über Arten von Priorisierungen, die in der Software QFD Literaturanalyse gefunden wurden.

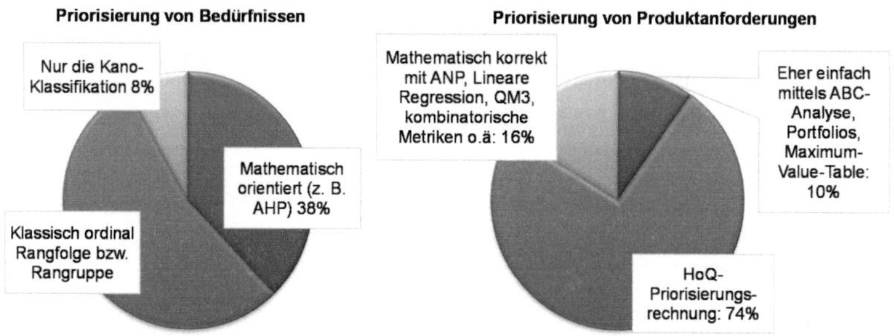

Abbildung 25: Arten der Priorisierung in Software QFD[571]

Bei der Priorisierung von Bedürfnissen dominieren die klassischen Methoden mit der einfachen Rangfolgenbildung die mathematisch orientierten Methoden wie beispielsweise den AHP.[572] Ähnlich gelagert ist auch die Verteilung bei der Priorisierung der Produktanforderungen in QFD. Hier ist die Priorisierungsmatrix vor allem in dessen Erweiterung zum House of Quality deutlich am Weitesten verbreitet.[573]

Da es einige wenige Software QFD Anwendungen gibt, die ausschließlich die Kano-Klassifikation zur Priorisierung von Bedürfnissen nutzen (8%, Abb. 25) und sie überdies auch in der agilen Welt zu finden ist, wird die Kano-Analyse hier kurz vorgestellt.[574]

569 Vgl. Berander und Andrews (2005), S. 76, Davis (2005), S. 69-71, Herzwurm et al. (2000b), S. 67-68.

570 Einfache Tabellenkalkulationsprogramme können die Berechnungen des AHP unterstützen und es gibt auch spezielle Software zur Entscheidungsunterstützung, die den AHP unterstützen, z. B. expertchoice.

571 In Anlehnung an Herzwurm et al. (2016), S. 180.

572 Vgl. Herzwurm et al. (2016), S. 180. Die gleiche Tendenz ist im Übrigen auszumachen bei bloßer Betrachtung der Fallstudien. Ein kleiner Trend zu mehr Mathematisch korrekter Priorisierung ist allerdings erkennbar. 2/3 der mathematisch orientierten Priorisierungen der Stakeholderbedürfnisse resultieren aus Beiträgen nach 2003, 2/3 der mathematisch orientierten Priorisierungen von Produktanforderungen sind nicht älter als 2008.

573 Siehe zum HoQ das nächste Kap. 5.2.4.

574 Vgl. in den nächsten beiden Absätzen für die agile Welt Cohn (2006), S. 111-117, Gloger (2016), S. 134-136, für die QFD-Welt Fehlmann (2005a), S. 52-56, ISO/DIS 16355-5 (2015), S. 28-32, Saatweber (2011), S. 85-94 und generell Bailom et al. (1996), Kano et al. (1984).

Da sie prinzipiell auf jeder Detaillierungsebene von Anforderungen durchgeführt werden kann, werden die drei Kategorien als Begeisterungs-, Leistungs- und Basisfaktoren bezeichnet. Sie unterscheiden sich je nach ihrer Wirkung auf das zentrale Ziel von QFD und auch der agilen Modelle, der Erhöhung von Kunden- bzw. Stakeholderzufriedenheit. Am Einfachsten lässt sich diese graphisch veranschaulichen:

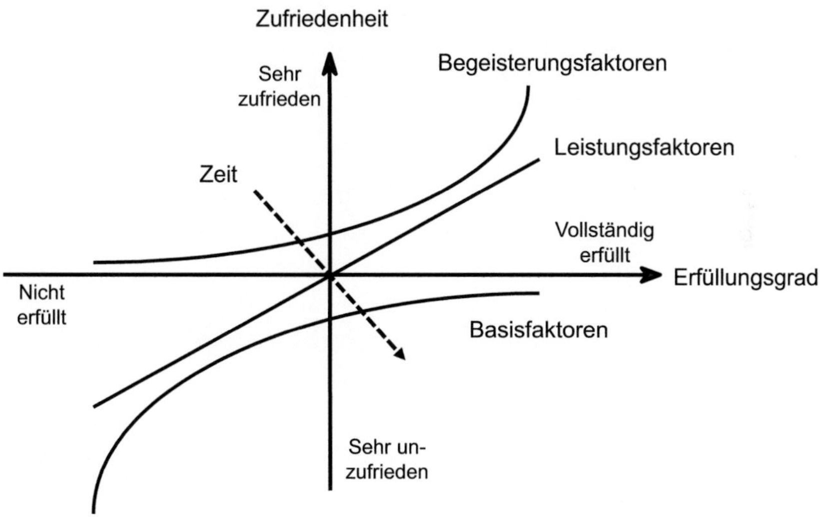

Abbildung 26: Kano-Modell[575]

Entsprechend obiger Abbildung 26 existieren die Basisfaktoren, die bestenfalls einen Zustand der Nicht-Unzufriedenheit erzeugen, das Produkt muss diesen Faktor bieten, da ein Mangel zu massiver Unzufriedenheit führt. Begeisterungsfaktoren hingegen können die Zufriedenheit überproportional steigern, können angenehm überraschen und sogar ein gewisses Maß an Unzufriedenheit kompensieren, von daher sind einige „Deligthers“ im Produkt wünschenswert. Leistungsfaktoren werden bewusst vom Kunden verlangt, existieren in deutlich höherer Zahl als Begeisterungsfaktoren und haben deswegen den größten Anteil an der Zufriedenheit. Zu beachten ist der Zeitfaktor: was heute Begeisterung erzeugt, ist morgen „normal“ und übermorgen selbstverständlich.

Die Identifikation insb. von Basis- und Begeisterungsfaktoren ist das größte Anliegen der Analyse, denn die einen müssen erfüllt werden und die anderen können ein paar ggf. vorhandene Unzulänglichkeiten kaschieren. Dazu werden die Stakeholder positiv

[575] In Anlehnung an Kano et al. (1984), S. 5 und Herzwurm et al. (1997), S. 32.

wie negativ nach der möglichen (Un-)Zufriedenheit mit einem Faktor gefragt.[576] Interessant sind dann die Extreme. Wenn etwas besonders positiv bewertet wird, aber bei Nicht-Vorhandensein nicht wirklich vermisst wird, könnte es sich um einen Begeisterungsfaktor handeln. Wenn etwas bei Nicht-Vorhandensein besondere Unzufriedenheit hervorruft, aber im positiven Fall eher gleichgültig bewertet wird, könnte es sich um einen Basisfaktoren handeln.[577]

5.2.4 Das House of Quality (HoQ)

Das HoQ geht zurück auf die ersten Qualitätstabellen entwickelt 1972 bei den Schiffswerften von Mitsubishi Heavy Industry in Kobe (Japan).[578] Zum „Haus" mit dem sog. Dach der Korrelationen zwischen den Einträgen in den Spalten dieser Matrix und dem prägnanten Namen „House of Quality" wurde es bei seinen ersten Anwendungen bei Toyota Auto Body im Jahr 1979.[579] Den hohen Bekanntheitsgrad erlangte es allerdings erst durch die frühen amerikanischen Anwender Ende der 1980er Jahre. Sie bezeichnen das HoQ mit Blick auf dessen universelle Einsatzmöglichkeiten als eine Art „konzeptionelle Landkarte" für die interdisziplinäre Planung und Kommunikation, auf deren Grundlage Personen mit unterschiedlichen Interessen und Verantwortlichkeiten zusammen fundierte Entwurfsentscheidungen treffen und Entwicklungsprioritäten setzen können.[580] Damit setzen sie es von der allgemeinen Definition her (fast) auf die gleiche Stufe mit QFD[581] und unterstreichen damit die hohe Bedeutung des HoQ für QFD. Auch wenn QFD mehr ist bzw. sein sollte als die Bildung eines HoQ,[582] so führt die Anwendung von QFD doch (fast) immer zur Bildung eines HoQ, denn es ist DIE Matrix,

---

576 Vgl. zu möglichen Fragetechniken ISO/DIS 16355-5 (2015), S. 28-29. Die Kano-Analyse kann auch die Bewertung nach der „relativen Strafe" bei Nicht-Befriedigung eines Bedürfnisses bzw. Nicht-Realisierung einer Funktionalität beantworten und kann so in die Priorisierung nach Wiegers einfließen, vgl. Wiegers (1999) und Kap. 5.7.1.

577 Vgl. zu weiteren Möglichkeiten der Auswertung ISO/DIS 16355-5 (2015), S. 29-32, Gloger (2016), S. 134-136.

578 Vgl. Takayanagi (1994), S. 32.

579 Vgl. Akao (1990b), S. 190-191 sowie Sawada (1979), zitiert nach Akao und Mazur (2003), S. 24-25.

580 Vgl. Hauser und Clausing (1988), S. 63-64.

581 Siehe die allgemeine Definition von QFD als Planungs-, Analyse- und Kommunikationsinstrument in Kap. 3.2.

582 Zultner prägte für QFD-Anwendungen, die „nur" aus dem HoQ bestehen auch den Begriff „Kindergarten-QFD", vgl. Zultner (1995), S. 25, 27 und Zultner (2006), S. 361-362, 385.

in der die Stakeholderbedürfnisse möglichen Lösungen in Form von Produktanforderungen gegenübergestellt werden.[583]

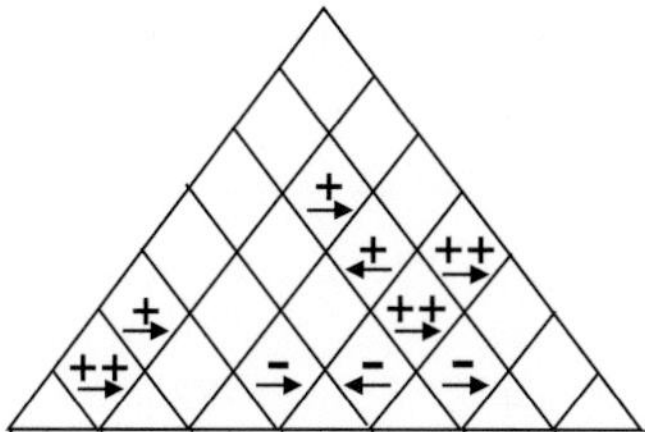

Stakeholder-bedürfnisse (Zeilen) vs. Qualitätsmerkmale (Spalten)	Bedienungsschritte	Erlernbarkeit	Antwortzeit	Verfügbarkeit	Datenschutz	Datenintegrität	Datenrecovery		Gewicht	Klassische Planungsmatrix	Kundenzufriedenheit	Konkurrenz	Ziel-Gesamtzufriedenheit	Verbesserungsverhältnis	Rangfolge
Schriftverkehr führen															
Briefe schreiben	3	3	9	1					18%		2,7	1	4	1,5	2
Faxe schreiben	3	3	9	1					9%		2,4	2	4	1,7	5
E-Mails schreiben	3	3	9	1					4%		1,7	2	3	1,7	9
Adressen verwalten															
Leichte Adreßeingabe	9	9	9	3	3	9	9		21%		2	4	4	2	1
Schnelle Personeninfo	9	9	9	9		1			13%		1,2	5	4	3,2	3
Listen erstellen															
Telefonliste erstellen	3	3	1	1					5%		1,7	2	3	1,7	8
Geburtstagsliste erstellen	3	3	1	1					4%		2,4	2	3	1,3	9
Komfort															
große Datenmengen bearbeiten	1	3	9	9		9	9		8%		2,9	3	4	1,4	6
sichere Daten		3		9	3	9	9		11%		2,8	1	4	1,4	4
schnell erlernbar	9	9	1	3					8%		2,8	4	4	1,5	6
Absolute Wichtigkeit	506	555	674	415	96	373	360								
Relative Wichtigkeit	17%	18%	23%	14%	3%	13%	12%								
Quantitative Beurteilung															
Produkt jetzt	4	24	2	362	3	5	5								
Konkurrenz	3	22	3	360	1	2	3								
Zielwert	< 3	< 20	< 2	> 360	3	< 4	< 3								
Messgröße	Schritte pro Aktion	Lernzeit in Stunden	Sekunden pro Transaktion	Tage im Jahr	Anzahl Benutzergruppen	Anzahl inkonsistente Eintragun	Anzahl verlorengegangene Sätze								
Schwierigkeitsgrad	4	1	2	5	3	2	3								
Rang	3	2	1	4	7	5	6								

Abbildung 27: Beispiel für ein House of Quality für eine Adressdatenbank[584]

[583] Oder wie es die frühen japanischen Anwender ausdrücken: Die Beziehung zwischen der „wahren" von den Kunden geforderten Qualität („required or demanded quality") und den die geforderte Qualität technisch beschreibenden Eigenschaften („substitute quality characteristics") wird im HoQ untersucht, vgl. Takayanagi (1994), S. 31, 44.

[584] In Anlehnung an Herzwurm et al. (1997), S. 132 und Herzwurm et al. (2000b), S. 86.

Das HoQ entspricht dabei einer Priorisierungsmatrix, die neben der zentralen Priorisierungsrechnung noch zusätzliche Bewertungen der Stakeholderbedürfnisse in den Zeilen rechts und der Produktanforderungen in den Spalten unten besitzt. Abb. 27 zeigt ein fiktives Beispiel für eine Adressdatenbank, bei der als Produktanforderungen die Qualitätsmerkmale (damit handelt es sich um das „klassische“ HoQ[585]) gewählt sind und auch deren Korrelationen untereinander im Dach des HoQ eingetragen sind.

Zentral sind die Korrelationen, die zeigen inwiefern die Einträge in den Spalten, hier die Qualitätsmerkmale, zu Erfüllung der Einträge in den Zeilen, hier der Stakeholderbedürfnisse beitragen. Diese Unterstützungsgrade werden in QFD (zumindest) in vier Bewertungsstufen, bestehend aus keiner, schwacher, mittlerer und starker Beziehung, angegeben.[586] Im japanischen Original werden für die Korrelationen bewusst Symbole verwendet, ganz im Sinne einer Landkarte, die auch nicht direkt an Zahlenwerte gekoppelt sind. Für die Priorisierungsrechnung sind den Unterstützungsgrade dann absolute Werte zugeordnet, wobei es dort viele Varianten gibt (Tab. 24).

Korrelationsstärke	Symbole	Klassisch			AHP-Werte		Kategorien	
(Extrem) Stark	⊙	9	5	4	1	1	H	
						0,712	M	Hoch (H)
(Sehr) Stark					0,518	0,498	L	
						0,344	H	
Stark					0,267	0,237	M	Mittel (M)
						0,162	N	
Mittel	○	3	3	2	0,135	0,112	H	
						0,079	M	Niedrig (N)
Schwach	△	1	1	1	0,069	0,059	N	
Keine		0	0	0	0	0		

Tabelle 24: Mögliche Korrelationswerte im HoQ[587]

In Abbildung 27 verwendet und auch allgemein üblich sind die Werte 0, 1, 3 und 9, da dadurch die QFD-Leitlinie der Fokussierung noch stärker unterstützt wird als mit einer linearen Skalierung. Die hierarchische Kategorisierung in die drei Mal drei Stufen mit

585 Siehe Kap. 3.5.2. Also Software-HoQ wird innerhalb Software QFD im Allg. erste Matrix der Gegenüberstellung von Stakeholderbedürfnisse und Produktfunktionen bezeichnet.

586 Vgl. Akao (1994), S. 61, 87, Mitsufuji und Uchida (1992), S. 59, 62.

587 In Anlehnung an Herzwurm et al. (1997), S. 116 und ISO 16355-1 (2015), S. 12-13.

jeweils hoch, mittel und niedrig kann bei der Bewertung der Korrelationsstärke helfen, wenn eine direkte Zuordnung in die vier Stufen schwierig ist bzw. kein Konsens unter den Stakeholdern dazu erreicht wird.[588] Eine Transformation in die Werte 1 bis 9 ist dann einfach möglich, ebenso wie in die fünf oder neun absoluten AHP-Werte, die dann eine Priorisierungsrechnung erlauben, die auch in den Relationen – und nicht nur in der Rangfolge – ein korrektes Ergebnis für die Spalten liefert.[589]

In Abb. 27 sind überdies die klassischen Elemente der Bewertungen der Stakeholderbedürfnisse und der Produktanforderungen ersichtlich. Die sog. klassische Planungsmatrix (auch Qualitätsplan oder Q-Plan) rechts im Haus beinhaltet neben der Wichtigkeit eines Bedürfnisses noch die aktuellen und angestrebten Zufriedenheitswerte auch im Vergleich zur Konkurrenz sowie (nicht in Abb. 27) sog. Verkaufspunkte als Stimme des Marketings.[590] Hier können auch diverse verknüpfende Rechnungen durchgeführt werden, am Einfachsten ist die Division der Wichtigkeit durch den aktuellen Zufriedenheitswert, um auf diese Weise die Bedürfnisse höher zu priorisieren, mit den der Kunde aktuell besonders unzufrieden ist.[591] Auf Lösungsseite werden die Qualitätsmerkmale unterhalb der Matrix weiter detaillierend bewertet, damit sie als möglichst konkrete Vorgaben für die weitere Entwicklung oder auch weitere Matrizen in einer folgenden Matrixkette dienen können. Auch hier ist der Vergleich mit der Konkurrenz üblich aber insb. sollen möglichst Zielwerte und Messgrößen angegeben werden wie auch Bewertungen hinsichtlich Schwierigkeitsgrad, Zeitaufwand oder Kosten der Umsetzung.[592] Das sog. „Dach“ des HoQ stellt dann noch mögliche Wechselwirkungen zwischen sich gegenseitig positiv oder negativ beeinflussenden Produktanforderungen im Sinne von zu berücksichtigenden Synergien oder Konflikten dar.[593]

---

[588] Vgl. ISO 16355-1 (2015), S. 13.

[589] Die AHP-Werte werden auf Basis des paarweisen Vergleichs dieser neun Werte untereinander und der Nutzung des Analytic Hierarchy Proess (AHP) berechnet, vgl. dazu Fehlmann und Mazur (2016), S. 100-102.

[590] Vgl. z. B. Cohen (1995), S. 92-120, Herzwurm et al. (1997), S. 101-103, Herzwurm et al. (2000b), S. 65-71.

[591] Vgl. zu diese sog. Bedeutung von Bedürfnissen Herzwurm et al. (1997), S. 100-101, Herzwurm et al. (2000b), S. 69.

[592] Vgl. z. B. Cohen (1995), S. 160-175, Herzwurm et al. (1997), S. 133-140, Herzwurm et al. (2000b), S. 83-86.

[593] Vgl. z. B. Cohen (1995), S. 152-159, Herzwurm et al. (1997), S. 141, Herzwurm et al. (2000b), S. 139-141.

5.2.5 Die Matrixkette

Alle Priorisierungsmatrizen folgen einem gleichen Schema. Es gibt eine bereits zuvor priorisierte Eingangsgröße (üblicherweise in den Zeilen), das in eine zu ermittelnde Ergebnisgröße (üblicherweise in den Spalten) mittels der Unterstützungsgrade transformiert wird. Das erinnert an das Was/Wie-Spiel der Anforderungsebenen,[594] nur dass nun auch die Gewichtungen mit transformiert werden. Die Priorisierung der Wie in den Spalten erfolgt auf Basis der Priorisierung der Was und der Unterstützungsgrade der Wie zu den Was. Das HoQ ergänzt die Priorisierungsmatrix „nur" um die Bewertungen der Was und der Wie sowie die Wechselwirkungen der Wie untereinander (Abb. 28).

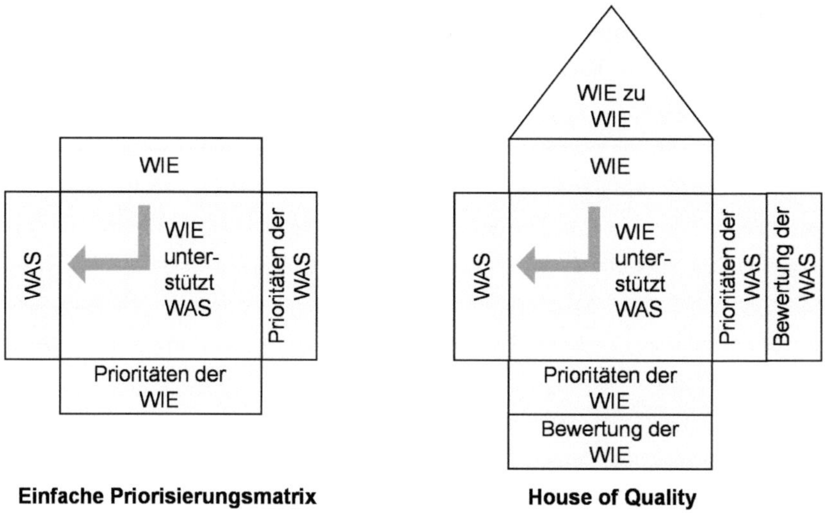

Abbildung 28: Schematische Darstellungen der Priorisierungsmatrix und des HoQ[595]

Zum fortgesetzten Was/Wie-Spiel wird das Ganze nun wenn mehrere Priorisierungsmatrizen (oder auch HoQs) miteinander zu einer Matrixkette verknüpft werden (Abb. 29). Das „alte Wie 1.0" einer vorgelagerten Matrix wird dabei zum „neuen Was 2.0" der nachgelagerten Matrix. Die Prioritäten der „Wie 1.0" werden entsprechend als die Prioritäten der „Was 2.0" in die zweite Matrix übernommen und so können mit Korrelationen zu „neuen Wie 2.0" diese als neue, detaillierende Lösungen wiederum priorisiert werden.

594 Siehe Kap. 2.1.2.

595 Eigene Darstellung.

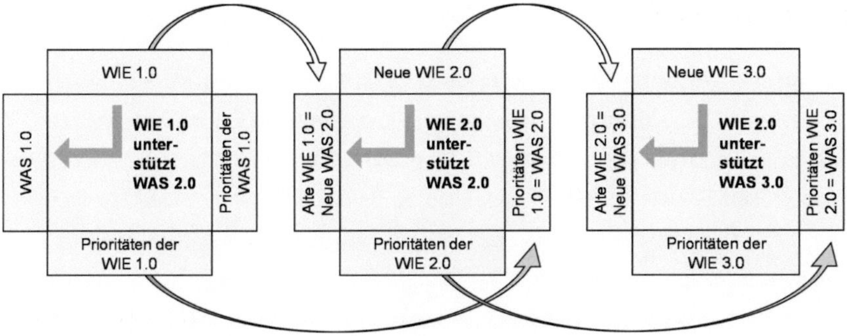

Abbildung 29: Schematische Darstellung einer Matrixsequenz[596]

Eine solche Kette (oder Sequenz) von mehreren, hinsichtlich vertikalem Output und horizontalem Input gekoppelter Matrizen stellt das klassische Mittel von QFD dar, um die (priorisierten) Informationen in die einzelnen Phasen des Produktentwicklungsprozesses zu tragen. Sowohl die klassischen als auch die Software QFD Modelle nutzen solche Matrixketten als Grundlage des deployments. Da die hohe Kunden- bzw. Stakeholderzufriedenheit und damit die Erfüllung der Stakeholderbedürfnisse zentrales Anliegen von QFD ist, bildet dabei das HoQ zumindest den Anfang einer zentralen Matrixsequenz. Die weiteren Matrizen sind dann oft weniger umfangreich und eher wie eine einfache Priorisierungsmatrix gestaltet.

5.3 Klassische (Software) QFD Modelle

Die Basistechniken insb. die Matrizen und ihre Verknüpfungen in Matrixketten sind nun zu QFD Modellen (synonym: QFD Ansätze) im Sinne von Rahmenwerken der Anwendung von QFD kombiniert worden. Insgesamt können drei verschiedene Kategorien von (Software) QFD Modellen unterschieden werden, die in den nächsten drei Kapiteln (Kap. 5.3 bis 5.5) beschrieben werden. Im Folgenden werden zuerst die Klassischen Ur-QFD-Modelle der Fertigungsindustrie dargelegt bevor dann in Kap. 5.3.2 die klassischen (und auch ältesten) Software QFD-Modelle dargelegt werden. Die klassischen Modelle der Fertigungsindustrie sind zum Verständnis der Herkunft der Software QFD Modelle wichtig, denn Software QFD ist aufbauend auf dem klassischen QFD als dessen Anwendung auf Softwareprodukte entstanden. Die klassischen Modelle zeichnet dabei im Allgemein ein hoher Detaillierungsgrad unter Verwendung vieler Artefakte in komplexen Matrixsequenzen aus.

596 In Anlehnung an Cohen (1995), S. 14 und Herzwurm et al. (1997), S. 45.

5.3.1 Klassische QFD Modelle der Fertigungsindustrie

Es gibt eine ganze Reihe von allgemeinen QFD Ansätzen. Allen voran existiert das umfassende QFD Modell nach Akao, das sog. „comprehensive quality deployment".[597] Dieses liegt auch der japanischen QFD-Norm JIS Q 9025 zugrunde.[598] Akao selbst hat in speziellen Anwendungsfällen mit vielen zu berücksichtigenden Qualitätsaspekten von bis zu 150 unterschiedlichen Matrizen und Tabellen in einem weiträumigen Matrizengeflecht gesprochen. In der oben referenzierten japanischen Norm umfasst der Ansatz in insgesamt fünf verschiedenen „deployments", also Matrixketten, die sich dann aus einer bestimmten Perspektive (wie Zuverlässigkeit oder Kosten) der Umsetzung der Bedürfnisse in das Produkt widmen, je nach Detaillierungsgrad zwischen 10 und 20 Matrizen. Damit bewegt er sich sogar unterhalb des ganzheitlichen Ansatzes nach King, der die schwer verständlichen japanischen Darstellungen für den amerikanischen Markt in ein als „Matrix der Matrizen" (insgesamt sind es 30 Matrizen) bekannt gewordenes Konzept überführte.[599]

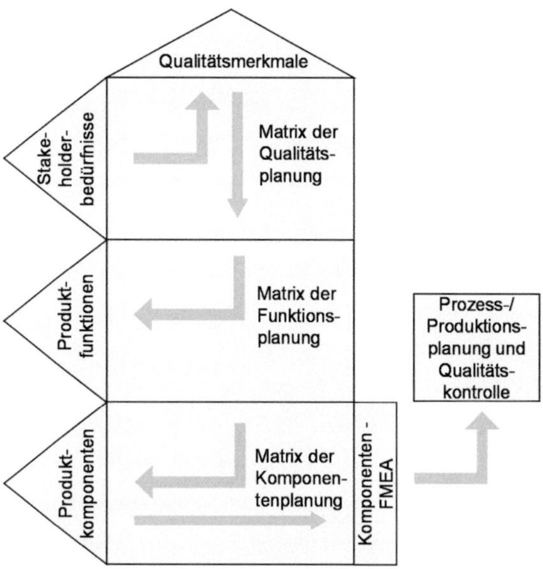

Abbildung 30: Quality Deployment nach Akao gemäß JIS Q 9025[600]

[597] Akao (1990c).
[598] Vgl. JSA (2003).
[599] Vgl. King (1987), S. 5 bzw. in deutscher Übersetzung King (1994), S. 7.
[600] In Anlehnung an JSA (2003), S. 12. Vgl. auch ISO/DIS 16355-5 (2016), S. 123. Die Dreiecke an den Enden der Matrizen stehen hier für Baum- bzw. Hierarchiediagramme, die Pfeile zeigen die Transformationsrichtungen der Gewichtungen.

Akao selbst konzentrierte sich in seinem ursprünglichen Ansatz allerdings nur auf das wichtigste deployment, das sog. quality deployment (Abb. 30), in dem vorrangig Kundenbedürfnisse zur Funktionalität des Produkts analysiert und umgesetzt werden. In seiner Urfassung bestand dieses Modell aus vier Phasen aufgeteilt auf acht untergeordnete deployments mit 17 Tabellen bzw. Matrizen und insgesamt 27 Einzelschritten.[601] In der japanischen QFD-Norm JIS Q 9025 wird dieser Ansatz weiter fokussiert auf vor allem drei Matrizen zur Korrelation von Stakeholderbedürfnissen („required quality"), Qualitätsmerkmalen („quality characteristics"), Produktfunktionen („functions") und Produktkomponenten („parts") (Abb. 30).[602]

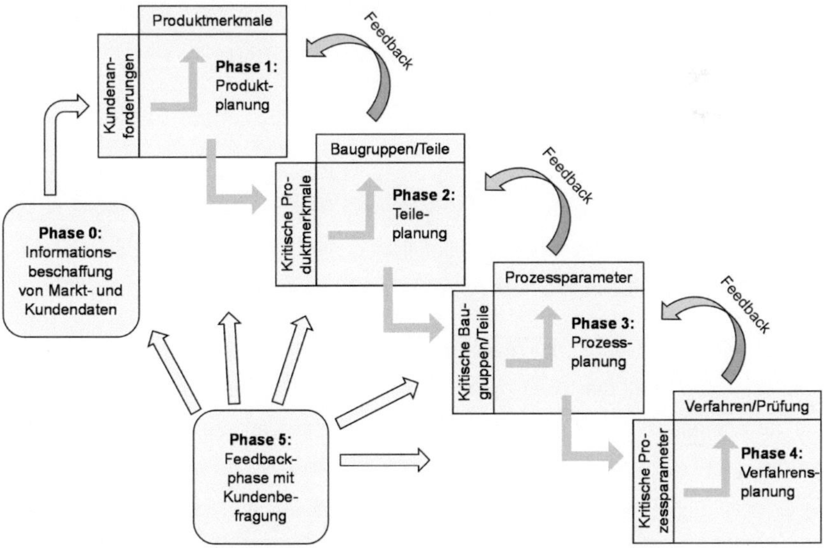

Abbildung 31: 4-Phasen-Modell nach ASI mit den Ergänzungen von Saatweber[603]

Die frühen amerikanischen Anwender gerade aus der Automobilindustrie orientierten sich an Akaos quality deployment und bildeten dazu vier Matrizen in einer Matrixsequenz im berühmten 4-Phasen-Modell des American Supplier Institute (ASI) ab.[604] Al-

601 Vgl. Akao (1994), S. 51-54.
602 Vgl. JSA (2003), S. 11-12.
603 In Anlehnung an ASI (1990), S. 77, Saatweber (2011), S. 70, 77. Saatweber bezeichnet die Lösungsmerkmale im ersten Haus allgemeiner mit „Produktmerkmale", auch wenn sie durchaus immer wieder enger von Qualitätsmerkmalen bzw. „Merkmalen von Funktionen" spricht (z. B. in ihrer Darstellung des HoQ, vgl. Saatweber (2011), S. 213-217). In englischen Veröffentlichungen wird hier sehr oft von „Substitute Quality Characteristics" (SQC) gesprochen, vgl. z. B. Cohen (1995), S. 311.
604 Vgl. ASI (1990), S. 75-78, Hauser und Clausing (1988), S. 71-73.

lerdings eliminierten sie – auch weil QFD ja auf die Qualität fokussierte – die Produktfunktionen und betonten stattdessen die späteren Phasen der Prozess- und Produktionsplanung, um in allen Produktentwicklungsphasen präsent zu sein. Auch wenn die praktische Anwendung dieses Modells nicht unumstritten ist,[605] so ist es – neben dem klassischen House of Quality als erster Matrix im 4-Phasen-Modell – in gewissem Sinne das „Marketing-Gesicht" von QFD geworden. In vielen deutschsprachigen Veröffentlichungen taucht das 4-Phasen-Modell auf, so z. B. auch im Standardwerk von Saatweber, das auch sicherlich in der Anwendung des ASI-Modells (zumindest im deutschsprachigen Raum) am weitesten fortgeschritten ist. Sie schaltete dem Modell noch eine Phase der Informationsbeschaffung vor (Phase 0) sowie ergänzte zum Ende eine Kundenbefragung (Phase 5), um Feedback zum Produkt einzuholen (Abb. 31).[606]

5.3.2 Klassische Software QFD Modelle

Klassische (oder auch traditionelle) Software QFD Modelle übertragen mehr oder weniger inhaltsgleich QFD-Ansätze der Fertigungsindustrie auf die Softwarebranche. Zultner's umfassendes (comprehensive) software quality deployment und Shindo's Dekompositionsansatz können dieser Kategorie zugeordnet werden.[607]

Zultners wichtigster Zusatz zu Akaos umfassendem QFD-Ansatz ist dabei die Betonung eines sog. customer deployments ganz zu Beginn der Entwicklung, entstanden aus der Erkenntnis, dass Software, wie auch (fast) jedes andere Produkt, in den seltensten Fällen nur einen homogenen Kunden und dessen Wünsche befriedigen muss. Zur Ermittlung von Kundengruppen und deren Bedeutung für die anstehende Entwicklung werden deswegen eine Tabelle mit potentiell relevanten Kundencharakteristika und eine Priorisierungsmatrix mit ausgewählten Kriterien benutzt.[608] Nach integrierter Erstellung des klassischen und auch des Software HoQ werden dann im sog. information deployment die priorisierten Produktfunktionen je nach angewendeter Softwareentwicklungsmethodik in Entitäten, Prozesse, Objekte o. ä. umgesetzt (Abb. 32).

---

605 Vgl. Herzwurm und Schockert (2006), S. 173, Herzwurm et al. (2011a), S. 26.
606 Vgl. Saatweber (2011), S. 66-77.
607 Vgl. Zultner (1994) und Shindo (1999). Auch Ohmoris Matrix-der-Matrizen Ansatz mit seinen 14 Matrizen gehört in diese Kategorie, vgl. zu diesem Ansatz Ohmori (1994), Herzwurm et al. (2000b), S. 32-34.
608 Vgl. Zultner (1991), S. 452-454, vgl. auch Herzwurm et al. (2000b), S. 58-61.

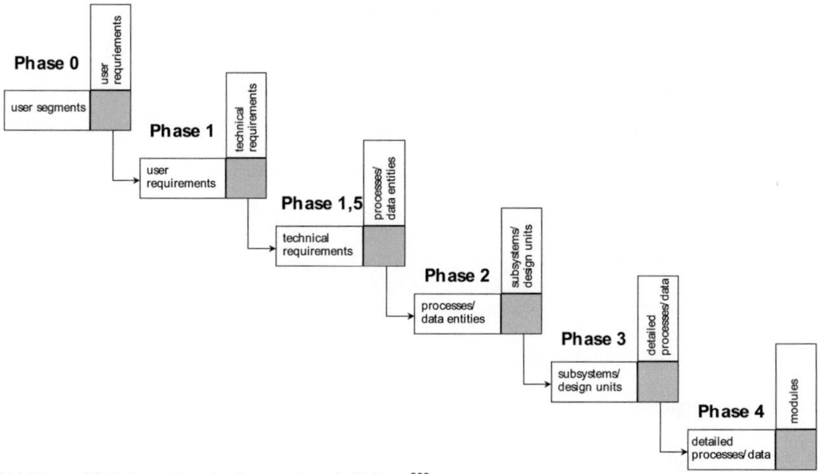

Abbildung 32: Information deployment nach Zultner[609]

Vergleichbares wird im function deployment für das eventuell notwendige Hardwaredesign und im task deployment für die Aktivitäten im Entwicklungsprozess selber geleistet. Zudem existieren noch weitere deployments für übergreifende Aspekte wie Zeit- und Kostenmanagement sowie speziell für Zuverlässigkeitsbetrachtungen.

Da es für Kunden schwierig ist, Anforderungen an ein immaterielles Produkt wie eine Software auszudrücken, beginnt Shindos Modell mit einer funktionalen Definition des Produkts einschließlich aller relevanten Daten und damit schon eine Ebene tiefer als die Bedürfnisebene.[610] Funktionen und Daten werden dann in Matrizen korreliert und möglichst unabhängigen Subsystemen/Modulen zugeordnet, in dem mit QM3 eine Technik zur Strukturierung von Matrizen und der korrelierten Informationen in logische Gruppen angewendet wird.[611] Im nächsten Schritt erfolgt eine Bewertung der Implementierungskosten der Funktionen, wodurch die Funktionen aussortiert werden, die das Budget überschreiten. Erst jetzt werden für die Subsysteme/Module und ihrer zugeordneten Daten und Funktionen die Bedürfnisse der Kunden erhoben, die dann in Priorisierungsmatrizen miteinander korreliert werden. Auf diesem Weg werden dann konkrete Entwicklungsvorgaben zur Implementierung der Subsysteme/Module abgeleitet.

609 In Anlehnung an Herzwurm et al. (2016), S. 182.
610 Vgl. Shindo (1999), Herzwurm et al. (2000b), S. 31-32.
611 Vgl. Kihara (1994), S. 123-126.

Interessant ist, dass beide Ansätze, obwohl tief in den Entwurf der Software eindringend, unterschiedliche Schwerpunkte setzen. Zultner betont, dass bevor überhaupt die Bedürfnisse gewonnen werden können, erstmal klar sein muss, wer überhaupt die Kunden bzw. Stakeholder sind. Wie auch die Analyse der Software QFD Literatur zeigt, ist eine solche Analyse der Kunden und eine Differenzierung in Kundengruppen alles andere als selbstverständlich (Tab. 25).[612]

Differenzierung in Kundengruppen?	Ja	Nein	Keine Angabe
Alle Publikationen	43	42	23
Nur Publikationen mit Fallstudien	29	33	9
Publikationen von 1988 – 2000	20	13	12
Publikationen von 2001 – 2008	14	10	6
Publikationen von 2009 – 2015	9	19	5

Tabelle 25: Differenzierung in Kundengruppen[613]

Nur etwa die Hälfte der Publikationen unterscheiden zwischen verschiedenen Kundengruppen. Werden nur die Fallstudien betrachtet, so wird diese Tendenz sogar noch ein wenig verstärkt. Und seit 2009 ist es sogar so, dass nur etwa 1/3 der Publikationen die Unterscheidung von Kundengruppen überhaupt ansprechen. Eine Teil-Erklärung dafür ist sicherlich, dass sich in dieser Zeit einige Beiträge sehr spezialisierten Themen widmen.[614] Aber mit Blick auf die Fallstudien fällt auch auf, dass zuvorderst Entwicklungen technischer Software und Web-Anwendungen betroffen sind, weniger betriebliche Anwendungssoftware. Vielleicht ein Hinweis darauf, dass in diesen Domänen die Beobachtung der rasant fortschreitenden technologischen Entwicklung eine höhere Bedeutung hat als die Kundendifferenzierung.

Genau das lässt sich auch bei Shindos Ansatz vermuten, denn sein Startpunkt sind die Möglichkeiten der Software und darauf aufbauende, fortgeschrittene Architekturüberlegungen bevor überhaupt der Kunde einbezogen wird. Das könnte auch dafür sprechen, dass solche umfassenden QFD-Ansätze durchaus populär sind bzw. wieder werden, eben vor allem vor dem Hintergrund der alles umfassenden Digitalisierung, bei der die Grenzen zwischen Technik und Mensch immer weiter neu definiert werden.

612 Vgl. Herzwurm et al. (2016), S. 179-180.
613 In Anlehnung an Herzwurm et al. (2016), S. 179.
614 Z. B. Fuzzy-QFD, vgl. Yuen (2014) oder dem Analytic Network Process, vgl. Paghaleh (2011).

Doch der aktuelle Stand der Software QFD Literatur kann diese Vermutung (zumindest noch nicht) untermauern. Unter den 108 untersuchten Veröffentlichungen ist nur etwa ein Fünftel, und zwar 22, die solchen klassischen QFD-Ansätzen unter Verwendung oftmals vieler Matrizen zugeordnet werden können (Abb. 35, Kap. 5.4.2).[615] Darunter sind lediglich acht Fallstudien und vor allem datieren 15 der 22 Publikationen auf vor 1995. Dies deutet eher daraufhin, dass die klassischen, umfassenden QFD Modelle auf dem Rückzug sind.

5.4 Fokussierende (Software) QFD Modelle

Die zweite Gruppe der fokussierenden Software QFD Modelle berücksichtigt in besonderem Maße, dass das erste wichtige Ziel in der Softwareentwicklung das Setzen von priorisierten Entwicklungsvorgaben auf Basis der wichtigsten Stakeholderbedürfnisse ist.[616] Der Schwerpunkt dieser Ansätze liegt verstärkt auf der Fähigkeit zur Fokussierung der Entwicklungsaktivitäten und weniger auf dem deployment durch eine komplexe Matrixsequenz bis zur letzten Codezeile der Software. Die Fokussierung auf die frühen Phasen einer QFD-Anwendung ist aber nicht allein ein Phänomen der Softwareentwicklung, sondern auch in anderen Branchen ist dies durchaus üblich. Von daher lassen sich hier auch branchenunabhängige, fokussierende Modelle identifizieren (Kap. 5.4.1).

5.4.1 Branchenunabhängige, fokussierende QFD Modelle

Im Rahmen eines Arbeitskreises des QFD Institut Deutschlands zu den „Best Practices in QFD“ ist ebenfalls ein Vorschlag für ein QFD Modell erarbeitet worden. Dazu wurden in einem ersten Schritt Artefakte der Produktentwicklung erarbeitet, die potentiell Bestandteile der Matrizen in den Matrixketten sein könnten. Darunter waren u. a. alle möglichen Anforderungsarten, Unternehmensziele, Geschäftsprozesse, Anwendungsfälle, Szenarien, Konzepte, Systemkomponenten, Funktionsträger, Technologien, Risiken, Testfälle, Prozesse, Verfahrensanweisungen, Prüfprotokolle. Aus der Vielzahl von möglichen Kombinationen dieser Artefakte wurden acht Matrizen ausgewählt und im QFD-Deployment Rahmenwerk des QFD-ID entsprechend untereinander verknüpft (Abb. 33).[617]

---

615 Vgl. Herzwurm et al. (2016), S. 178-179.
616 Siehe dazu Kap. 3.5.2.
617 Vgl. Herzwurm und Schockert (2006), S. 173-174, Herzwurm et al. (2011a), S. 26-27.

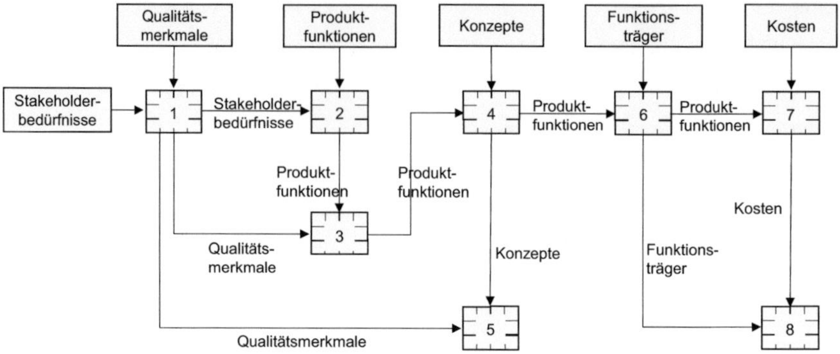

Abbildung 33: QFD-ID Deployment Rahmenwerk (schematisch)[618]

Die zentralen Bestandteile dieses QFD Modells bilden dabei drei Matrizen, welche die Stakeholderbedürfnisse, Qualitätsmerkmale und Produktfunktionen untereinander korrelieren und bereits von Akao als erste Matrizen in seinem umfassenden QFD-Ansatz identifiziert wurden (Matrix 1-3 in Abb. 33). In einem ersten Schritt weg von der Implementationsunabhängigkeit kann die Auswahl bzw. Evaluierung von technologischen Konzepten auf Basis der ermittelten wichtigsten Produktanforderungen durchgeführt werden (Matrix 4-5). Erst mit der Bindung der Produktfunktionen an Funktionsträger wie Subsysteme, Komponenten, Bauteile, Module o. ä. (Matrix 6) können dann zuverlässig mögliche Kosten beurteilt werden (Matrix 7-8).

Das in Abb. 33 vereinfacht schematisch dargestellte QFD-ID Deployment Rahmenwerk lässt sich noch erweitern um Beziehungen zu anderen Produktentwicklungsmethoden bzw. Qualitätstechniken wie FMEA (Failure Mode and Effect Analysis), TRIZ (Theory of Inventive Problem Solving), DFM/A (Design for manufacturability/assembly), Zielkostenanalyse (Target Costing) oder die Wert Analyse (Value analysis).[619] Darüber hinaus wird die Ermittlung und die Bewertung der Kundenbedürfnisse durch zwei Tabellen unterstützt (sog. 6-W-Tabelle und den Q-Plan)[620] und anhand der ersten Matrix, dem klassischem House of Quality der Stakeholderbedürfnisse vs. der Qualitätsmerkmale, die Bildung von Submatrizen (bei sehr vielen Kundenbedürfnissen

---

618 In Anlehnung an Herzwurm et al. (2011a), S. 26.

619 Vgl. zu diesen Methoden z. B. Kamiske (2015), Zollondz et al. (2016a).

620 Vgl. z. B. Cohen (1995), S. 78-80, 92-122, Herzwurm et al. (1997), S. 84-88, 101-103. Der Q-Plan entspricht der klassischen Planungsmatrix, siehe dazu Kap. 5.2.4. Die 6-W-Tabelle entspricht gleichermaßen einer geschickten Fragetechnik (den „W"-Fragen nach dem Wer, Was, Warum/Wozu, Wann/Wenn, Wo, und Wieviel) zur Konkretisierung der Bedürfnisse als auch einer möglichen Dokumentation von Workshopergebnissen. Sie erinnert gerade in den ersten drei Fragen deutlich an User Story Card, siehe dazu Kap. 4.5.1.

und/oder Qualitätsmerkmale) ergänzt. Abb. 34 zeigt das QFD-ID Deployment Rahmenwerk in dieser ausführlicheren Darstellung, in der es auch Bestandteil der ISO 16355-1 ist.[621]

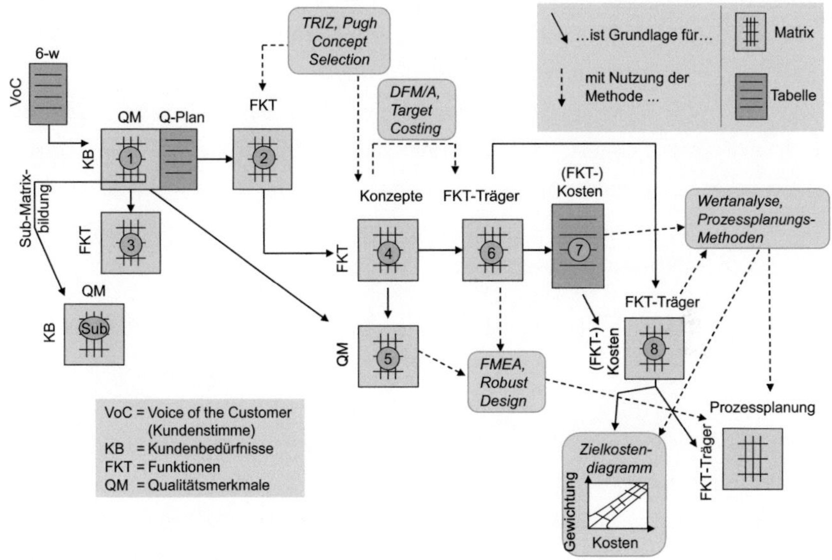

Abbildung 34: QFD-ID Deployment Rahmenwerk[622]

Das QFD-ID Deployment Rahmenwerk stellt gewissermaßen einen guten Kompromiss dar. Auf der einen Seite ist durchaus eine tiefergehende Analyse in Form eines („kleinen") deployments zumindest bis in die Entwurfsphase inkl. der Berücksichtigung von Kosten möglich. Zum anderen berücksichtigt es die für die Produktentwicklung essentiellen Funktionen und auch die Möglichkeit der Evaluierung von technischen Konzepten. Bei letzterem können insb. auch technische Anforderungen in Form der Design-Einschränkungen eine Rolle spielen. Oberste Leitlinie bleibt dabei allerdings, dass die Art, Anzahl und Verknüpfung der Matrizen, Tabellen und Listen (auch „Deployment-Landschaft" genannt) dem jeweiligen Anwendungsszenario anzupassen ist. „There is no 'one way' to do QFD that fits all organizations."[623]

621 Vgl. ISO 16355-1 (2015), S. 64.
622 In Anlehnung an Herzwurm und Schockert (2006), S. 174.
623 ISO 16355-1 (2015), S. 6.

5.4.2 Fokussierende Software QFD Modelle

Das im vorangegangen domänen- und branchenunabhängige QFD-ID Deployment Rahmenwerk kann auch in der Softwareentwicklung verwendet werden. Gerade die ersten drei Matrizen der Gegenüberstellung von Stakeholderbedürfnissen, Produktfunktionen und Qualitätsmerkmalen sind übertragbar, so wie es z. B. auch im PriFo Software QFD geschieht (siehe weiter unten in diesem Kapitel). Sicherlich sind Bezeichnungen anzupassen bzw. zu detaillieren (so sind z. B. die „Funktionsträger" kontextabhängig Komponenten, Module, Klassen o. ä.), doch die betrachteten Detaillierungsebenen der Bedürfnisse, Anforderungen, Konzepte und Funktionsträger und natürlich auch die Kosten existieren auch bei der Softwareentwicklung.

Umgekehrt können die fokussierenden Software QFD Modelle auch auf ihre Nutzung in anderen Branchen angepasst werden. So ist z. B. das weiter unten dargestellte Blitz QFD zwar in und für die Softwareentwicklung entstanden, wird aber inzwischen branchen- und domänenunabhängig sehr vielfältig eingesetzt.[624] Wie die Software QFD Literaturanalyse zeigt, dominieren die fokussierenden Modelle bei alleiniger Betrachtung der Softwarebrache die anderen beiden Modellkategorien. Mit etwa 27% bzw. 29 aller 108 Veröffentlichungen, darunter 17 Publikationen seit 2002 und 20 Fallstudien, ist das fokussierende Modell durchaus verbreitet und aktuell (Abb. 35).

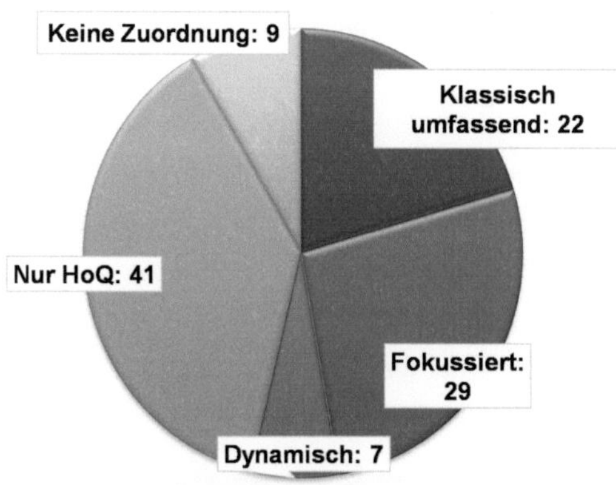

Abbildung 35: Verbreitung der Software QFD Modelle[625]

---

[624] Zur Entstehung von Blitz QFD vgl. Zultner (1995) und zu Verwendungen von Blitz QFD in anderen Branchen vgl. z. B. Bylund et al. (2009), Johnson und Mazur (2008).

[625] In Anlehnung an Herzwurm et al. (2016), S. 178.

Die fokussierenden Software QFD Modelle repräsentieren zwar die stärkste Gruppe unter den drei identifizierten Software QFD Modellen, allerdings gibt es eine weitere Kategorie, die mit 38% bzw. 41 Publikationen die insgesamt stärkste ist. Dabei handelt es sich um solche Veröffentlichungen, die sich auf die Priorisierung mittels eines HoQ beschränken ohne klare Bindung zu einem Software QFD Modell. Innerhalb der fokussierenden Anwendungen verwendet die überwiegende Zahl auch ein HoQ. Allerdings gehen diese Ansätze in der einen oder anderen Weise über die bloße Verwendung des HoQ hinaus, beispielsweise in der konsequenten Priorisierung von Anforderungen unterschiedlicher Arten und/oder Detaillierungsebenen (z. B. mit der Maximum Value Table) oder der Verfeinerung der HoQ-Ergebnisse in weiteren Matrizen oder Tabellen.[626]

Bemerkenswert ist, dass 35 der 41 Veröffentlichungen mit ausschließlicher Anwendung des HoQ überdies Fallbeispiele enthalten, elf davon zu Web-Anwendungen und wiederum acht davon fanden seit 2008 statt. Ohnehin sind in den letzten 10 Jahren unter den insgesamt 34 Fallstudien alleine 22 dabei, die nur das HoQ behandeln, dazu noch elf weitere, die den fokussierenden Ansatz wählen.[627] Dies ist wiederum ein Beleg dafür, dass das klassische QFD Modell eher veraltet ist. Dagegen dominieren mit zusammen insgesamt 70 von 108 Publikationen,[628] also etwa 65%, die Ansätze, die sich entweder durch die Priorisierung im HoQ oder durch die Fokussierung der Entwicklungstätigkeiten auszeichnen.

Die Analyse solcher Ansätze in der Software QFD Literatur fördert an dieser Stelle sogar eine Dreiteilung der fokussierenden Modelle zu Tage:

- Es gibt Ansätze, die „nur“ die Erstellung des HoQ umfassen.
- Es gibt Ansätze, die das HoQ und weitere, erste fokussierende deployments zur Detaillierung der HoQ-Ergebnisse beinhalten. Ein Beispiel hierfür ist das PriFo Software QFD Modell nach Herzwurm und Schockert.[629]

---

626 Vgl. z. B. Fruehwirth et al. (2010), Kuo (2013), Stansfield et al. (2010), siehe zur Maximum Value Table auch weiter unten in diesem Kapitel.

627 Vgl. Herzwurm et al. (2016), S. 179.

628 Addition von 29 fokussierenden Ansätzen und 41 Ansätzen, die sich auf die Erstellung eines HoQ beschränken, siehe Abb. 35. Darunter sind insgesamt 55 Fallstudien.

629 Siehe weiter unten in diesem Kapitel.

- Und es gibt Ansätze, die Fokussierungen und Detaillierungen für die spätere Entwicklung leisten, allerdings dabei nicht zwingend das HoQ benutzen bzw. auch gänzlich ohne (!) das HoQ auskommen können. Prominentestes Mitglied dieser Kategorie ist das bereits kurz erwähnte Blitz QFD nach Zultner und Mazur (Abb. 36).[630]

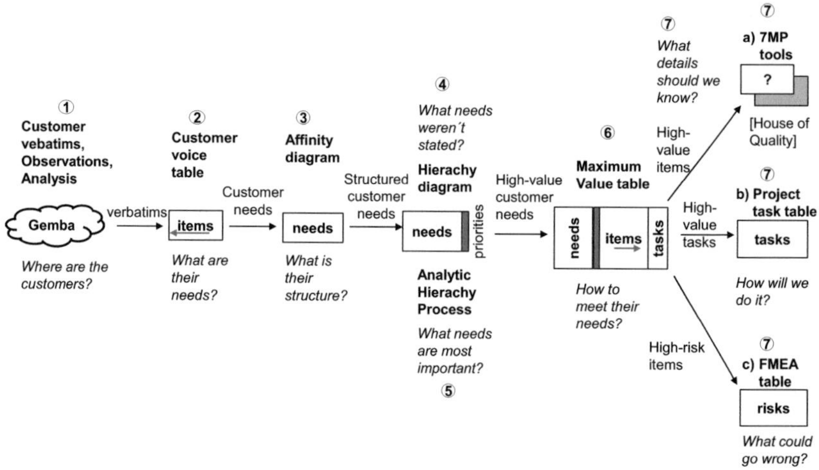

Abbildung 36: Blitz QFD Modell nach Zultner und Mazur[631]

Dieser fokussierende Ansatz beschränkt sich – nach der Identifikation der Stakeholder im customer deployment[632] – nahezu vollkommen auf die Aufnahme, Analyse und Gewichtung der Stakeholderbedürfnisse („needs"). Nach der Beobachtung der Stakeholder und dabei insb. der möglichen Benutzer bei ihrer täglichen Arbeit (dem sog. „go to the gemba"[633], Schritt 1 in Abb. 33) werden die Bedürfnisse in einer sog. Customer Voice Table (CVT) aufgelistet (Schritt 2), mittels Affinitäts- und Hierarchiediagrammen strukturiert (Schritt 3 und 4) und mittels des Analytic Hierarchy Process (AHP)[634] gewichtet (Schritt 5). Zentrales neues Element ist dann die sog. Maximum Value Table (MVT) mithilfe derer die vielen möglichen Korrelationen in den Matrizen auf wenige, aber essentielle Beziehungen reduziert werden, ähnlich einem Relationendiagramm (Schritt 6 bzw. Abb. 37).

630 Vgl. Zultner (1995), Zultner (2007a) und Mazur (2012).
631 In Anlehnung an Zultner (1995), S. 32 bzw. Zultner (2007b), S. 715.
632 Siehe Kap. 5.3.2.
633 Vgl. Mazur (2012), S. 7-9, Zultner (2007a), S. 372-374, Zultner (2007b), S. 716.
634 Siehe zum AHP Kap. 5.2.3.

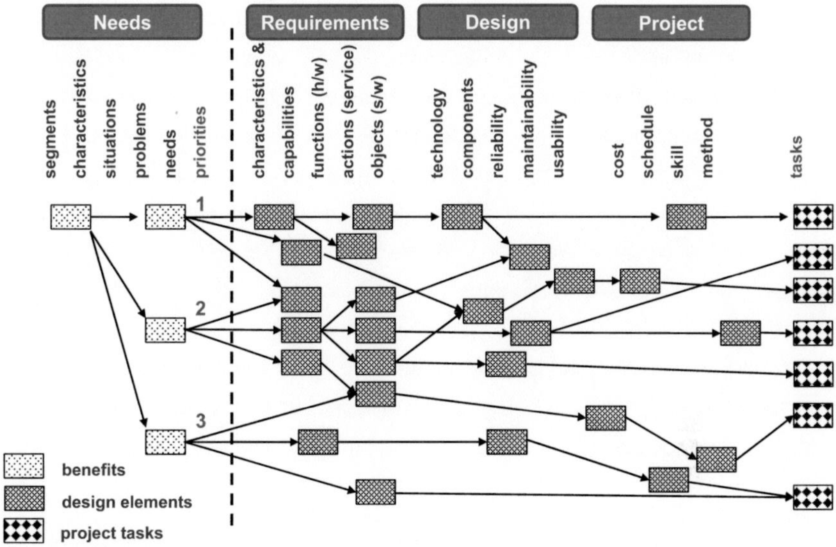

Abbildung 37: Schematische Darstellung einer Maximum Value Table (MVT)[635]

Dadurch fokussiert die Entwicklung noch stärker auf die wichtigsten Lösungsaspekte und Entwicklungsaufgaben. Die Anwendung von QFD kann in diesem Fall ohne die Erstellung eines HoQ auskommen, es werden dann allerdings statt m:n zu Beziehungen zwischen Bedürfnissen und Produktanforderungen nur 1:n-Beziehungen hergestellt. Für die wichtigsten Stakeholderbedürfnisse und Lösungen können optional noch weitere Analysen erfolgen (Schritt 7 in Abb. 36), ggf. auch die Bildung eines HoQ, dies bildet allerdings die Ausnahme. Es geht an dieser Stelle eben vorrangig darum sicherzustellen, dass die „high-value items" der MVT auch in der weiteren Entwicklung Berücksichtigung finden, eben „deployt" werden, im Allgemeinen ohne den Einsatz weiterer Matrizen.[636] Sowohl Zultner als auch Mazur haben in ihren jüngsten Veröffentlichungen das Blitz QFD Modell noch etwas ergänzt bzw. in den Schritten anders benannt,[637] der grundsätzliche Ablauf ist allerdings identisch. Die Ergänzungen beziehen sich vor allem darauf, dass vor der QFD-Anwendung – wie bei gutem Projektmanagement üblich – die Ziele des Projekts festgelegt werden und dass der Besuch in der „gemba" adäquat mit zusätzlichen Tabellen dokumentiert und analysiert wird.[638]

635 In Anlehnung an Zultner (2007a), S. 381.

636 Vgl. ISO 16355-1 (2015), S. 63.

637 Vgl. Mazur (2012), S. 5, Zultner (2007a), S. 370

638 Gemba Visit Table, Customer Context Table sowie ein tabellarisches Customer Process Modell, vgl. ISO 16355-1 (2015), S. 50-52, Mazur (2012), S. 8-9.

Die Definition von Projektzielen ist auch fester Bestandteil der Planungsphase des PriFo (priorisierendes und fokussiertes) Software QFD Modells.[639] Weitere Bestandteile sind die Klärung von organisatorischen Fragen zur Termin- und Aufwandsplanung und der Zusammensetzung des QFD-Teams, die Produktabgrenzung und das Customer Deployment zur Ermittlung von Kundengruppen und deren Bedeutung für die anstehende Entwicklung einschließlich der Auswahl von Kundenrepräsentanten. In einem ersten gemeinsamen Workshop von Vertretern der Kunden- und Entwicklungsseite werden die Kundenanforderungen (in der Terminologie dieser Arbeit die Stakeholderbedürfnisse) via der Tabelle der Stimme des Kunden (Customer Voice Table) identifiziert, in Affinitäts- und Baumdiagramm strukturiert und bewertet (z. B. mittels des AHP). Die Bewertung insb. hinsichtlich Wichtigkeit und Zufriedenheit mit der aktuellen Bedürfniserfüllung (ggf. auch mit einem Wettbewerbsvergleich ähnlich der klassischen Planungsmatrix[640]) erfolgt in Federführung der Kundenrepräsentanten von möglichst vielen Mitgliedern der Kundengruppen. Das Ergebnis aller dieser Bemühungen ist die Kundenanforderungstabelle.

Die Kundenanforderungstabelle ist der Input für die beiden zu bildenden Priorisierungsmatrizen, das Software HoQ zur Planung der Produktfunktionen und das klassische HoQ für die Qualitätsmerkmale. Die Erhebung dieser Produktanforderungen als Inputs für diese beiden HoQ erfolgt ähnlich zur Erhebung der Kundenanforderungen in moderierten Workshops, bei denen insb. die Entwickler anwesend sein müssen. Die Ermittlung der Korrelationen in den beiden HoQs erfolgt idealerweise zusammen mit den Kundenvertretern. Ein vereinfachtes Produktbenchmarking bezüglich der priorisierten Lösungen im Rahmen weiterer interner Gruppensitzungen, inklusive der Setzung von konkreten Entwicklungsvorgaben, führt zu je einer Tabelle der bedeutendsten Produktfunktionen und Qualitätsmerkmale. Diese werden dann in einer dritten Matrix einander gegenübergestellt, um potentielle Synergien bzw. Konflikte bei ihrer Umsetzung zu erkennen und zu sog. design points verdichtet. Letztere spiegeln dabei das Wesen der nicht-funktionalen Qualitätsmerkmale wieder, da sich diese ja immer auf einzelne oder mehrere Funktionen beziehen.[641]

---

[639] Vgl. dazu ausführlich Herzwurm et al. (1997), S. 56-144, Herzwurm et al. (2000b), S. 35-88.

[640] Siehe dazu Kap. 5.2.4.

[641] Siehe dazu Kap. 2.1.1. Beispielsweise könnte das Qualitätsmerkmal der schnellen Antwortzeit bei manchen Funktionen bedeutender sein als bei anderen.

Wichtigste Produktfunktionen, Qualitätsmerkmale und design points bilden dann, zusammen mit den wichtigsten Kundenanforderungen (= Stakeholderbedürfnisse), die Grundlage für die Festlegung einer Anforderungsspezifikation als Ergebnis des Requirements Engineering und können in weiteren Matrizen in spezifischere Entwicklungsvorgaben zumindest der Analysephase umgesetzt werden. So können z. B. die Produktfunktionen in Beziehung zu Softwarearchitekturkonzepten, einzelnen Softwarekomponenten oder auch Subsystemen gesetzt werden (vergleichbar mit den Matrizen 4 bis 6 im QFD-ID Deployment Rahmenwerk, Abb. 33). Abbildung 38 zeigt den beschriebenen Ablauf der Softwareproduktplanung mit PriFo-QFD.

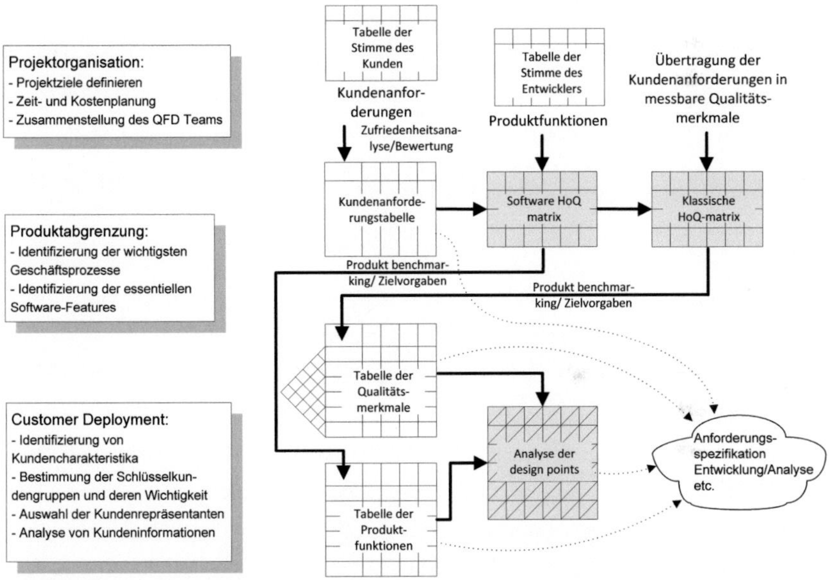

Abbildung 38: Priorisierendes und Fokussiertes (PriFo) Software QFD Modell[642]

Im Gegensatz zum Blitz QFD beinhaltet das Prifo-QFD standardmäßig bis zu drei Matrizen, darunter sowohl das klassische als auch das Software HoQ. PriFo-QFD ist zudem spezieller als dass die klassischen Anforderungsartefakte des RE spezifiziert werden, die Stakeholderbedürfnisse sowie funktionale und nicht-funktionale Anforderungen. Blitz QFD spricht dabei allgemein von „needs“ und „items“. Die beiden Modelle ähneln sich in ihrer Betonung der Wichtigkeit der ganz frühen Aktivitäten im Entwicklungsprozess, insb. der sorgfältigen Identifikation der Kunden bzw. Stakeholder und

[642] In Anlehnung an Herzwurm et al. (2000b), S. 49, Herzwurm et al. (2015), S. 6 und Herzwurm und Schockert (2016), S. 1089.

ihrer Bedürfnisse. Denn wenn die Eingangsinformationen für den QFD-Prozess fehlerhaft sind, so sind i. d. R. auch die darauf aufbauenden Analysen fehlerbehaftet.[643] Und beide Modelle betonen als fokussierende Ansätze in starkem Maße die Bedeutung der Priorisierungs- und Bewertungsaktivitäten.

Das PriFo Software QFD Modell ähnelt in den ersten drei Matrizen auch dem QFD-ID Deployment Rahmenwerk. Allerdings ist die Reihenfolge der Triangulation von Stakeholderbedürfnissen, Produktfunktionen und Qualitätsmerkmalen sowohl beim PriFo-QFD im Speziellen als auch bei Software QFD im Allgemeinen eine andere. Da sich der Wert von Softwareprodukten vorrangig über ihre Funktionalität definiert,[644] bildet das Software HoQ oftmals die erste Matrix und nicht das klassische HoQ der Gegenüberstellung von Stakeholderbedürfnissen und Qualitätsmerkmalen wie nahezu bei allen klassischen QFD-Modellen.[645] Wie allerdings bereits in Kap. 3.5.2 erwähnt findet hier gerade – auch durch den QFD ISO Standard initiiert – ein Umdenken statt.

5.5 Dynamische Software QFD Modelle

Die in den voranstehenden Kapiteln dargestellten Software QFD Modelle haben alle eines gemeinsam: auch wenn Rücksprünge zu früheren Aktivitäten aus späteren Phasen aufgrund größeren Wissens sicherlich nicht ausgeschlossen sind, so sind sie doch kein inhärenter Bestandteil der Modelle. Ausnahme ist da nur das Modell von Shindo,[646] doch nur deswegen, weil dieses Modell nicht bei den Stakeholderbedürfnissen und deren Erhebung ansetzt, sondern direkt bei den Produktanforderungen. Doch wie in Kap. 2.2.4 bei der Abgrenzung des RE zu logisch nachfolgenden Entwicklungstätigkeiten wie dem Architekturentwurf und auch bei der Motivation für die agile Softwareentwicklung in Kap. 4.1 deutlich wurde: die Tätigkeiten des RE sind nicht nur unabhängig von anderen Aktivitäten der Softwareentwicklung zu betrachten.

Das haben auch die Software QFD Anwender in den letzten Jahren bereits erkannt und so entstand bei der Literaturrecherche zu Software QFD auch noch eine dritte Kategorie, die der dynamischen Software QFD Modelle (siehe Abb. 35 zu der Verbreitung der Software QFD Modelle, Kap. 5.4.2). Sie kennzeichnet ein iteratives Vorgehen

643 Cohen spricht in diesem Zusammenhang vom GiGo-Prinzip, „Garbage in, Garbage out“, frei übersetzt: dort, wo Müll reingeht, kommt auch Müll raus, vgl. Cohen (1995), S. 75.

644 Siehe dazu Kap. 3.5.2.

645 So entspricht das Software HoQ im QFD-ID Deployment Rahmenwerk der Matrix 2, das klassische HoQ der Matrix 1, siehe Abb. 30 in Kap. 5.4.1.

646 Siehe Kap. 5.3.2.

anstatt einer lediglich sequentiell ablaufenden Folge von QFD-Prozessschritten. Die unzureichende Vorhersage aller Möglichkeiten der zukünftigen Nutzung einer Software und der Folgen dieser Nutzung sowie die stetige und rasante Weiterentwicklung der verwendeten Technologien erfordern eine entsprechend andere Prozessorganisation.[647]

„Dynamic QFD" als Begriff wurde dabei bereits 1994 verwendet, um den Fokus des QFD-Einsatzes auf den ganzen Produktlebenszyklus zu lenken, statt nur auf die Front-End-Aktivitäten.[648] Zu dieser Zeit stand dahinter das Vorhaben der statistischen Prozesskontrolle auf Basis von Kundenerfahrungen, Rückkopplungsschleifen und Qualitätstabellen, die Prozess- und Produktparameter miteinander kombinieren. Der Ansatz hat allerdings keine nennenswerte Verbreitung gefunden.

Auch in der Software QFD Community gibt es nicht viele Beiträge, die als dynamische QFD Anwendungen klassifiziert werden könnten. Bei der Literaturanalyse trat eine kleine Minderheit von sieben Quellen zu Tage, welche diese Unsicherheiten in der Softwareentwicklung berücksichtigen. Der erste Beitrag stammt dabei aus dem Jahr 2000.[649] Dieser ist wie zwei andere Beiträge dem sog. Continuous QFD (CQFD) von Herzwurm und Schockert zuzurechnen.[650] Daneben gibt es den Twin Peaks Ansatz von Watanabe mit ebenfalls zwei Beiträgen.[651] Da für die Gestaltung des Agilen Software QFD diese dynamischen Ansätze aufgrund der inhärenten Feedbackzyklen am Vielversprechendsten sind, werden beide dynamischen Ansätze im Folgenden dargestellt.

5.5.1 Twin Peaks QFD Ansatz

Die Idee des Twin Peaks Modells ist – wie bereits in Kap. 2.2.4 dargestellt – die Produktanforderungen und die Architektur parallel und ineinander verzahnt in immer weiter zunehmenden Detaillierungsgrad zu entwickeln. Allerdings fehlt dem Ansatz eine Methode, um die (Rück-)Verfolgbarkeit zwischen den Anforderungen und dem Design

---

647 Vgl. Mellis et al. (2001), S. 7-22.
648 Vgl. Adiano und Roth (1994).
649 Vgl. Herzwurm et al. (2000a).
650 Vgl. Herzwurm et al. (2012), Herzwurm und Schockert (2014). Continuous QFD wird weiter unten in diesem Kapitel dargestellt.
651 Vgl. Watanabe et al. (2012), Watanabe et al. (2013). Darüber hinaus gibt es noch zwei Publikationen, die den dynamischen Software QFD Modellen zugeordnet werde können, beide allerdings ohne Fallstudie und sie bleiben auch deswegen beide recht unspezifisch, vgl. Xiong und Wu (2009a), Ionica und Leba (2014).

sicherzustellen.[652] Genau für die Etablierung und Dokumentation dieser Beziehung kann Software QFD eingesetzt werden (Abb. 39).

Für diese Verbindung haben Watanabe et al. eine spezielle Form einer Qualitätstabelle entworfen, die in Abb. 39 in der Mitte zwischen den zwei Peaks angeordnet ist und die mit fortschreitender Entwicklung immer weiter verfeinert wird. Im Prinzip handelt es sich dabei sogar um zwei Matrizen, das Software HoQ und eine Matrix, in der die Produktfunktionen (als Ganzes und einzelne Funktionalitäten) mit den Qualitätsmerkmalen korreliert werden.

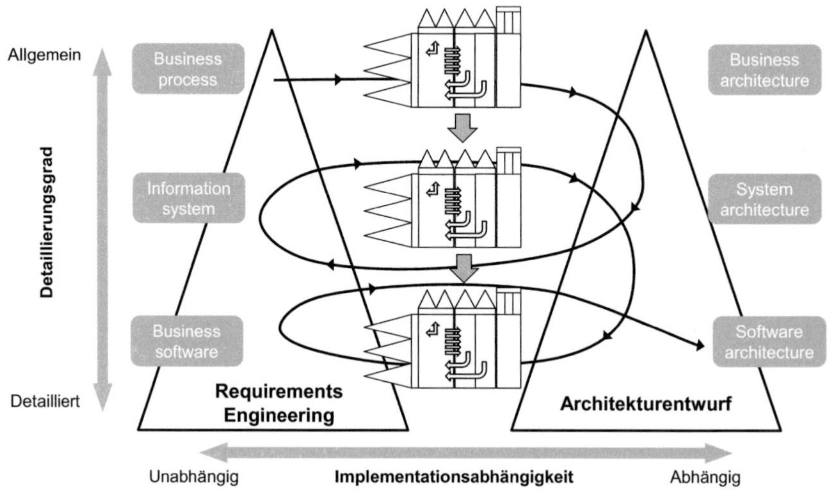

Abbildung 39: Software QFD und das Twin Peaks Modell[653]

Insgesamt besteht die sog. „Software requirements analysis table“ aus sechs Teilen (Abb. 40). Mit der „required quality“ bestehend aus den Stakeholderbedürfnissen und den Projektzielen (1), den „functional requirements“ (2) und den „quality characteristics“ (3) sind die zentralen Artefakte des RE enthalten. Die Anordnung dieser Elemente als Dreiecke zeigt, dass sie in Affinitäts- und Baumdiagrammen strukturiert sind (nicht zu verwechseln mit Korrelationen untereinander wie im Dach des HoQ). Die Teile (4) und (5) entsprechen den zuvor angesprochenen zwei Matrizen. Die Pfeile deuten Rückkopplungen bei zunehmenden Verfeinerungen innerhalb der iterativen Entwicklung an. Teil (6) lässt Raum für spezifische Bemerkungen zu den Elementen.

652 Vgl. Watanabe et al. (20139, S. 120-121.
653 In Anlehnung an Watanabe et al. (2013), S. 123.

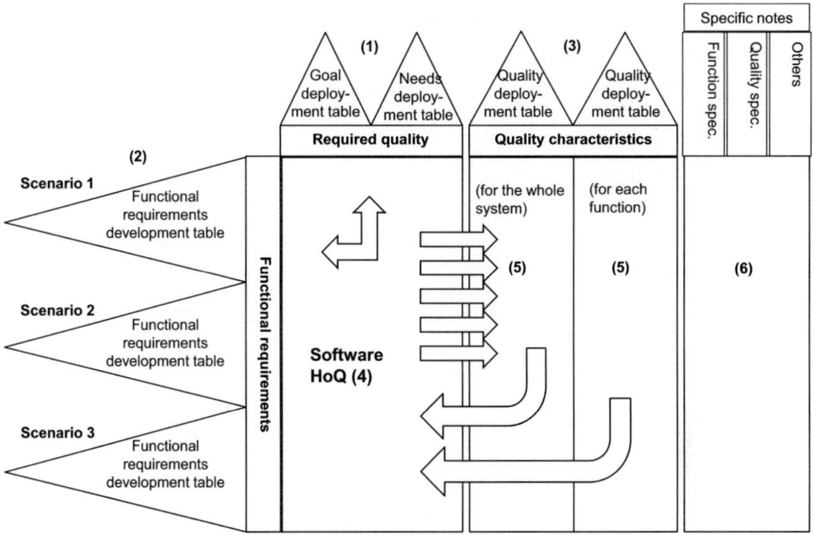

Abbildung 40: Software requirements analysis table[654]

Bemerkenswert ist bei diesem Ansatz, dass keine direkte Verbindung zwischen den nicht-funktionalen Qualitätsmerkmalen und den Stakeholderbedürfnissen existiert, d. h. das klassische HoQ ist hier nicht vorgesehen. Die Produktfunktionen werden abgeleitet aus Nutzungsszenarien ähnlich der Use Cases der Unified Modelling Language.[655] Diese Herleitung wird aber sonst nicht weiter ausgeführt. Genauso bleibt leider unklar wie diese Tabelle die in Abb. 39 angedeutete Verbindung zwischen RE und Architekturentwurf leisten kann, denn in obiger Tabelle fehlen entsprechende Architekturelemente, Komponentenanforderungen o. ä. Der Ansatz verbleibt damit hinsichtlich des iterativen Vorgehens und der möglichen Rückkopplungen von Architekturüberlegungen zu RE-Aktivitäten unspezifisch.

5.5.2 Continuous QFD

Continuous QFD (CQFD) greift das Verständnis des RE als kontinuierliche Aktivität während des ganzen Projekts bzw. Produktlebenszyklus auf.[656] Um bei der Dynamik und Unsicherheit von Anforderungen ein hohes Level an Kundenzufriedenheit zu erreichen bzw. zu halten, muss eine kontinuierliche Anpassung des Produkts an die sich

654 In Anlehnung an Watanabe et al. (2013), S. 122.
655 Vgl. zu Szenarien und ihren Darstellungsmöglichkeiten im RE z. B. Pohl (2008), S. 117-180.
656 Siehe zum kontinuierlichen RE Kap. 2.2.4. Vgl. zum CQFD neben den oben referenzierten Beiträgen auch Herzwurm et al. (2000b), S. 89-115.

jederzeit verändernden Rahmenbedingungen erfolgen. Aus diesem Grund endet das RE mit CQFD auch nicht wenn eine Anforderungsspezifikation geschrieben oder eine erste Version eines Produkts ausgeliefert wurde. Vielmehr erfolgt eine kontinuierliche Planung solange das Produkt auf dem Markt ist. Die QFD-Aktivitäten finden entsprechend iterativ und parallel zu Entwurfs- und Implementierungstätigkeiten statt.[657]

Deswegen geht das CQFD Deployment Framework auch über die drei Matrizen von PriFo-QFD hinaus und bezieht – ähnlich der Matrixsequenz des QFD-ID Deployment Rahmenwerks[658] – die Planung der Komponenten und Technologiekonzepte mit ein (Abb. 41).

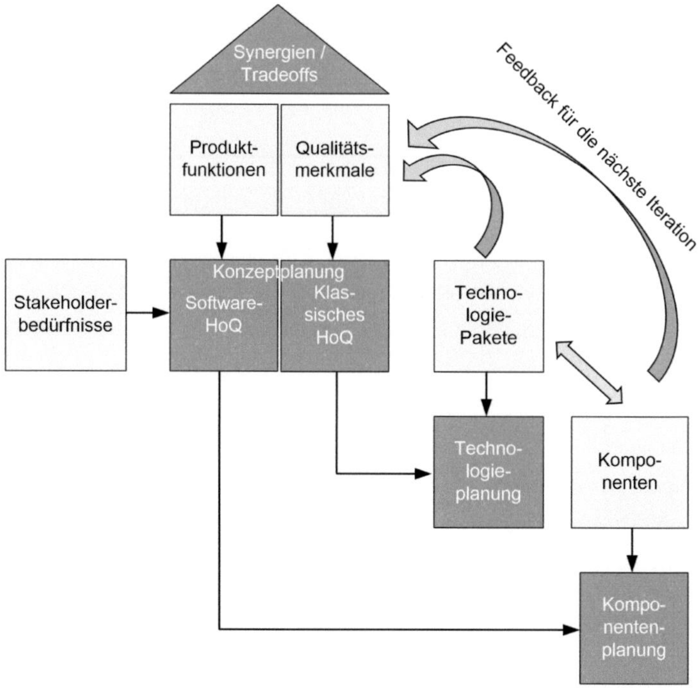

Abbildung 41: Framework des CQFD-Deployments[659]

[657] Vgl. Herzwurm et al. (2000a), S. 89, Mellis et al. (2001), S. 19-22.

[658] Siehe Kap. 5.4.1, Abb. 33, die Komponenten entsprechen dabei den Funktionsträgern. Das CQFD Deployment umfasst die Matrizen 1, 2, 3, 5, 6 des Rahmenwerks.

[659] Eigene Darstellung, in Anlehnung an Herzwurm et al. (2000a), S. 94, Herzwurm et al. (2000b), S. 99, Herzwurm und Schockert (2016), S. 1091.

CQFD lässt sich entsprechend in drei Schritte gliedern:

- Die Konzeptplanung umfasst das Software HoQ, das klassische HoQ und Synergien bzw. Konflikte zwischen den Produktanforderungen im Dach der HoQ. Es werden sowohl funktionale als auch nicht-funktionale Produktanforderungen betrachtet. So sind z. B. bei einer Anwendung des CQFD im Cloud Computing die Qualitätsmerkmale Zuverlässigkeit, Sicherheit und auch die Geschwindigkeit wichtiger als die entsprechenden Produktfunktionen.[660]
- In der Technologieplanung werden in erster Linie die Qualitätsmerkmale mit möglichen Technologiekonzepten (z. B. bestehend aus Betriebssystemen, Datenbanken, Anwendungsserver, Plattformen etc.) in Beziehung gesetzt, um frühzeitig mögliche Implementierungseinschränkungen der Produktanforderungen zu erkennen und in der Konzeptplanung zu berücksichtigen.
- In der Komponentenplanung werden insb. die Produktfunktionen mit Architekturelementen wie wiederverwendbaren Webkomponenten, App-Ressourcen, User Interface Elemente etc. korreliert, um die Potentiale entsprechender Programmierbibliotheken zu nutzen.

In diesem Sinne verzahnt CQFD das RE mit der Entwurfsphase wie im Twin Peaks Ansatz von Watanabe. Die möglichen Rückkopplungen zwischen Technik und Anforderungen werden durch das konsequent iterative Vorgehen berücksichtigt. Die Schritte des CQFD werden entsprechend zwar sequentiell durchlaufen, aber neue Erkenntnisse in der nächsten Iteration wieder mit berücksichtigt und ggf. bestehende Planungen revidiert.[661]

Das neue und dynamische an CQFD im Verhältnis zu den fokussierenden Software QFD Ansätzen spiegelt sich somit nicht unmittelbar in der Matrixsequenz wieder. Diese ist sogar in Teilen umfangreicher als z. B. die von PriFo-QFD und beinhaltet immerhin fünf der acht Matrizen aus dem QFD-ID Deployment Rahmenwerk. Das Besondere von CQFD liegt in der Art und Weise begründet, wie die Matrizen bzw. die Elemente in den Matrizen im Projekt erstellt werden sollen. Dies ist ursprünglich abgeleitet aus den Eigenschaften sog. „unscharfer“ (engl. „fuzzy“) Entwicklungsaufgaben, unterteilt

[660] Vgl. Herzwurm et al. (2013), S. 33-38, Herzwurm und Schockert (2014), S. 60.

[661] Vgl. Herzwurm et al. (2000a), S. 89, Herzwurm et al. (2000b), S. 94, 106, Herzwurm und Schockert (2016), S. 1090.

in die Dynamik und die Unklarheit über die Bedürfnisse und Anforderungen sowie technische Unsicherheiten.[662] Tab. 26 zeigt in der Notation eines Matrixdiagramms die methodischen Charakteristika von CQFD (Spalten) und ihre ursprünglichen Begründungen aus den Merkmalen unscharfer Entwicklungsaufgaben (Zeilen). Eine zusätzliche Ursache bildet dabei der Zeitdruck denen Softwareentwicklungen oftmals ausgesetzt sind, insb. bei Projekten in hochinnovativen Umfeldern für den Massenmarkt.[663]

CQFD-Elemente und ihre Begründungen ⊙ starke Wirkung O mittelbare Wirkung ↯ Widerspruch	Gemeinsame Sammlung von Bedürfnissen und Produktanforderungen	Viele, kurze Meetings	Schrittweise verfeinerte Gewichtung	Fokus auf wichtigste Bedürfnisse und Produktanforderungen	Inkrementelle Matrixerstellung	Parallele Planung und Entwicklung	Einsatz von Informationstechnik (Tools & Internet)	Benutzung von Vorlagen für Matrixelemente
Unklare Anforderungen	⊙	⊙	⊙	O	O	⊙		O
Sich ändernde Anforderungen		⊙	⊙			↯		
Technische Unsicherheit						⊙	O	
Zeitdruck	⊙	O		⊙	⊙	⊙	⊙	⊙

Tabelle 26: Herleitung der CQFD-Elemente[664]

Eine genauere Analyse der Zweck-Mittel-Beziehungen in der Matrix und auch der CQFD-Elemente selbst zeigt im Prinzip fünf wesentliche methodische Charakteristika von CQFD auf, die es abgrenzt von anderen, insb. den „nur“ fokussierenden Software QFD Modellen:

- Gleichzeitige bzw. zeitnahe und gemeinschaftliche Durchführung von verwandten Aktivitäten wie der Sammlung von Stakeholderbedürfnissen und Produktanforderungen (statt viele separierte Tätigkeiten).
- Höhere Anzahl kürzerer Meetings (statt wenige, lange Workshops).

[662] Vgl. Mellis et al. (2001), S. 6-12, auch Herzwurm et al. (2000b), S. 89-91.
[663] Vgl. Herzwurm et al. (2000b), S. 92.
[664] In Anlehnung an Herzwurm et al. (2000b), S. 93.

- Inkrementelle, schrittweise Erstellung und Verfeinerung von Informationen wie Bewertungen von Matrixeingaben und Matrixinhalte selbst (statt einmalig und möglichst abschließend).
- Einsatz von Informationstechnologie insb. des Internets zur Unterstützung örtlich verteilt arbeitender Stakeholder durch Online-Dokumentationen, Diskussions- und Bewertungsforen (statt nur schriftlich, asynchron bzw. in Meetings).[665]
- Wiederverwendung von Vorlagen für die Matrixeingaben d. h. die Stakeholderbedürfnisse, Produktanforderungen, Komponenten und Technologiepakete aus vergleichbaren Projekten (statt alle Inhalte immer wieder neu zu erfinden).

Der Fokus auf die wichtigsten Stakeholderbedürfnisse und Produktanforderungen ist nicht aufgelistet, da dies bei den anderen Software QFD Modellen, insb. den fokussierenden, mindestens in gleichem Maße ausgeprägt ist wie bei CQFD. Das Element der parallelen Planung und Entwicklung ist ebenfalls nicht aufgeführt, da dies praktisch inhärentes Prinzip der dynamischen Ansätze ist und wie auch aus Tab. 26 ersichtlich ist, praktisch zu allen Merkmalen der unscharfen Entwicklungsaufgaben eine starke Wirkung besteht. Der Blitz deutet dabei an, dass ja gerade das Wesen der parallelen Planung und Entwicklung ist, dass sich alle Anforderungen ändern können, es findet ja gerade kein „Anforderungs-Freeze“ statt.

5.6 Vergleichende Bewertung der Software QFD Modelle

Um in den vorgestellten Software QFD Modellen mögliche Anknüpfungspunkte für die Gestaltung des Agilen Software QFD zu identifizieren, werden diese hinsichtlich der Gestaltungsanforderungen bewertet (Kap. 5.6.2). Das Agile Software QFD soll zudem seine Identität nicht verlieren und entsprechend QFD bleiben. Um die Stärken der einzelnen QFD-Modelle beurteilen zu können, werden sie somit zuvor den QFD-Leitlinien gegenübergestellt (Kap. 5.6.1).

Ähnlich wie bei der Beurteilung der QFD-Basistechniken (Kap. 5.2) ist auch bei der Bewertung der Software QFD Modelle anzumerken, dass ihre praktische Anwendung variieren kann und damit auch unterschiedliche Wirkungen erzielen kann. Dies gilt hier in noch stärkerem Maße als bei den Techniken, da es sich bei den QFD Modellen zuvorderst um Rahmenwerke handelt, welche zwar die konkrete Ausgestaltung im

[665] Vgl. Herzwurm et al. (2000b), S. 95-98 und insb. 169-181 zur Vorstellung eines virtuellen QFD-Unterstützungstools.

Projekt stark prägen, aber nicht in Gänze vorschreiben. So sind ja gerade die hohe Flexibilität und Breite der Anwendung essentielle Charakteristika von QFD.[666] Auch die ISO 16355-1 Norm zu QFD ist in diesem Sinne nicht präskriptiv, sondern will den Anwendern von QFD Orientierung geben, ähnlich wie der Scrum Guide den Scrum Anwendern. Die ISO 16355-1 verweist in ihrem Anhang alleine auf 124 innerhalb von QFD anwendbarer Methoden und Techniken und wie in der Norm ausgeführt, ist das sehr wahrscheinlich noch keine vollständige Liste.[667] Diese können nicht alle in die Gestaltung des Agilen Software QFD oder auch in die Beurteilung der Software QFD Modelle miteinbezogen werden.

Daher kann die vergleichende Bewertung nur Tendenzen wiedergeben. Sie pauschaliert auf sechs verschiedene QFD Modelle. Die umfassenden, klassischen QFD-Modelle werden als ein Typ behandelt. Von den dynamischen QFD-Modellen kann nur Continuous QFD valide beurteilt werden, da hinsichtlich der praktischen Anwendung des Twin Peaks QFD Ansatzes zu wenige Informationen vorliegen.[668] Die alleinige Anwendung des HoQ wird als separater Ansatz mit aufgeführt, da er in der Praxis starke Verbreitung gefunden hat.[669] Die fokussierenden Ansätze werden dreigeteilt behandelt, d. h. das QFD-ID Deployment Rahmenwerk, der Blitz QFD – Ansatz und PriFo-QFD, da sich ihre Ausgestaltungen und damit auch Bewertungen durchaus signifikant in einigen Punkten unterscheiden. Zudem können die Beurteilungen insgesamt zwar absolut auf vergleichbarem Niveau liegen, jedoch können völlig unterschiedliche inhaltliche Charakteristika der Modelle zu der gleichen Einstufung führen. Von daher ist die Bewertung hier als Ganzes zu sehen, nicht auf einzelne Gestaltungsausprägungen, die aber als Begründungen für die Bewertungen angeführt werden.

5.6.1 Bewertung der Software QFD Modelle hinsichtlich der QFD Leitlinien

Tabelle 27 zeigt die Bewertung der Software QFD Modelle hinsichtlich der Leitlinien von QFD. Wie zu erwarten war, sind die Ergebnisse überwiegend im positiven Bereich,

---

666 Erinnert sei an die allgemeine Definition von QFD als Planungs-, Analyse- und Kommunikationsinstrument, siehe Kap. 3.2.

667 Vgl. ISO 16355-1 (2015), S. 23-46.

668 Dies ist nicht gleichbedeutend damit, dass es in der Gestaltung des Agilen Software QFD von vornherein keine Rolle spielt, denn die Elemente, die bekannt sind bleiben eine Option, wie z. B. die aggregierte „Software Requirements Table“, die Ableitung der Funktionalitäten aus Nutzungsszenarien oder auch die Fokussierung nur auf zwei Matrizen, das Software HoQ und die Gegenüberstellung der Funktionalitäten mit den Qualitätsmerkmalen, ohne klassisches HoQ. Siehe dazu Kap. 5.5.1.

669 Siehe für die Zahlen aus der Software QFD Literaturanalyse dazu Kap. 5.2.4 und für die Diskussion des HoQ als QFD-Modell 5.4.2.

einzig die alleinige Erstellung eines HoQ fällt deutlich ab. Eine solche QFD-Anwendung widerspricht auch dem Verständnis von QFD als den Entwicklungsprozess ganzheitlich begleitend. Als das klassische Werkzeug zur Priorisierung der Produktanforderungen auf Basis der Stakeholderbedürfnisse kann das „Tool" HoQ allerdings durchaus eine Fokussierung leisten.[670] Doch selbst bei der Förderung der internen und externen Zusammenarbeit als einem der zentralen Anliegen von QFD ist das HoQ alleine etwas schwächer als die anderen zu bewerten, da doch im Allg. die isolierte, selbst interdisziplinäre Erstellung einer Matrix dies nur punktuell fördern kann. Ähnliches gilt für den Austausch von Informationen, d. h. der Kommunikation. Die Analyse beschränkt sich dabei auf das HoQ. Die Transformation der Bedürfnisse in Produktanforderungen bis zu Entwicklungsvorgaben ist bestenfalls möglich.

QFD-Leitlinien vs. Software QFD Modelle	Klassisch umfassend	Fokussierend QFD-ID	Fokussierend Blitz QFD	Fokussierend PriFo-QFD	Nur HoQ	Continuous QFD
Leitlinie 1: Zusammenarbeit	+	++	++	++	O	++
Leitlinie 2: Kommunikation	+	+	+	+	O	++
Leitlinie 3: Analyse	++	+	+	+	-	O
Leitlinie 4: Fokussierung	O	+	++	++	+	++
Leitlinie 5: Transformation	++	+	O	O	-	+

Tabelle 27: Leitlinien von QFD vs. Software QFD Modelle[671]

Die anderen Modelle dominieren den „Nur HoQ" – Ansatz doch recht deutlich. Nur bzgl. Leitlinie 4, der Fokussierung, sind die umfassenden, klassischen Modelle schlechter. Sie beinhalten selbstverständlich auch das HoQ, aber eben noch sehr viel mehr Matrizen und Tabellen, so dass der Fokussierungsaspekt doch häufig bei der Masse an Informationen untergeht. Dagegen ist die ausgiebige Analyse aller die Qualität betreffenden Aspekte und deren weit in die Entwicklung reichende Transformation im Sinne eines tiefen Deployments die Stärke der klassischen Ansätze („comprehensive quality deployment").[672]

---

670 Siehe dazu Kap. 5.4.2.

671 Eigene Darstellung.

672 Siehe Kap. 5.3.1.

Ohnehin spiegelt sich in den QFD Modellen ein gewisser Trade-Off zwischen der Analyse auf der einen Seite und der Fokussierung auf der anderen Seite wieder. Grundsätzlich steht QFD für einen Ansatz, in der (grobe) Vollständigkeit vor Detaillierung geht.[673] Doch bei den fokussierenden Ansätzen wie Blitz QFD oder PriFo-QFD und auch Continuous QFD erfolgt früh im Entwicklungsprozess eine Konzentration auf das Wichtigste aus Stakeholdersicht. Dies wird in Entwicklungsvorgaben umgesetzt (also detailliert), so dass die Vollständigkeit bzw. Analysetiefe in den Hintergrund tritt, sobald fokussiert wurde. Bei CQFD geschieht dies aufgrund des iterativen Vorgehens noch verstärkt und früher als bei den fokussierenden Ansätzen. Diese Kombination aus Analyse und Fokussierung war in den Anfängen von QFD d. h. bei den klassischen Modellen nicht in dem Maße gegeben.

CQFD hat wiederum durch die höhere Anzahl Meetings (wenn auch kürzerer Dauer) die meisten Interaktionen unter allen Stakeholdern und deswegen einen (kleinen) Vorteil bei der Kommunikation. Und durch die immerhin fünf Matrizen, die es beinhaltet, gepaart mit dem iterativen Vorgehen begleitet es die Transformation doch in höherem Maße als Blitz QFD bzw. PriFo-QFD. In Tab. 27 sind überdies zwei weitere Aspekte gut ersichtlich. Zum einen stellt das QFD-ID Deployment Rahmenwerk aus Sicht der QFD-Leitlinien den besten Kompromiss aller QFD-Modelle dar, es ist durchweg positiv bewertet. Zum anderen ist grundsätzlich die Differenzierung der QFD-Ansätze vor allem hinsichtlich der Zusammenarbeit nur schwer möglich, denn die interdisziplinäre Teamleistung ausgerichtet auf ein gemeinsames Verständnis ist ein Kernanliegen von QFD.[674]

5.6.2 Bewertung der Software QFD Modelle hinsichtlich der agilen Gestaltungsanforderungen

Im Folgenden werden die Anforderungen gemäß der Agilen Prinzipien den Software QFD Modellen gegenübergestellt (siehe Tab. 28). Auf Basis der Bewertungen aus dem letzten Abschnitt kann der Abgleich der QFD-Leitlinien mit den agilen Werten aus Kap.

---

673 Vgl. Herzwurm et al. (2011a), S. 24.

674 Vgl. Pietsch (2008), S. 253-254. Es könnte auch argumentiert werden, dass Blitz QFD hinsichtlich der Zusammenarbeit die anderen Ansätze dominiert, da dort die frühe Interaktion mit und Beobachtung des Kunden („gemba“) in noch höherem Maße propagiert wird. Doch gleichzeitig ist Blitz QFD ein konsequenter Vertreter mathematischer Kalkulationen wie des AHP und der damit verbundenen Analysemöglichkeiten, die wiederum zu Lasten der Interaktion z. B. während der Priorisierung von Bedürfnissen gehen, siehe Kap. 5.4.2. In diesem Sinne sind die QFD-Modelle doch wieder vergleichbar einzuordnen.

5.1 als erste Orientierung für die Einordnung dienen. Auch wenn sie etwas umfassender sind, besitzen drei der fünf Leitlinien eine Entsprechung in Gestaltungsanforderungen: Leitlinie 1 und Anforderung A6 zur Zusammenarbeit, Leitlinie 2 und Anforderung A9 zur Kommunikation sowie Leitlinie 4 und Anforderung A11 zur Fokussierung. Die Beurteilung bzgl. dieser Anforderungen ergibt sich entsprechend aus Tab. 27 (Kap. 5.6.1).

In die Beurteilung von A1 zur Ausrichtung aller Aktivitäten am Business Value der Anforderungen und A8 zur Glaubwürdigkeit von Vorgehen und Ergebnissen spielt jeweils hinein, inwiefern sich die Ansätze von Anfang an[675] und durchgehend an den Stakeholderbedürfnissen orientieren. Da schneiden die QFD-Ansätze grundsätzlich gut ab, allerdings leidet die Glaubwürdigkeit der Analyse, wenn die Methodenanwendung nur sehr kurz erfolgt oder weniger transparent erscheint. Die Gefahr ist hier sicherlich bei der reinen Anwendung eines HoQ am größten, aber auch bei Blitz QFD kann durch die verkürzte, zudem in Teilen mathematisch geprägte Analyse die Nachvollziehbarkeit leiden, trotz großer Anstrengungen in vorgelagerten Aktivitäten zur Aufnahme der wahren Kundenstimme. CQFD kann da durch sein iteratives Vorgehen und häufigerer Interaktion mit den Stakeholdern etwas gewinnen, aber die fokussierenden Ansätze des QFD-ID Deployment Rahmenwerks und auch PriFo-QFD finden hier den besten Mittelweg.

Die Anforderungen A2 bis A5 beziehen sich alle mehr oder weniger direkt auf den Kern agiler Entwicklungen, des iterativen, inkrementellen Vorgehens unter Einholung und Verarbeitung von Feedback. Da sie darauf nicht ausgelegt sind, weisen hier alle QFD-Ansätze bis auf Continuous QFD eher unterdurchschnittliche Bewertungen auf. Die Konzentration auf wenige Artefakte wie bei Blitz QFD kann dabei zwar etwas helfen, aber nicht durchschlagend. Bei CQFD sind die Vorzeichen aufgrund der Ausrichtung an „unscharfen“ Entwicklungsaufgaben besser.[676] Jedoch ist dabei auch anzumerken, dass z. B. zum Umgang mit Anforderungsänderungen oder auch zur inkrementellen

---

675 Das bedeutet z. B. auch durch intensive Aktivitäten der Gewinnung von Anforderungen wie bspw. die schriftliche oder mündliche Befragung, die Beobachtung der Stakeholder, die Analyse von Dokumenten wie Verfahrensanweisungen o. ä. auch aus unterschiedlicher Perspektive, der Workshop mit mehreren Teilnehmern und dem Einsatz von Kreativitätstechniken wie Brainstorming, Kartenabfragen o. ä., vgl. zu diesen Techniken z. B. Pohl (2008), S. 323-390. Diese sind bei Blitz QFD und PriFo-QFD als den am meisten auf diese frühe Aufgabe abstellenden Ansätzen am umfangreichsten gegeben.

676 Siehe Kap. 5.5.2.

Erstellung und Verfeinerung von Bewertungen und Matrizen nur wenig konkrete Anleitungen zur Durchführung vorhanden sind.[677] Auch wird eine höhere Anzahl kürzerer Meetings propagiert, die konkrete Einbettung in einen Entwicklungsprozess bleibt jedoch recht grob.[678] Trotzdem zeigt CQFD hier die deutlich besten Voraussetzungen zur Anwendung im agilen Umfeld.

Anforderung A10 zur Berücksichtigung von Qualitätsmerkmalen und Design-Einschränkungen ist rein operativ zu beurteilen, wobei hier die stark fokussierenden Ansätze etwas schlechter abschneiden, CQFD wiederum aufgrund der Technikorientierung etwas besser. Die Anforderungen A7, A12 und A13 zum dauerhaft motivierenden Vorgehen, zur Selbstorganisation des Teams und dem Commitment unter allen Stakeholdern hängen nun in starkem Maße von der organisatorischen Ausgestaltung der Anwendung ab und sind deswegen nur schwer pauschaliert für die QFD-Modelle einzuschätzen. Für die agilen Modelle hängen diese Dinge auch unmittelbar zusammen: Wenn ein Team die Freiheiten hat, selbst zu entscheiden, was im nächsten Inkrement realisiert wird, wieviel Aufwand einzelne Arbeitsaufgaben benötigen und wie sie die Umsetzung gestalten, handeln sie eigenverantwortlich, fühlen eine gemeinsame Verpflichtung, die gesetzten Ziele zu erreichen und erfahren dann durch die Erreichung der Ziele eine hohe Motivation, auch in Zukunft in dieser Art zu verfahren.[679] Dazu kommt die Lernkomponente: Die Mitglieder des cross-funktionalen Teams befruchten sich gegenseitig, lernen voneinander und werden so motiviert, das Erlernte in der nächsten Iteration anzuwenden und auszubauen.[680]

Von daher sind diese drei Anforderungen sicherlich nicht durch die fachlich-technische Ausgestaltung einer Methode wie QFD vollständig erfüllbar. Allerdings ist das Commitment (A13) gegenüber dem zu entwickelnden Produkt und dem Wohle des Kunden im Sinne eines gemeinsamen Verständnisses ein zentrales Versprechen von QFD und wird auch explizit zu seinen Vorteilen gezählt.[681] Etwas anders sieht es bzgl. der Motivation (A7) aus, zumindest sind unter den in Kap. 3.7 angeführten Nachteilen wie den aufwendig zu erstellenden, unübersichtlichen Matrizen oder der längeren Einarbei-

[677] Vgl. Herzwurm et al. (2000a), S. 89-90, Herzwurm et al. (2000b), S. 94-95.
[678] Vgl. Herzwurm et al. (2000a), S. 97-98, Herzwurm et al. (2000b), S. 103-108.
[679] Vgl. Schwaber und Beedle (2002), S. 148-149.
[680] Vgl. Cohn (2010), S. 216, Highsmith (1997), S. 27, Karhatsu et al. (2010), S. 2, 3, Nonaka und Takeuchi (1986), S. 139-140.
[681] Siehe Kap. 3.6. und 3.7.

tungszeit durchaus demotivierende Faktoren gegeben. Blitz QFD könnte da im Verhältnis etwas besser abschneiden durch die oft sehr schlanke Durchführung völlig ohne Matrizen. Schließlich steht die Fähigkeit von QFD, die Selbstorganisation zu fördern (A12), in dem Spannungsfeld zwischen Flexibilität und Konformität. Auf der einen Seite ist QFD offen für die Einbindung anderer Methoden und Varianten der Anwendung,[682] auf der anderen Seite bedingt es – wie jede Methode – gewisser Regeln, die auch i. d. R. eine (wenn auch neutrale) Moderation erfordern.[683] Allein der Blick auf die Matrixketten der Software QFD-Modelle zeugt durchaus von Komplexität. Von daher ist bezüglich dieser Anforderung sicherlich noch Verbesserungsbedarf gegeben, vielleicht im Sinne weniger, einfacher, klarer Regeln („generative rules"), die den nötigen Raum für Kreativität lassen.[684]

Gestaltungsanforderungen gemäß Agiler Prinzipien vs. Software QFD-Modelle („/" steht für eine Bewertung zwischen 2 Stufen)	Klassisch umfassend	Fokussierend QFD-ID	Fokussierend Blitz QFD	Fokussierend PriFo-QFD	Nur HoQ	Continuous QFD
A1: Ausrichtung Business Value	+	+/++	++	++	O	+/++
A2: Iterationen	--	-	O	-	-	O/+
A3: Inkrementell Wachsen	--	-	O	O	-	O/+
A4: Feedback	-	-	O	O	-	+
A5: Änderungen	--	-	O	O	O	O/+
A6: Zusammenarbeit Kunde	+	++	++	++	O	++
A7: Motivierend	--	O	+	O	-	O
A8: Glaubwürdig	+	++	O/+	++	-/O	+
A9: Direkte Kommunikation	+	+	+	+	O	++
A10: QM und Design-Constraints	++	++	O/+	+	-	+/++
A11: Fokussierung	O	+	++	++	+	++
A12: Selbstorganisation	-	-/O	-/O	-/O	O	O
A13: Commitment	O	+	+	+/++	-	+/++

Tabelle 28: Gestaltungsanforderungen gemäß Agiler Prinzipien vs. Software QFD Modell[685]

[682] Vgl. z. B. die ausführlichere Darstellung des QFD-ID Deployment Rahmenwerks in Kap. 5.4.1, Abb. 34.
[683] Siehe z. B. die Darstellung der QFD-Basistechniken in Kap. 5.2.
[684] Vgl. Highsmith und Cockburn (2001), S. 122, Highsmith (2002), S. 184-187.
[685] Eigene Darstellung.

Tabelle 28 zeigt, dass Continuous QFD zwar nicht alle anderen Software QFD Modelle in jedem Punkt dominiert, aber doch gerade bei den zentralen Anforderungen A2 bis A5 am besten abschneidet. Die weiteren 14 Gestaltungsanforderungen gemäß der agilen Entwicklungsmodelle[686] ließen sich jetzt ebenfalls den Software QFD-Modellen gegenüberstellen, doch da diese deutlich konkreter sind als die Anforderungen A1 bis A13 würde eine Bewertung der QFD-Modelle pauschaliert nicht aussagekräftig sein. Zudem sind sie wesentlich aus dem iterativen Entwicklungsprozess in Inkrementen abgeleitet, wodurch eine noch höhere Dominanz von CQFD zu erwarten wäre.

Von daher bietet es sich an, die grundsätzliche Gestaltung von CQFD als Ausgangspunkt für die Einbettung in bzw. Verbindung zum agilen Entwicklungsmodell zu nutzen. Dies ist auch deswegen sinnvoll, da die Motivation für die agile Entwicklung durchaus ähnlich der für die dynamischen Software QFD Modelle ist.[687] In diesem Sinne kann das Agile Software QFD auch als Beitrag zu den dynamischen Modellen verstanden werden. Das bedeutet allerdings nicht, dass die anderen Modelle bzw. einzelne Praktiken daraus nun gänzlich unberücksichtigt bleiben, sie bleiben eine Option.[688]

5.7 Agiles Software QFD

In diesem Kapitel wird ein Vorschlag für das Agile Software QFD dargestellt. Dazu werden Vorschläge für die Verbindung und Unterstützung von Agiler Softwareentwicklung mit und durch Software QFD aufgezeigt. Gleichwohl verändert sich dabei auch die Anwendung von Software QFD. Die Beschreibung orientiert sich an den Gestaltungsanforderungen A14 bis A27, die abgeleitet aus dem Ablauf und den Artefakten agiler Modelle hinreichend konkret für diese Aufgabe sein sollten. Die Anforderungen A1 bis A13 spielen zum einen über Beziehungen zu den konkreteren Gestaltungsanforderungen hinein (A14 konkretisiert A1, A18 konkretisiert A5), zum anderen über die im vorangegangen Kapitel identifizierten Schwächen des Continuous QFD.

Wie im vorangegangen Kapitel ersichtlich, muss sich QFD bzw. CQFD nicht völlig neu erfinden, denn bei acht von 13 Anforderungen schneidet es gut oder besser ab und auch bei den restlichen fünf durchschnittlich. Allerdings repräsentieren diese fünf Anforderungen durchaus Kernelemente des agilen Ansatzes: das iterative, inkrementelle

[686] Siehe Kap. 4.6.2.
[687] Siehe dazu auch den Anfang von Kap. 5.5.
[688] So z. B. die Maximum Value Table des Blitz QFD – Ansatzes als spezielle Form des Relationendiagramms.

Vorgehen, den Umgang mit Anforderungsänderungen und die motivierende Arbeit in sich selbstorganisierenden Teams (A2, A3, A5, A7 und A12). CQFD fehlt die konkrete Einbettung in einen (agilen) Entwicklungsprozess genauso wie die Verbindung zu den Artefakten agiler Entwicklung, allen voran den User Stories und dem Product Backlog. Auch die Gestaltungsvorschläge, z. B. eine größere Anzahl kurzer Meetings abzuhalten, geben wenig Handlungsanleitung wie dies bei agiler Entwicklung aussehen könnte.

So wird nachfolgend in Kap. 5.7.1 die Ausrichtung am Business Value (A1) bzw. konkret die Ordnung des Product Backlog gemäß Business Value (A14) zuerst untersucht, da dies neben der Fokussierung (A11) und der Zusammenarbeit mit den Kunden (A6) eine der Stärken von QFD ist.[689] Daneben werden die weiteren, unterstützenden Bewertungsaktivitäten der Anforderungen (A15 bis A17) und Auswahlentscheidungen für das nächste Inkrement aufgegriffen (A19 und A24). Da vorrangig die wesentlichen QFD Techniken der Matrix und der Priorisierung bezogen auf die agilen Artefakte der User Stories und des Backlogs behandelt werden, handelt es sich um eine artefaktorientierte (oder produktorientierte) Integration. Kap. 5.7.2 widmet sich dann der prozessorientierten Integration indem mögliche Varianten eines Ablaufs der Einbettung der QFD Techniken in eine agile Entwicklung beschrieben werden. Damit richtet sich dieses Kapitel vorrangig an den Anforderungen A2 und A3 zum iterativen, inkrementellen Vorgehen aus.

Eine Aktivität, die sowohl im CQFD als auch z. B. im PriFo-QFD oder Blitz QFD essentiell vor Start einer Entwicklung ist,[690] ist das in Kap. 5.3.2 eingeführte und in 5.4.2 detaillierte sog. customer deployment. Es dient zur Identifikation von Kundensegmenten bzw. Stakeholdern (insb. Kunden und Nutzern), ihrer Bedeutung für das Entwicklungsprojekt sowie ihrer Vertreter zur Anwesenheit in den Meetings.[691] Die Bedeutung ist sowohl für QFD als auch für agile Modelle aufgrund der Orientierung an kundenorientierten Werten hoch.[692] Sie wird im Folgenden allerdings nicht weiter betrachtet, da sie sich in beiden Welten nicht grundlegend voneinander unterscheidet.

---

689 In den Tabellen 27 und 28 in Kap. 5.6 zur Bewertung der Software QFD Modelle sehr offensichtlich.

690 Neben den weiteren organisatorischen Dingen zur Teamzusammensetzung und zur initialen Produktdefinition (Scoping), siehe dazu Kap. 5.1, auch Herzwurm et al. (2000b), S. 55-57, 234-238.

691 Vgl. dazu Herzwurm et al. (2000b), S. 58-60, 238-242, Leffingwell (2011), S. 122-129.

692 Siehe den Anfang von Kap. 5.1 und zur Bedeutung des Customer Deployments für eine kundenorientierte Softwareproduktentwicklung Herzwurm (2000), S. 238-243.

5.7.1 QFD zur Ausrichtung am Business Value

„The key point is that agile approaches plan features, not tasks, as the first priority because features are what customers understand."[693] Genau in diesem Sinne priorisieren (nahezu) alle agilen Ansätze die Produktanforderungen im Backlog. Das ist immerhin besser als direkt die Umsetzung, die „tasks", zu planen, denn bevor festgelegt wird, *wie* etwas realisiert wird (die tasks), sollte allen Beteiligten klar sein, *was* realisiert werden soll (die Produktanforderungen). Aber damit der Lösungsraum nicht zu früh zu stark beschnitten wird und der Blick für alternative Lösungen behindert wird,[694] sollte bevor dem „was realisiert wird" klar sein, *wozu (bzw. warum)* etwas realisiert werden soll, eben zur Erfüllung von Stakeholderbedürfnissen. Auch wenn der Begriff Business Value durchaus verschieden interpretiert wird[695] und vor allem in die Entscheidung für die umzusetzenden Anforderungen des nächsten Inkrements noch andere Aspekte einfließen,[696] der Business Value im Sinne der Vorteile, die ein Kunde bzw. ein Stakeholder aus der Nutzung des Produkts zieht, bildet die Basis.[697]

Der operative Ansatz, den jede QFD-Anwendung an dieser Stelle wählt ist die Trennung von Problem- und Lösungsraum, von Stakeholderbedürfnissen und Produktanforderungen. Dies geht über die in A20 geforderte Berücksichtigung von Stakeholderbedürfnissen und Produktanforderungen hinaus. Durch die Trennung eröffnet sich gleichzeitig die Möglichkeit der separaten Analyse. Insb. besteht so die Chance, die Bedürfnisse unabhängig von den Produktanforderungen zu beurteilen und nicht wie bei der alleinigen Betrachtung von User Stories immer in Kombination von Bedürfnis und Anforderung. So ist von Anfang der Entwicklung an konsequent eine Ausrichtung am Business Value (A1) möglich.

Gleichzeitig besteht die Chance, u. U. „bessere" Lösungen für das Bedürfnis zu finden, seien es solche mit weniger Risiko, Aufwand und Abhängigkeiten oder auch solche, die Synergien zu anderen Lösungen oder ähnliche Wirkungen auf dasselbe Bedürfnis

693 Highsmith und Cockburn (2001a), S. 121.

694 Vgl. Ebert (2014), S. 96-97, 138.

695 Vgl. Racheva et al. (2009), S. 146-151.

696 Vgl. Bakalova et al. (2011), S. 186-188, Racheva et al. (2010a), S. 2-4. Siehe auch Kap. 4.5.2. und 4.5.3.

697 Patton, der Begründer der agilen Technik des Story Mapping, drückt dies sehr weitreichend aus: „And we don't measure outcome by the number of features delivered, or what people have the capability to now do. We measure what people actually do differently to reach their goals as a consequence of what you've built, and most important, whether you've made their lives better." Patton (2014), S. xxxix.

besitzen. Selbstverständlich muss die Verbindung (oder auch Synthese) von Problem- und Lösungsraum, von Bedürfnissen und Anforderungen, die diese befriedigen (A21), ihrer getrennten Analyse folgen, denn sonst bliebe die Entwicklung ohne konkrete Vorgaben. Von daher ist die Verbindung, die User Stories zwischen Problem- und Lösungsraum herstellen gut und richtig, indes erst nachdem vorher Problem- und Lösungsraum getrennt betrachtet wurden.

User Stories repräsentieren 1:1-Beziehungen, d. h. in der einfachen Notation[698] von „um (Bedürfnis) zu befriedigen, möchte ich (Produktfunktion)" verbinden sie genau ein Bedürfnis und eine Produktfunktion. Das ist alles andere als der Normalfall, denn Produktfunktionen haben selten nur eine singuläre Wirkung auf genau ein Bedürfnis, allein schon deswegen, weil Funktionen oft in verschiedenen Kontexten und von verschiedenen Nutzern genutzt werden können. Genauso wie Bedürfnisse verschiedene Lösungen haben können, können Funktionen bzw. generell Anforderungen mehrere Bedürfnisse (zumindest teilweise) befriedigen. Die agile Entwicklung abstrahiert davon, in dem es die User Story als Kernwirkungsbeziehung nimmt, ggf. dann noch Abhängigkeiten dazu notiert,[699] aber diese Wirkungen nicht explizit macht und auch nur am Rande (über die Abhängigkeiten) in die Beurteilung der User Story einfließen lassen. Das kann für eine einfache bzw. unmittelbare 1:1 – Beziehung von einer Anforderung zu einem Bedürfnis ausreichen. Da genügen dann die Priorisierung dieses Bedürfnisses aus und die Übertragung dieser Beurteilung auf die Anforderung. Das entspricht der Situation im Matrixdiagramm links in Abb. 42 mit nur 1:1-Beziehungen, in denen jede Matrixzelle eine User Story repräsentiert.

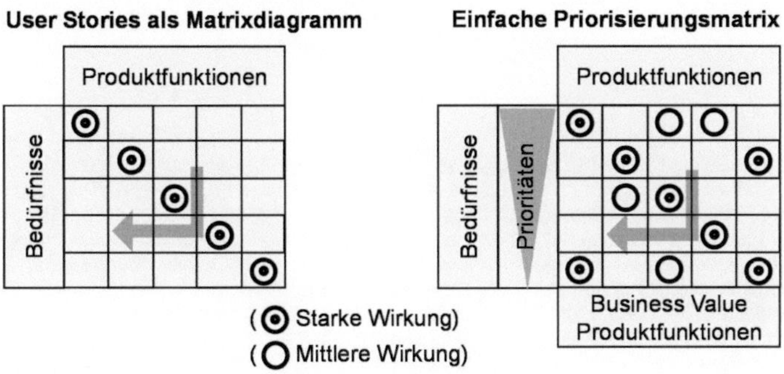

Abbildung 42: Priorisierung der Produktanforderungen gemäß Business Value in QFD[700]

698 Hier ohne Stakeholder-Zusatz, der sich leicht ergänzen lässt: „Als (Stakeholder) möchte ich…", siehe auch Kap. 4.5.1.

699 Siehe die Notation der User Story Karte in Abb. 18, Kap. 4.5.1.

700 Eigene Darstellung.

Aber bereits bei einer Abhängigkeit zu einer anderen User Story könnten alternative Lösungen vielversprechender sein oder andere Bedürfnisse ebenfalls tangiert werden und eine m:n Priorisierungsmatrix zur Bewertung hilfreich sein (Abb. 42, rechts). Es reicht dabei schon einfache Symbolik, um eine Priorisierung der Funktionen für den Product Backlog gemäß der von Anforderung A14 geforderten ordinalen Reihenfolge zu erreichen. Werden die Bedürfnisse in eine einfache Rangfolge gemäß ihres Business Value gebracht (angedeutet durch das auf der Spitze stehende Dreieck in Abb. 42, rechts), so sind alle Wirkungen, die in den oberen Zeilen eingetragen sind höher zu beurteilen als die unteren.[701] Dabei liegt der Fokus auf den starken und mittleren Wirkungen, schwache Wirkungen, wie in klassischen Priorisierungsmatrizen ebenfalls verwendet, helfen im Verhältnis zum damit verbundenen Erkenntnisgewinn zu wenig bei der Differenzierung.[702]

Selbst wenn z. B. nur zwei oder drei verschiedene Ranggruppen von Bedürfnissen gemäß ihres Beitrages zum Business Value gebildet werden (statt einer ordinalen Reihenfolge), so könnte über die Priorisierungsrechnung der Matrix mit hoher Wahrscheinlichkeit eine Differenzierung der Funktionen erreicht werden,[703] spätestens nach der Bewertung der Funktionen hinsichtlich Umfang/Aufwand der Umsetzung kommt im Allg. eine eindeutige Reihenfolge zustande. QFD fordert dabei, die Priorisierung einer Information von den Personen durchführen zu lassen, welche sie „besitzen", d. h. die Bedürfnisse sind von den verantwortlichen Stakeholdern zu priorisieren.[704] Übertragen auf die agile Entwicklung mit Scrum bedeutet das, dass der Product Owner als Verantwortlicher für die Reihenfolge im Backlog den direkten Kontakt zu den Stakeholdern haben und auch Informationen einfordern muss.[705] Vorteil ist dann, dass auch ver-

---

701 Im fiktiven Beispiel der Abb. 42 rechts würden die Funktionen der ersten und zweiten Spalte gewählt, und wenn noch Budget vorhanden ist, ggf. die vierte Spalte. Grund ist, dass die Funktion in Spalte 5, trotz zweier starker Korrelationen, von Spalte 1 und 2 dominiert werden. Die Funktion in Spalte 4 ist nun die einzige mit Wirkung auf das Bedürfnis in der vierten Zeile wohingegen auf das Bedürfnis 3, auf das auch Funktion 3 wirkt, auch die Funktion der zweiten Spalte wirkt.

702 Deutlich wird diese Haltung auch bei „Übersetzung" der Wirkungen in die klassischen absoluten Zahlenwerte 0, 1, 3 und 9, die Differenzierung zwischen 0 und 1 ist eben gering, wohingegen der Unterschied zwischen mittlerer und starker Wirkung groß ist. Dies auch um Herauszustellen, dass eine starke Wirkung wirklich einen deutlichen Unterschied ausmacht zur Mitte, welche die 3 repräsentiert (und nicht etwa nicht vorhanden ist, wie bei 4 Stufen angenommen werden könnte). Siehe zu den Korrelationswerten auch Kap. 5.2.4.

703 Siehe dazu die Beispiele in Kap. 5.8.4.

704 „Prioritization should be done by the group that 'owns' the information. Customer needs should be prioritized by the customer." ISO 16355-1 (2015), S. 11.

705 Dies führt auch im Allg. zur Teilnahme der Stakeholder am (ersten) Grooming Meeting, siehe Kap. 5.7.2.

schiedene Kundensegmente berücksichtigt werden können und so die Stakeholderperspektive nicht nur innerhalb einer User Story isoliert, sondern übergreifend über alle Bedürfnisse berücksichtigt werden kann (A22).[706]

Die User Stories sollten im Agilen Software QFD grundsätzlich als bekannte und bewährte Einheit der Diskussion und Ermittlung von Anforderungen in agiler Entwicklung erhalten bleiben (A23).[707] Sie enthalten auch bei Benutzung der Standardvorlage[708] sowohl Bedürfnis als auch Anforderung. QFD ist hier geprägt durch die „Warum" bzw. „Wozu"-Frage, um den wirklichen Zweck einer Funktionalität bzw. eines Qualitätsmerkmals zu eruieren.[709] Auch die Visualisierung auf Karten ist sicherlich sinnvoll und wird auch in QFD praktiziert für die Bedürfnisse und Anforderungen. Die Matrizen, die dann ggf. erstellt werden sind kleiner (es geht „nur" um die nächste Iteration) und vorgefüllt auf der Diagonalen durch die Elemente der User Story (und ggf. Abhängigkeiten). Die Priorisierung gemäß Business Value kann gemäß der genannten einfachen Verfahren zügig erfolgen. So wird auch die Scheu vor dem „Tool" Priorisierungsmatrix bzw. HoQ genommen. Denn sie kann von dieser Basis kommend inkrementell wachsen, sozusagen von links oben, zeilenweise die wichtigsten Bedürfnisse betrachtend, mit potentiellen neuen Lösungen rechts dazu kommend und ggf. neuen Bedürfnissen nach unten. Letztere natürlich nur, wenn sie in der Priorisierung hinreichend hoch eingeordnet werden, sonst werden sie nicht berücksichtigt. Abb. 43 verdeutlicht dies schematisch.

Wenn Matrix 5 (Abb. 43) das Endergebnis wäre, dann wäre die Backlog-Reihenfolge Anforderung 1 vor 4 vor 5.[710] Und durch die Analyse ist zudem die (zusätzliche) Information gewonnen, dass es zwei alternative Lösungen gibt, Anforderung 2 und 3, die entweder eben gar nicht realisiert werden, da sie weniger positive Wirkungen auf den

---

706 So kann eine getrennte Priorisierung nach Kundengruppen erfolgen, die dann gemäß der Bedeutung einzelner Kundengruppen zu einer Bewertung aggregiert werden kann, vgl. Herzwurm et al. (1997), S. 92-94, 99-100.

707 Ähnlich der simultanen Ermittlung von Bedürfnissen und Produktanforderungen im Continuous QFD, siehe Kap. 5.5.2.

708 Siehe Kap. 4.5.1.

709 Siehe dazu die 6W-Fragen, vgl. Herzwurm et al. (1997), S. 85, ISO 16355-1 (2015), S. 49, siehe auch Kap. 5.7.2.

710 Die Spitzenposition von Anforderung 1 war theoretisch schon nach Schritt (2) sehr wahrscheinlich, da nur sie eine starke Wirkung auf das wichtigste Bedürfnis 1 hat. An dieser Stelle besteht auch die Möglichkeit, das Bedürfnis 1 (und damit im Prinzip aufgrund der 1:1-Beziehung auch die Anforderung 1) aus der Analyse rauszunehmen. Allerdings wird durch die weitere Analyse bis Schritt (5) deutlich, dass auch andere Anforderungen eine Wirkung auf Bedürfnis 1 besitzen, wie z. B. Anforderung 5. Dies kann bei der Umsetzung der Anforderungen im Backlog eine Rolle spielen z. B. in dem Anforderung 5 einen Teil der Erfüllung des Bedürfnisses 1 übernimmt.

Business Value haben als 4 und 5. Oder die als Alternativen herhalten können, falls z. B. größere Risiken oder hohe Aufwände gegen die Umsetzung der Anforderungen 4 und 5 sprechen.

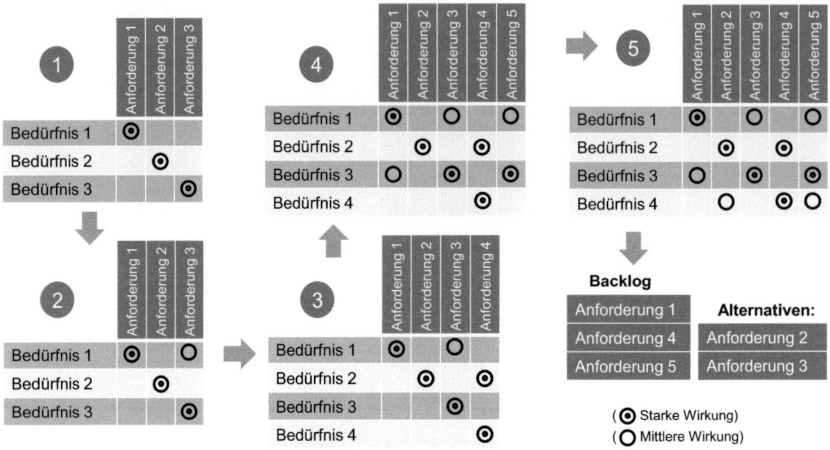

Abbildung 43: Inkrementell wachsende Matrix auf Basis existierender User Stories[711]

Das zeilenweise Vorgehen zum inkrementellen Aufbau der Matrix kann auch zur Ermittlung von möglichen Produktanforderungen entlang der wichtigsten Bedürfnisse ohne direkten Bezug zu existierenden User Stories genutzt werden (Abb. 44).

Die Matrix aus Abb. 44 wächst durch das zeilenweise Vorgehen der Suche nach Lösungen für Bedürfnisse nur unterhalb der Diagonalen. Das Vorgehen kann nach jedem Schritt abgebrochen werden, da immer den wichtigsten Bedürfnissen auch starke Wirkungen entgegenstehen. So entspräche die Reihenfolge des Backlogs nach Schritt (3) genau der nach Schritt (4), auch wenn durch den letzten Schritt noch die starke Wirkung von Anforderung 3 auf Bedürfnis 4 als zusätzliches Argument für dessen Position im Backlog erkannt wird.

711 Eigene Darstellung. Ausgehend von drei Stories (1) wird zeilenweise fortgeschritten, also hinterfragt, wie das Bedürfnis befriedigt werden kann bzw. ob unter den vorhandenen Anforderungen noch welche sind, die auch zur Bedürfnisbefriedigung beitragen. So ist es in (2), wodurch Anforderung 3 an Bedeutung gewinnt. Mit Analyse von Bedürfnis 2 tritt eine neue Anforderung 4 zu Tage, aber auch ein „neues" Bedürfnis 4, so dass Anforderung 2 durch die neue Anforderung 4 dominiert wird (3). Mit Analyse von Bedürfnis 3 kommt wiederum einen neue Anforderung 5 hinzu, die nun Anforderung 3 dominiert (4). Im letzten Schritt (5) bietet sich Anforderung 2 wiederum als Alternative zu Anforderung 4 an (genauso wie Anforderung 3 eine Alternative zu Anforderung 5 bleibt), falls andere Gründe wie z. B. Risiken oder hohe Aufwände zur Umsetzung dagegen sprechen.

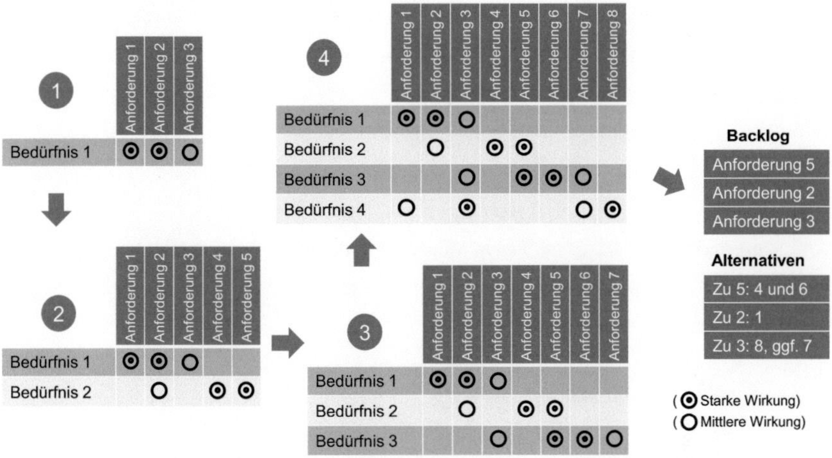

Abbildung 44: Inkrementell wachsende Matrix starker und mittlerer Wirkungen[712]

Die Matrixaufbau lohnt sich vor allem dann, wenn hoch priorisierten Bedürfnissen mehreren Lösungen gegenüberstehen, bei denen nicht unmittelbar klar ist, welche zu bevorzugen ist. Neben der Validierung, ob eine mögliche Lösung wirklich den Bezug zu einem Bedürfnis hat, werden dann vor allem Synergien zu Erfüllung anderer Bedürfnisse wichtig. Hierfür bietet die Matrixdarstellung eine übersichtliche Form. Alternativ kann auch ein Relationendiagramm ähnlich einer Maximum Value Table genutzt werden. Es muss allerdings noch mehr als die Matrix nur auf die starken Wirkungen fokussieren, denn sonst leidet die Übersichtlichkeit. Die dokumentierte Darstellung folgt da i. d. R. mit einer Tabelle (Abb. 45).

In Abb. 45 sind auch Beziehungen der Qualitätsmerkmale zu Funktionen dargestellt. Dies zielt auf den Zusammenhang ab, dass bei der Realisierung von Funktion 1 insb. auf die Qualitätsmerkmale 1 und 2 zu achten ist.[713] Abhängigkeiten wie positive Synergien und negative Konflikte zwischen Produktanforderungen resultieren vor allem aus (Vor-)Überlegungen zu Realisierungen der Anforderungen, d. h. bei der Ableitung der Tasks (A26). Wie mögliche weitere Bewertungen insb. zum Aufwand/Umfang der

[712] Eigene Darstellung. Startend mit dem wichtigsten Bedürfnis 1 werden jeweils die Anforderungen mit stärkster Wirkung zur Erfüllung der Bedürfnisse ermittelt, ggf. auch noch solche mit mittlerer Wirkung. Mit Schritt (2) erhält Anforderung 2 einen Vorteil gegenüber Anforderung 1, da sie ebenfalls auf Bedürfnis 2 wirkt. Mit Schritt (3) wird Anforderung 5 aufgrund der starken Wirkung auf direkt zwei Bedürfnisse zur wichtigsten Anforderung gemäß Business Value. Mit Schritt (4) klärt sich, dass Anforderung 3 aufgrund seiner weiterreichenden Wirkung als Anforderung 8 an die dritte Position im Backlog kommt. Es gibt aber einer Reihe von Alternativen (rechts unten in Abb. 44), die in Überlegungen bei der Umsetzung des Backlogs einfließen können.

[713] Siehe Kap. 2.1.1.

Umsetzung, den Risiken oder dem möglichen Nachteil („penalty"), wenn eine Funktion nicht realisiert wird bzw. auf später verschoben („cost of delay")[714] wird, beziehen sich diese alle auf die Produktanforderungen (A15 bis A17). Für die Bedürfnisseite hat QFD den klassischen Qualitätsplan[715] bzw. auch angepasste weiterführende Bedürfnisbewertungen[716] entwickelt. Für die Produktanforderungen gibt es allerdings keine originäre QFD Technik. So ist z. B. die auch in der agilen Welt verbreitete Bewertung von Anforderungen nach Wiegers[717] eine Möglichkeit die nach Business Value wichtigsten Produktanforderungen weiter zu detaillieren, um sie für den Sprint Backlog des nächsten Inkrements auszuwählen (A19).

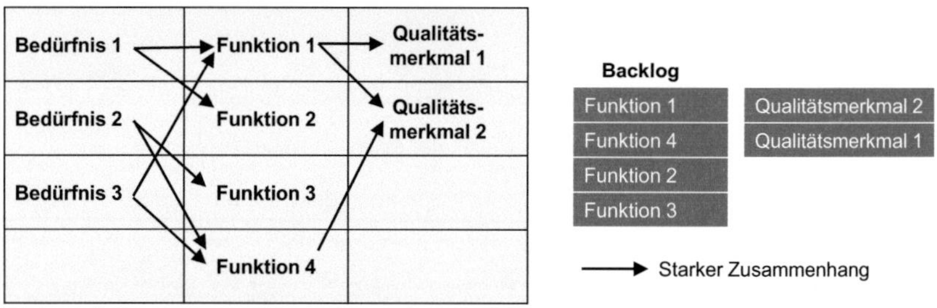

Abbildung 45: Relationendiagramm als Tabelle[718]

QFD bietet für alle bisher in diesem Kapitel dargestellten Bewertungen von Business Value bis Abhängigkeiten eine kompakte Darstellung: das House of Quality. Von daher ist es sogar möglich, den Product Backlog „nur" durch ein HoQ abzubilden (Abb. 46). Der Lösungsraum in diesem HoQ besteht wie bei CQFD aus Produktfunktionen und Qualitätsmerkmalen. Deren positive wie negative Abhängigkeiten untereinander können im Dach dokumentiert werden (in Abb. 46 angedeutet mit +/- Zeichen).[719]

[714] Vgl. Leffingwell (2011), S. 263-268, Roock und Wolf (2016), S. 55-57.

[715] Siehe Kap. 5.2.4.

[716] So wurde innerhalb der QFD-ID Best Practice Arbeitskreise ein dreigeteilter Qualitätsplan nach harten Faktoren (Wichtigkeit und Konkurrenzvergleich), weichen Faktoren (Maslow-Bedürfnispyramide und Kano-Kategorien) und monetärem Nutzwert entwickelt, vgl. Herzwurm et al. (2011a), S. 24.

[717] Die Priorisierungsmatrix nach Wiegers kombiniert den Business Value („benefit"), den möglichen Nachteil („penalty"), die Kosten und das Risiko jeweils auf fiktiven Skalen von 1-9 zu einer aggregierten Prioritätszahl, vgl. Wiegers (1999) sowie Cohn (2006), S. 117-119, Pohl (2008), S. 536-538, Gloger (2016), S. 137-138.

[718] Eigene Darstellung. Funktion 1 dominiert Funktion 4 unter der Annahme, dass Bedürfnis 1 für die Stakeholder wichtiger ist, gleiches gilt für die Reihenfolge bei Funktion 2 und 3. Qualitätsmerkmal 2 hat starken Zusammenhang zu beiden Top-Funktionen und dominiert deswegen Qualitätsmerkmal 1. Die Pfeile zwischen Bedürfnissen und Funktionen stehen für Zweck-Mittel-Beziehungen, die Pfeile zwischen Funktionen und Qualitätsmerkmalen, deuten auf Schwerpunkte der Umsetzung bei den Funktionen hin. Einfach möglich ist bei der Darstellung als Tabelle auch die Ergänzung weiterer Spalten wie z.B. der Stakeholder oder Design-Einschränkungen, allerdings leidet u.U. die Übersicht.

[719] Dazu kann auch eine einfache Matrix sowohl in den Spalten als auch in den Zeilen bestehend aus den Produktanforderungen genutzt werden.

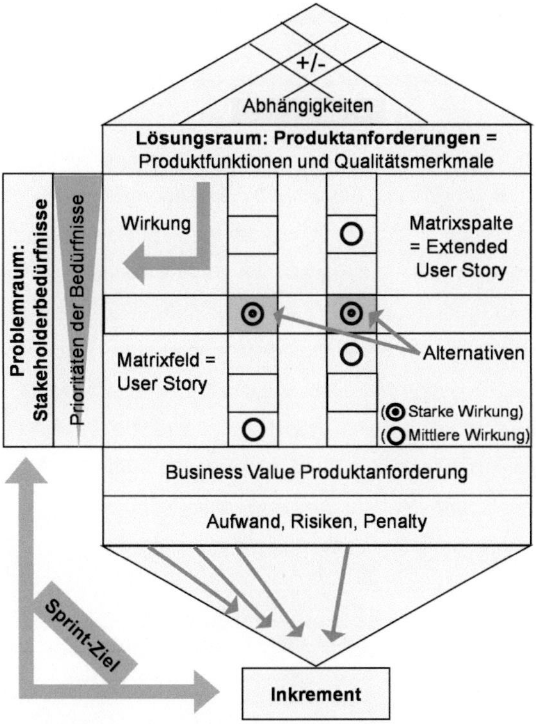

Abbildung 46: House of Quality als Product Backlog (Priority Map)

Eine Matrixspalte kann als „Extended" User Story verstanden werden, denn sie zeigt alle Wirkungen, die eine Produktanforderung auf die Bedürfnisse hat. Eine Zeile zeigt alle Anforderungen, die auf das betrachtete Bedürfnis wirken, insb. zeigt es alternative Gestaltungen i. d. R. gekennzeichnet durch mehrere starke Wirkungen, d. h. mehrere unterschiedliche User Stories. Die Bewertungen der Produktanforderungen können unterhalb der Matrix notiert werden und auf Basis aller Bewertungen zusammen inkl. der Abhängigkeiten können die Produktanforderungen ausgewählt werden für das nächste Inkrement. Ähnlich der Outcomes des Story Mapping kann über die starken Wirkungen der ausgewählten Produktanforderungen zu den Bedürfnissen ein aggregiertes und motivierendes Sprintziel abgeleitet werden. Durch den Fokus auf die Priorisierung lässt sich das HoQ aus Abb. 46, analog der Story Map als Product Backlog,[720] auch als „Priority Map des Product Backlog" bezeichnen.

720 „The New User Story Backlog is a Map." Patton (2008).

5.7.2 Iterativer Ablauf des Agilen Software QFD

Im Folgenden werden Varianten der Einbettung der in 5.7.1 beschriebenen Techniken des Agilen Software QFD (ggf. ergänzt um weitere) in einen agilen Entwicklungsprozess beschrieben. Entscheidend ist dabei das Wirken im Iterationszyklus.[721] Die QFD-Haupttätigkeiten der Gewinnung, Abstimmung und Umsetzung von Anforderungen finden sich darin gut wieder.[722] So gibt es in jeder Iteration eine Pflege des Backlogs im Sinne der Gewinnung von Anforderungen, darauf aufbauend eine Abstimmung bzgl. der umzusetzenden Anforderungen in der nächsten Iteration im ersten Planungsmeeting und eine mit dem zweiten Planungsmeeting startende Umsetzung von Anforderungen. Ähnlich, wenn auch nicht deckungsgleich, lassen sich die 3C's der User Stories[723] mit den QFD-Haupttätigkeiten assoziieren: „Card" zur Gewinnung von User Stories, „Conversation" zur Diskussion und Abstimmung derselben und „Confirmation" zum Start der Detaillierung der User Stories in konkrete Entwicklungsaufgaben (Sprint-Aufgaben). Abb. 47 zeigt diese Zusammenhänge schematisch.

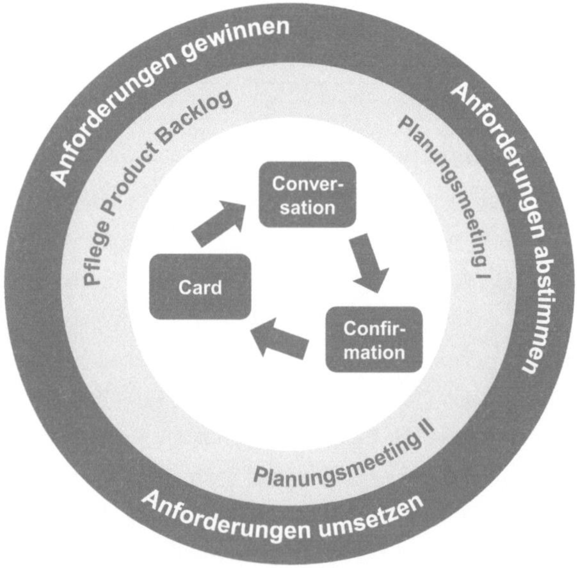

Abbildung 47: Schematische Einbettung der QFD-Haupttätigkeiten in den Iterationszyklus agiler Entwicklung[724]

[721] Siehe Kap. 4.5.3.
[722] Siehe Kap. 3.3.
[723] Siehe Kap. 4.5.1, auch 4.5.3 in der Erweiterung zu den 5C's und der Darlegung des Iterationszyklus.
[724] Eigene Darstellung.

Die größte Hilfe durch Software QFD erfährt sicherlich der Product Owner. Als Verantwortlicher für den Backlog und dessen Priorisierung gemäß Business Value (und schlussendlich Verantwortlicher für den Return on Investment) muss er die treibende Kraft hinter der QFD-Anwendung sein. In einem ersten Meeting zur Pflege des Backlogs (Grooming I bzw. Kunden-Grooming) werden neue User Stories gesammelt bzw. zusammengetragen aus dem Feedback des letzten Review-Meetings zum Ende der vorangegangen Iteration. Es gilt hier sich nicht zu sehr im Detail zu verlieren, sondern eher „grob" zu sammeln, denn die Detaillierung kommt ganz im Sinne von Software QFD und auch der agilen Entwicklung später, nachdem auf die wichtigsten Anforderungen für das nächste Inkrement fokussiert wurde. Wichtig ist dabei immer der Bezug zu Bedürfnissen, d. h. die User Stories müssen – falls keine Begründung bzw. Zweck für eine Funktionalität geliefert wird – hinterfragt werden. Dazu helfen die für QFD charakteristischen Fragen „warum wird eine Funktionalität benötigt" bzw. „wozu wird eine Funktionalität benötigt". Dabei kann auch die (Teil-)Erfüllung eines Bedürfnisses durch mehrere verschiedene Produktanforderungen im Sinne möglicher Synergien aufgedeckt werden. Um dies valide zu beurteilen, müssen der Kunde und/oder Nutzer bzw. deren Repräsentanten anwesend sein, der Product Owner nimmt deren Feedback auf und interagiert persönlich mit ihnen.[725]

Die Repräsentation der User Stories kann wie gewohnt auf einer User Story Card geschehen. Der Product Owner (bzw. ein Assistent) spaltet allerdings zusätzlich vorzugsweise direkt im Meeting die neuen identifizierten Bedürfnisse von den Funktionalitäten ab. Gleiches ist bereits zuvor geschehen mit den aus der letzten Iteration noch vorhandenen User Stories. Die Bedürfnisse werden nun von den anwesenden Stakeholdern gewichtet, als Ausgangspunkt dient dabei die vorhandene Priorisierung aus der letzten Iteration. Gemäß A14 reichen die ordinale Reihung bzw. die Unterscheidung in 3-5 Ranggruppen (je nach Menge der Bedürfnisse) aus.[726] Eine solche Priorisierung ist sowohl zügig zu bewerkstelligen als auch sehr änderungsfreundlich, da nur das neue Bedürfnis zusätzlich und ohne weitere Berechnungen o. ä. einzuordnen ist.[727]

725 Die Anwesenheit einzelner Entwickler kann für diese sehr erkenntnisreich sein, allerdings haben sie in diesem Meeting eine rein passive Rolle und die Gelegenheit zur direkten Interaktion gibt es auch später noch im Planungsmeeting I, bei dem alle Stakeholder anwesend sein müssen. Ggf. ist auch bei diesem ersten Grooming Meeting die Moderation durch z. B. den Scrum Master sinnvoll, auch wenn der Product Owner grundsätzlich die Federführung in der Hand hat.

726 Siehe zur Argumentation hier Kap. 5.7.1. Je nach verwendeter Priorisierungstechnik (siehe Kap. 5.2.3) sind im agilen Software QFD auch Kardinalskalen möglich.

727 Dies auch im Unterschied zu z. B. den Paarvergleichen im AHP, wo (theoretisch) ein neues Bedürfnis mit allen anderen verglichen werden muss und sich dadurch auch die Priorisierung der bereits

Die Priorisierung lässt sich – insb. bei verschiedenen Stakeholdergruppen – nach dem Grooming Meeting I „offline“ leisten (z. B. per Tabellenkalkulationssoftware),[728] allerdings regt die Priorisierung auch sehr gut die Diskussion über Bedürfnisse an (A9 und A23). Dies ist durch den Product Owner abzuwägen.

Mit den wichtigsten Bedürfnissen wendet sich der Product Owner danach entweder in einem zweiten Grooming Meeting (Grooming II bzw. Entwickler-Grooming) oder auch bilateral in Gesprächen an die Entwickler. Ziel ist nun vorrangig noch weitere, alternative oder auch innovative Lösungen für die Bedürfnisse zu finden. Dabei werden ggf. auch zu berücksichtigende Design-Einschränkungen aufgedeckt. Der Product Owner kann für dieses Meeting bzw. die Gespräche die Mittel der inkrementell wachsenden Matrizen (mit oder ohne Vorlage der bereits gefundenen User Stories aus Grooming I) oder/und auch das Relationendiagramm ähnlich einer Maximum Value Table aus Kap. 5.7.1 nutzen (Abb. 43-45). Auch eine erste Schätzung des Umfangs/Aufwands der Realisierung ist in diesem Treffen sinnvoll, vor allem um auf dieser Basis einen Anhaltspunkt für den Return on Investment zu erhalten. Genauso ist es möglich, weitere Elemente der Priority Map wie die Abhängigkeiten der Produktanforderungen untereinander oder auch Risiken der Umsetzung zu hinterfragen. Wenn nötig sind auch mehrere kleinere Treffen/Gespräche (ähnlich der kurzen Meetings in CQFD) mit verschiedenen Entwicklern sinnvoll bspw. auch um eine gefundene Lösung für ein Bedürfnis noch von einer anderen Seite zu beleuchten.

Auf Basis dieser beiden Grooming Meetings, dem ersten mit den externen Stakeholdern, das zweite mit den Entwicklern, baut der Product Owner den priorisierten Backlog für das Planungsmeeting I zusammen. Bei diesem Treffen sind nun alle Stakeholder anwesend, da hier die in der nächsten Iteration umzusetzenden Anforderungen auf Basis der priorisierten Bedürfnisse festgelegt werden (A19) und so auch ein umfangreiches Commitment unter wirklich allen Beteiligten für das nächste Inkrement erreicht werden kann (A13). Der direkte Kontakt des Entwicklers (und nicht nur des Product Owners) zum Kunden ist wichtig und kann von beiden Seiten zur Klärung von

zuvor existierenden Bedürfnisse ändern kann. Allerdings gibt es auch hier Möglichkeiten der Vereinfachung wie z. B. nur mit dem wichtigsten und unwichtigsten Bedürfnis zu vergleichen, einen relativen Wert zu diesen zu berechnen und dann über alle Werte der Bedürfnisse neu zu normalisieren, vgl. Berander und Andrews (2005), S. 84.

728 Hier wäre allerdings dann auch gut eine Kano-Analyse zusätzlich möglich, siehe Kap. 5.2.3.

Fragen benutzt werden. Gemäß Scrum-Philosophie der Eigenverantwortung und Selbstorganisation hat das Entwicklungsteam allerdings die Federführung im Meeting.

Eine Variante ist nun – falls alle Stakeholder damit vertraut sind oder auch der Scrum Master als QFD Moderator fungieren kann – die Priority Map als visualisierter Backlog in den Mittelpunkt der Diskussionen zu stellen. Der Product Owner hat dazu die HoQ-Matrix gemäß der vorherigen Grooming Meetings gefüllt, in erster Linie mit starken Wirkungen (im Sinne von isolierten User Stories), sicherlich jedoch auch mit Alternativen und einigen mittleren Wirkungen. Von oben nach unten in den Zeilen stehen dann die Bedürfnisse in der Reihenfolge ihrer Wichtigkeit, von links nach rechts in den Spalten sind die Produktanforderungen ebenfalls nach ihrer Wichtigkeit sortiert (gemäß vorläufiger Priorisierungsrechnung, starker Korrelationen oder/und Einschätzungen des Product Owners z. B. unter Berücksichtigung von möglichen Aufwänden). Nun werden spaltenweise[729] die wichtigsten Anforderungen d. h. die Extended User Stories (Abb. 46) mit ihren gesamten Wirkungen auf die Erfüllung von Bedürfnissen betrachtet. Diese werden unter den Stakeholdern kurz reflektiert, der Umfang/Aufwand zur Realisierung beurteilt, ggf. Risiken sowie Abhängigkeiten berücksichtigt und wie im „normalen" Planungsmeeting I die Produktanforderungen für das nächste Inkrement ausgewählt (inkl. der Ableitung möglicher Akzeptanztests[730], A25). Bis zu dieser Stelle kann es noch Änderungen geben, wie beim üblichen Planungsmeeting I, vor allem induziert durch den Sprint Review in der Woche vorher und aktuellste Entwicklungen daraus. Diese können allerdings durch die Struktur der User Story bzw. vor allem durch die Trennung von Bedürfnissen und Anforderungen sowie der einfachen Priorisierungstechnik zügig durchgeführt werden. Gut praktikabel ist auch ein Mini-Feedback Grooming vor dem Planungsmeeting I bzw. direkt nach dem Review durch den Product Owner (ggf. punktuell mit Stakeholdern). Nach Auswahl der Anforderungen für das nächste Inkrement ändern sie sich nicht mehr bzw. nur noch im gleichen marginalen Maße wie bei agiler Entwicklung ohne Software QFD.[731]

Statt die Matrixinhalte visualisiert in den Mittelpunkt zu stellen ist es alternativ möglich, sie nur im Hintergrund zur Argumentation zur Verfügung zu halten. Das bedeutet, das

[729] Im Unterschied zu Erstellung der inkrementellen Matrizen vorher, die zeilenweise erfolgt, siehe Kap. 5.7.1.

[730] QFD bzw. insb. die Matrixdarstellung ist auch zur Sicherstellung einer adäquaten Abdeckung von Prüfobjekten durch entsprechende Tests eingesetzt worden, vgl. Fehlmann (2005a), S. 206-208, Fehlmann (2005b), S. 91-94. D. h. auch hier wäre es möglich die 1:1 – Abdeckung von Akzeptanztests zu User Stories aufzubrechen und durch eine m:n-Beziehung zu ersetzen.

[731] Siehe dazu Kap. 4.5.3, insb. die Ausrichtung am Sprint-Ziel.

Meeting läuft prinzipiell analog zum Planungsmeeting I ohne Software QFD ab, es werden die (Extended) User Stories diskutiert und entschieden, bei Fragen allerdings enthält die Priority Map weitere Informationen zur Klärung. Die Priority Map kann dazu auch in ihre vier essentiellen Bestandteile aufgeteilt werden, um so ein wenig Komplexität aus der Darstellung herauszunehmen (Abb. 48).

Priorisierung der Bedürfnisse	Business Value Ranggruppe	Kano	...
Bedürfnis 1	1	2	
Bedürfnis 2	1	3	
Bedürfnis 3	2	1	
Bedürfnis 4	2	2	

Priorisierungsmatrix (HoQ-Matrix)	Funktion 1	Funktion 2	Funktion 3	Funktion 4	Qualitätsmerkmal 1	Qualitätsmerkmal 2
Bedürfnis 1	◉	○				
Bedürfnis 2		○		◉		○
Bedürfnis 3			○	◉		
Bedürfnis 4		○			◉	

Abhängigkeiten der Produktanforderungen untereinander (Dach des HoQ)	Funktion 1	Funktion 2	Funktion 3	Funktion 4	Qualitätsmerkmal 1
Funktion 2	+	■	■	■	■
Funktion 3			■	■	■
Funktion 4		+		■	■
Qualitätsmerkmal 1				-	■
Qualitätsmerkmal 2	--		+		

Bewertung der Produktanforderungen	Business Value Rang	Aufwand/Umfang	Risiko	...
Funktion 1	1	2	3	
Funktion 2	2	4	3	
Funktion 3	3	1	2	
Funktion 4	4	3	2	
Qualitätsmerkmal 1	2	3	4	
Qualitätsmerkmal 2	5	4	2	

Abbildung 48: Einzelne Bestandteile der Priority Map[732]

Zum Ende von Planungsmeeting I ist ein Iterationsziel (Sprint-Ziel) zu bestimmen (A24), das vor allem dem gemeinsamen Commitment des Entwicklungsteams auf die Arbeit der nächsten 2-4 Wochen dient. Auch dafür geben die Bedürfnisse die richtige Orientierung ähnlich der Outcomes beim Story Mapping, denn sie veranschaulichen den Business Value aus Sicht der Stakeholder und die sind die wesentlichen Adres-

[732] Eigene Darstellung.

saten eines Inkrements. Dies lässt sich auch gut durch die auf die ausgewählten Produktanforderungen reduzierte Priority Map (im Sinne einer „Sprint Map") visualisieren (Abb. 49, rechts).

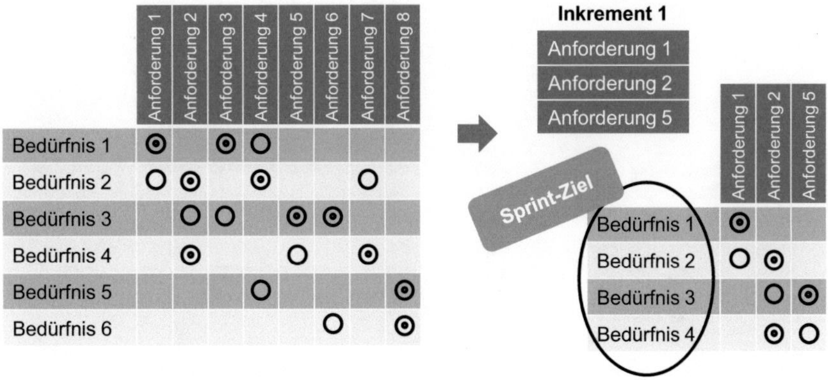

Abbildung 49: Reduzierung der Priority Map auf Sprint Map[733]

Angenommen auf Basis der Matrix links in Abb. 49 (und ggf. weiterer Bewertungen und Abhängigkeiten) werden drei Anforderungen für das Inkrement 1 ausgewählt (Anforderung 1, 2 und 5), so lässt sich die Matrix reduzieren auf diese Anforderungen und Bedürfnisse, die von ihnen im Sprint tangiert werden (rechts). Vor allem die vier Bedürfnisse können dann zur Ableitung eines Sprintziels dienen.

Auf diese Weise reduziert sich die Priority Map auch mit jedem Sprint, nämlich um die voll erfüllten und nicht mehr weiter zu betrachtenden Bedürfnisse und die in der Iteration umgesetzten Anforderungen. Abb. 50 gibt dies ausgehend von der gleichen Ausgangssituation wie in Abb. 49 (als (1) gekennzeichnet) schematisch wieder. In Schritt (2) reduziert sich die Matrix zuerst um die realisierten Anforderungen (Anforderungen 1, 2 und 5) und dann um die voll erfüllten Bedürfnisse (2, 3 und 4). Bedürfnis 1 wurde zwar mit Anforderung 1 und starker Wirkung direkt angegangen, aber das Bedürfnis ist noch nicht zufriedenstellend erfüllt und so verbleibt es erstmal in der Matrix. Anforderung 7 hat keine Wirkung mehr auf ein noch zu erfüllendes Bedürfnis und wird deswegen ebenfalls entfernt. In Schritt (3) geht es nun in das nächste Grooming Meeting. Dort kommen wieder zwei Bedürfnisse (7 und 8) und zwei Anforderungen (9 und 10)

733 Eigene Darstellung. Die Priority Map ist hier reduziert auf die Priorisierungsmatrix. Die Auswahl der drei Anforderungen für das Inkrement 1 im fiktiven Beispiel beruht auf den höchsten Wirkungszusammenhängen zu den Bedürfnissen mit dem Ziel, die ersten vier Bedürfnisse zumindest einmal mit starker Wirkung zu erfüllen.

hinzu. Für Inkrement 2 werden die Anforderungen 4 und 8 ausgewählt (8 wegen der starken Korrelation und 4 wegen der vielfältigen Wirkungen). Die Matrix kann wieder auf die Sprint Map reduziert werden und die Realisierung des zweiten Inkrements kann starten.

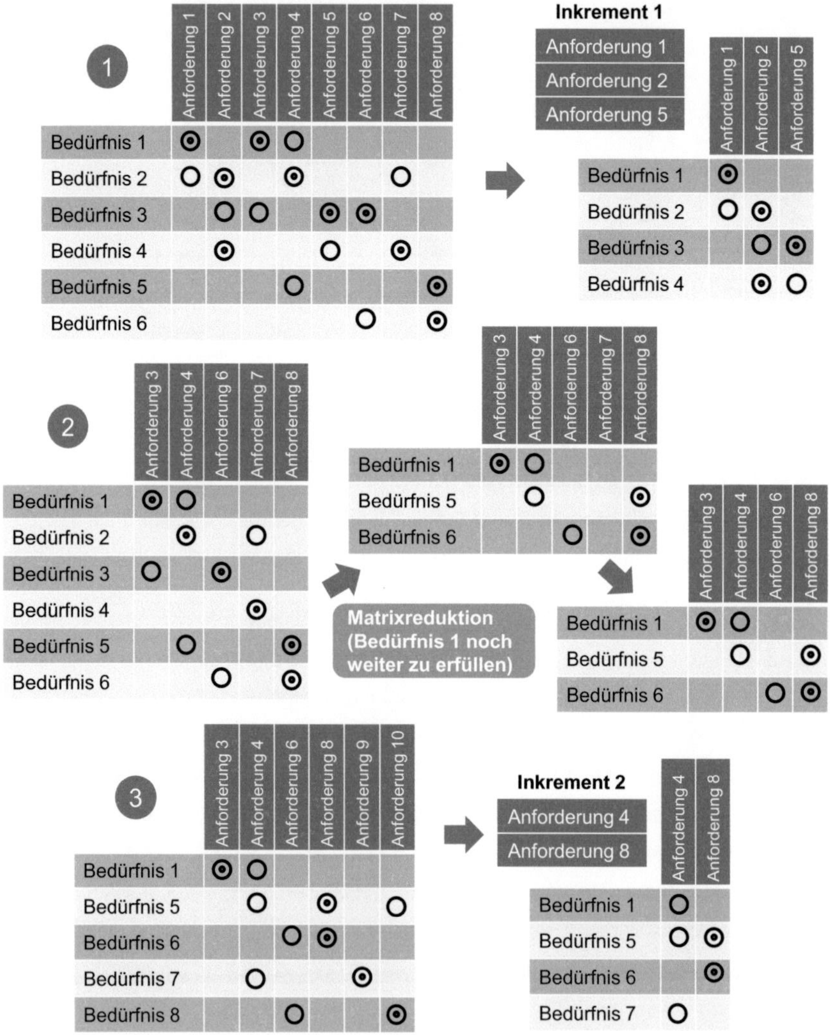

Abbildung 50: Verkleinerung und Vergrößerung der Priority Map in Iteration[734]

[734] Eigene Darstellung. Die Priority Map ist hier reduziert auf die Priorisierungsmatrix.

Das interne Planungsmeeting II startet dann als Kick-Off für die Iteration unmittelbar nach dem ersten Planungsmeeting. Falls an dieser Stelle Auswahlentscheidungen zu technischen Konzepten (ggf. auf Basis von Design-Einschränkungen) oder auch zur Verwendung von Programmbibliotheken zu treffen sind, wären Matrizen ähnlich der Technologie- und Komponentenplanung des Continuous QFD möglich. Auch könnte, falls bisher im Planungsmeeting I ausschließlich auf Produktfunktionen fokussiert wurde, jetzt eine Umsetzungsmatrix der Produktfunktionen zu den Qualitätsmerkmalen ähnlich der Design-Point Analyse des PriFo-QFD oder der Software Requirements Table nach Watanabe genutzt werden.[735] Ähnlich könnte auch die Maximum Value Table (MVT) an dieser Stelle zum Einsatz kommen, um zu den umzusetzenden Anforderungen ggf. noch weitere Aspekte (wie z. B. zur Usability oder Sicherheit)[736] zu identifizieren. Diese Möglichkeiten bietet Software QFD im Sinne der QFD-Haupttätigkeit „Anforderungen umsetzen".[737]

Allerdings liegt innerhalb der agilen Entwicklung in kurzen Iterationen der Fokus in diesem Meeting bereits auf der konkreten Aufgabenplanung für den Sprint (A26). Der Sprint Backlog oder/und ein einfaches Task Board (z. B. mit User Stories bzw. Bedürfnisse und Produktanforderungen, Aufgaben, Status der Bearbeitung) sind sowohl als Darstellungsmittel und dann auch zur Kontrolle der Umsetzung gut geeignet (A27).[738] Alternativ kann auch die Sprint Map dahingehend erweitert werden.

Der in diesem Kapitel geschilderte Ablauf einer Iteration mit Agilem Software QFD unterscheidet sich somit nicht grundlegend von dem in Kap. 4.5.3 dargestellten. Allerdings gibt es doch kleine Unterschiede bzw. Festlegungen. Das erste Planungsmeeting sollte für Agiles Software QFD mit Kunden stattfinden, um Fragen zu klären und um unter allen Beteiligten Klarheit und Verpflichtung auf die nächste Iteration zu erzielen. Das zweite Planungsmeeting schließt an und ist wiederum sehr ähnlich dem bei „normaler" agiler Entwicklung. Die Information der Stakeholder über die Ergebnisse entfällt, da sie im ersten Meeting anwesend waren. Im ersten Grooming Meeting geht es um die Weiterentwicklung des Backlog mit den externen Stakeholdern (vor allem

735 Siehe Kap. 5.4.2 und 5.5.1.
736 Vgl. Stansfield et al. (2010), S. 158.
737 QFD lässt sich immer einsetzen, wenn eine Zweck-Mittel-Beziehung nicht trivial abgebildet werden soll bzw. sich aus den m:n-Beziehungen einer Matrix oder eines Relationendiagramms zusätzliche Erkenntnisse ergeben (könnten). Diesem Prinzip sind grundsätzlich wenig Grenzen gesetzt, wie z. B. die vielen Beispiele in Fehlmann (2005) zeigen oder natürlich auch die umfassenden, klassischen QFD-Modelle. Nur steht demgegenüber immer der höhere Aufwand der Analyse.
738 Siehe 4.5.3.

Kunden und Nutzern). Im zweiten und ggf. dritten Meeting werden Schätzungen aktualisiert und vor allem neuen Lösungen zur Befriedigung neuer in Grooming I identifizierter Stakeholderbedürfnisse gesucht. Um das Feedback nach dem Review-Meeting direkt in die nächste Iteration einfließen zu lassen, wird ein Mini-Grooming direkt danach und vor Beginn des nächsten Zyklus eingeführt. Das tägliche Status-Meeting sowie das Treffen zur Retrospektive der vergangenen Iteration bleiben unverändert. Abb. 51 zeigt exemplarisch den Ablauf eines 14-Tage Sprints in Scrum mit Agilem Software QFD (auch im Vergleich zu Abb. 20 in Kap. 4.5.3).

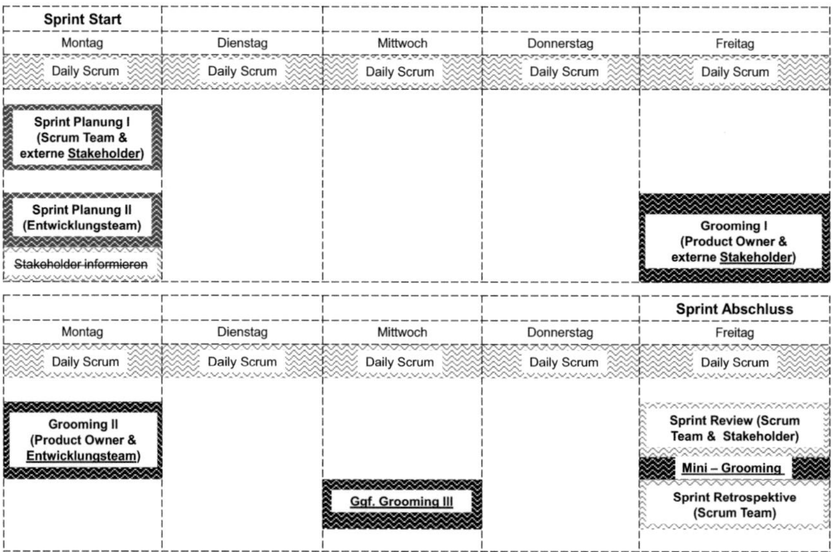

Abbildung 51: Typischer 14-Tage Sprint in Scrum mit Agilem Software QFD[739]

Der zyklische Ablauf des Agilen Software QFD lässt sich somit in Stichpunkten wie folgt und grafisch wie in Abb. 52 zusammenfassend darstellen:

- Sammlung von User Stories mit den Stakeholdern
- Spaltung der User Stories in Bedürfnisse und Anforderungen (entsprechend in einer Diagonalmatrix)
- Bewertung der Bedürfnisse durch die Stakeholder
- Aufdecken alternativer Lösungen und Synergien der Erfüllung von Bedürfnissen

[739] In Anlehnung an Foegen et al. (2013), S. 90-91. Die unterstrichenen Aspekte sind im Vergleich zur Abb. 20 in Kap. 4.5.3 verändert, d. h. sie repräsentieren Unterschiede im Ablauf mit und ohne Agiles Software QFD.

- Verbindung der Bedürfnisse und Anforderungen in einer HoQ-Matrix
- Weitergehende Bewertung der Anforderungen und Darstellung der Extended User Stories in der Priority Map
- Auswahl der User Stories für das nächste Inkrement zur Erreichung des Sprint-Ziels
- Reduzierung der Matrix auf Basis der realisierten und voll erfüllten Bedürfnisse

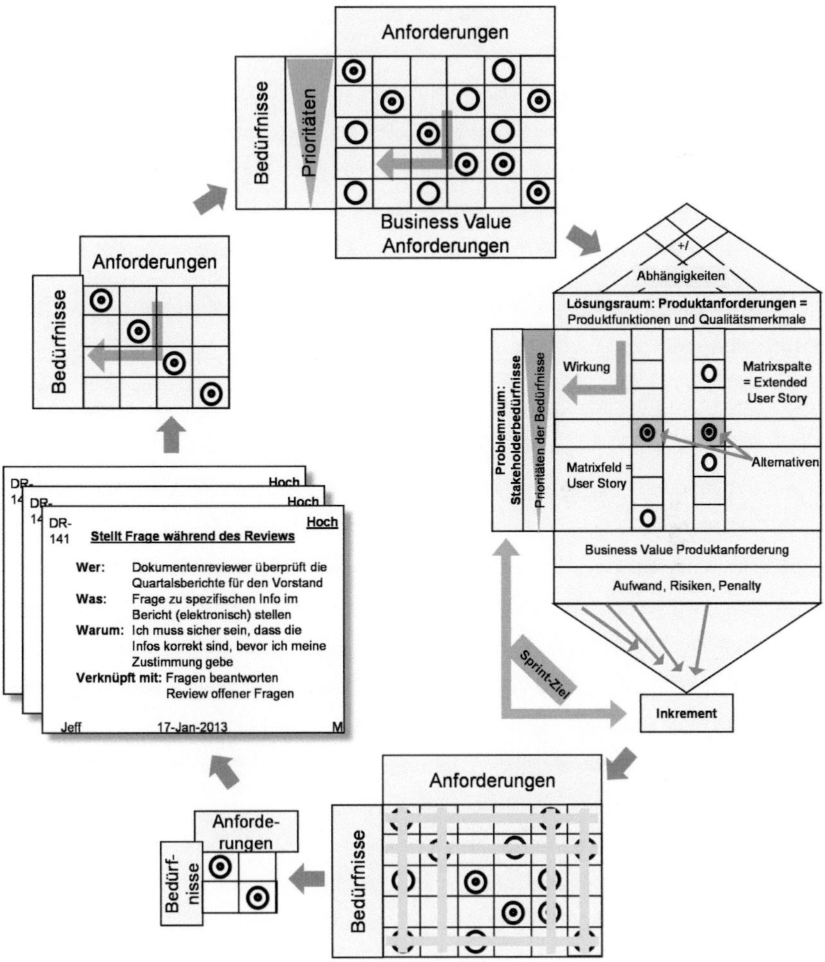

Abbildung 52: Iterationszyklus des Agilen Software QFD[740]

[740] Eigene Darstellung.

5.8 Evaluation des Agilen Software QFD

Im Folgenden wird die vorgestellte Ausgestaltung des Agilen Software QFD vergleichend beurteilt. Zuerst werden die Wirkungen der verwendeten Agilen Software QFD Techniken auf die konkreten Gestaltungsanforderungen A14 bis A27 abgeleitet aus den agilen Entwicklungsmodellen herausgearbeitet (Kap. 5.8.1). In Kap. 5.8.2 erfolgt dann zunächst das gleiche für die Ausgestaltung des agilen RE ohne Software QFD, um auf diese Weise agiles RE mit und ohne Software QFD auf Basis der verwendeten Techniken vergleichen zu können. Dieser Vergleich wird dann auf die allgemeineren Gestaltungsanforderungen A1 bis A13 ausgeweitet, in Kap. 5.8.3 auch im Verhältnis zum Continuous QFD. Hier erfolgen auch eine Prüfung auf Erfüllung der QFD-Leitlinien durch das Agile Software QFD sowie ein Vergleich mit CQFD auf methodischer Ebene. Den Abschluss bildet ein Nachweis der Praktikabilität der neu eingeführten agilen QFD-Technik der inkrementell wachsenden Priorisierungsmatrix (Kap. 5.8.4).

5.8.1 Bewertung des Agilen Software QFD hinsichtlich der agilen Gestaltungsanforderungen

Das Agile Software QFD kennzeichnet sich in seiner beschriebenen Ausgestaltung durch die Verwendung folgender agiler Software QFD Techniken:

- Verwendung von (Extended) User Stories angefangen von ihrer Sammlung in Grooming Meeting I bis zu ihrer Auswahl im Planungsmeeting I
- Trennung der User Stories in Stakeholderbedürfnisse und Produktanforderungen (insb. mittels der Fragen der Fragen nach dem „Warum“ bzw. „Wozu“ eine Funktionalität benötigt wird)
- Priorisierung der Bedürfnisse durch die Stakeholder mittels Ranggruppenbildung oder Ranking
- Inkrementell wachsende Priorisierungsmatrix zur Verknüpfung von Stakeholderbedürfnissen und Produktanforderungen
- Relationendiagramm im Sinne einer Maximum Value Table zur Verknüpfung von Stakeholderbedürfnissen und Produktanforderungen
- Bewertung von Produktanforderungen gemäß Abhängigkeiten (einfache Beziehungsmatrix), Aufwand/Umfang der Umsetzung, Risiken und weiterer Kriterien
- Priority Map zur kompakten Darstellung der Priorisierung der Stakeholderbedürfnisse, der Priorisierungsmatrix sowie der Bewertung der Produktanforderungen und ihrer Abhängigkeiten untereinander

- Sprint Map mit Visualisierung der für das nächste Inkrement ausgewählten Produktanforderungen und zu erfüllenden Stakeholderbedürfnisse

Diese acht QFD-Techniken sind in Tabelle 29 mit ihren Wirkungen auf die Gestaltungsanforderungen A14 bis A27 dargestellt.

Gestaltungsanforderungen gemäß agiler Modelle vs. Agile Software QFD Techniken ⊙ starke Wirkung ○ mittelbare Wirkung	(Extended) User Stories	Trennung von Bedürfnissen und Anforderungen	Priorisierung der Bedürfnisse	Inkrementell wachsende Priorisierungsmatrix	Relationendiagramm	Bewertung von Produktanforderungen	Priority Map	Sprint Map
A14: Ordnung des Backlogs gemäß Business Value			○	⊙	○		⊙	
A15: Aufwandsschätzung						⊙	⊙	○
A16: Weitere Bewertungen Backlog						⊙	⊙	
A17: Abhängigkeiten abbilden					○	⊙	⊙	
A18: Anpassung Bewertungen			○	⊙			○	
A19: Auswahl Backlogeinträge nächstes Inkrement				○	○	○	⊙	
A20: Problem- und Lösungsraum berücksichtigen	○	⊙	○	⊙	○	○	⊙	⊙
A21: Problem- und Lösungsraum verbinden	○			⊙	○		⊙	⊙
A22: Stakeholderperspektiven	⊙		⊙	○	○		○	
A23: Diskussion anregen	⊙	○	○	○	○	○	○	○
A24: Sprint-Ziel ableiten			○				⊙	⊙
A25: Akzeptanztests ableiten	○							○
A26: Sprint-Aufgaben ableiten								○
A27: Kontrolle Sprint-Aufgaben								○

Tabelle 29: Gestaltungsanforderungen gemäß agiler Modelle vs. Agile Software QFD Techniken[741]

[741] Eigene Darstellung.

Im Überblick ersichtlich ist, dass Agiles Software QFD alle Anforderungen adressiert, allerdings in deutlich unterschiedlichem Maße. Werden alleine die Anzahl starker Wirkungen zeilenweise betrachtet, so sind A20 und A21, die Berücksichtigung und Verbindung von Problem- und Lösungsraum, die Anforderungen, welche die höchste Unterstützung erfahren. Das ist auch nicht verwunderlich mit der konsequenten analytischen Trennung von Stakeholderbedürfnissen und Produktanforderungen und späterer Zusammenführung in Priorisierungsmatrizen ist dies sicherlich eine Stärke des Agilen Software QFD.

Im Sinne vieler Beziehungen ist A23 führend, die Anregung zu Diskussionen im Team. Dies beruht auf der hohen Interaktion im Team und mit den externen Stakeholdern während des ganzen QFD – Prozesses angefangen von der Aufnahme der User Stories. Gerade die vielfältigen Bewertungs- und Priorisierungsaktivitäten stechen dabei heraus, denn sie bieten auch den Anlass zum Aufdecken und zur Klärung von Konflikten. Sicherlich muss hier auch die Kehrseite eines „Zuviel" an Diskussionen bedacht werden, doch durch das systematische Vorgehen orientiert am üblichen Ablauf einer agilen Entwicklung ist hier zumindest nicht mit mehr Problemen zu rechnen. Eher leitet und hilft die Strukturierung.

Es folgen A14, die Ordnung des Product Backlog gemäß Business Value, und A22 die Berücksichtigung unterschiedlicher Stakeholderperspektiven. Wie bereits zu Anfang von Kap. 5.7.1 dargelegt ist die Voraussetzung für beides nicht nur die separate Betrachtung des Problemraus, sondern vor allem die Priorisierung der enthaltenen Bedürfnisse durch die verschiedenen (wichtigsten) Stakeholder und dann deren Verknüpfung mit möglichen Lösungen in einer Priorisierungsmatrix. Dabei leistet Software QFD hier mehr als von den Gestaltungsanforderungen verlangt. Zum einen wird in A14 „nur" eine ordinale Reihenfolge der Backlog Einträge gefordert und je nach verwendeter Priorisierungstechnik[742] sind mit Software QFD durchaus Kardinalskalen möglich. Zum anderen ist Kerninhalt von Grooming Meeting II, beruhend auf der Trennung von Bedürfnissen und Anforderungen, explizit die Suche nach alternativen, besseren Lösungen für Bedürfnisse, die dann in der Priorisierungsmatrix mit den Bedürfnissen korreliert werden. Eine solche explizit gestalterische Aktivität zum Wohle des Kunden wird von den Problemanforderungen A14 bis A27 nicht honoriert, auch erkennbar an der

[742] Siehe Kap. 5.2.3.

relativ schwach ausgeprägten Spalte der Trennung von Bedürfnissen und Anforderungen. Agiles Software QFD hat den Anspruch zu gestalten,[743] d. h. nicht nur Anforderungen oder User Stories zu sammeln und entsprechend umzusetzen, sondern diese zu hinterfragen und die besten Lösungen aus Kundensicht zu finden. Diese Lösungen gilt es zu Entwicklungsvorgaben zu machen. Das kann allerdings nur dann zuverlässig (und nicht zufällig) geschehen, wenn zuvor Probleme bzw. allgemein die Bedürfnisse der relevanten Stakeholder von allen Beteiligten verstanden wurden.[744]

Die verbleibenden Anforderungen lassen sich in zwei Klassen ordnen. Zum einen gibt es die, welche nicht im Zentrum des Agilen Software QFD liegen, aber doch in starkem Maße unterstützt werden. Dazu gehören, auch weil keine speziellen QFD-Techniken dafür verwendet werden, die Anforderungen A15 und A16, die Bewertung der Backlog Einträge hinsichtlich Aufwand/Umfang, Risiko und ggf. weiteren Kriterien. Im Unterschied dazu bedient sich Agiles Software QFD für die Abbildung von Abhängigkeiten zwischen Produktanforderungen (A17) und der Ableitung des Sprint-Ziels (A24) wieder originärer und bewährter Matrixtechnik (Dach des HoQ bzw. Sprint Map). Gerade Letzteres profitiert wieder von der Verknüpfung zu den Stakeholderbedürfnissen, denn auch jedes neue Inkrement als Sammlung neu umgesetzter Produktanforderungen ist kein Selbstzweck, sondern muss den Problemraum adressieren.

Zum anderen gibt es solche Problemanforderungen, die insb. auf das eigenverantwortliche Handeln und die Selbstorganisation agiler Teams abzielen. Hier könnte stärkere Unterstützung durch Agiles Software QFD eher kontraproduktiv auf die Akzeptanz wirken. Dazu gehören die Auswahl der zur Umsetzung bereiten Produktanforderungen für das nächste Inkrement (A19), die Ableitung von Akzeptanztests (A25) und Sprint-Aufgaben (A26) wie auch deren laufende Kontrolle während der Iteration (A27).

Darüber hinaus gibt es mit A18 zur Anpassung der Priorisierungen und Bewertungen in jeder Iteration eine weitere, etwas schwächer unterstützte Anforderung. Dies obwohl die Anforderung einen wesentlichen Kern agiler Entwicklung konkretisiert, nämlich die Reaktion auf Änderungen (auch Anforderung A5). Das Agile Software QFD kann hier

---

743 Ganz im Sinne des RE als Gestaltungsdisziplin, siehe Kap. 2.2.3.

744 Vgl. Lauenroth (2015), S. 2-3, der eine Dreiteilung fordert zwischen Problemen, Lösungen und Anforderungen, wobei in der Terminologie dieser Arbeit die Probleme den Bedürfnissen entsprechen, die Lösungen und Anforderungen dann unterschiedlichen Detaillierungsgraden von Produktanforderungen, d. h. zuerst gröber solange sie z. B. noch weniger hoch priorisiert sind, dann aber immer weiter konkretisiert werden bis hin zu Entwicklungsvorgaben bzw. Sprint-Aufgaben zur Umsetzung im nächsten Inkrement. Vgl. dazu auch Schockert und Herzwurm (2015), S. 153-156.

zumindest mit der änderungsfreundlichen Art der Priorisierung sowohl der Bedürfnisse als auch der Produktanforderungen in den inkrementell wachsenden Priorisierungsmatrizen punkten. Ein wesentlicher Beitrag zur Erfüllung dieser Anforderung liegt allerdings auch in der Festschreibung agiler Modelle begründet, während der Iteration die umzusetzenden Produktanforderungen nicht mehr zu ändern.[745] Durch die kurzen Zyklen von 2-4 Wochen gewinnt die Entwicklung somit ein großes Stück an Flexibilität.

Die inkrementell wachsende Priorisierungsmatrix repräsentiert auch nach der Priority Map die Spalte mit den stärksten Wirkungen auf die Problemanforderungen. Sie bildet gleichermaßen auch den Kern der Priority Map und von daher auch eine, wenn nicht sogar DIE wesentliche Agile Software QFD Technik. Die Priority Map selbst ist als kompakte Darstellung nahezu aller im Agilen Software QFD durchgeführter Bewertungen quasi „natürlich" die QFD Technik mit den bei weitem stärksten Wirkungen auf die Gestaltungsanforderungen.

Allerdings ist auch zu konstatieren, dass die Priority Map als kompakte, aber doch umfangreiche und auch zumindest im ersten Anschein komplizierte Art der Darstellung des Product Backlog auch in Teilen entgegen steht zu den Anforderungen zum nachhaltig motivierenden Vorgehen (A7) und zur Erleichterung der Selbstorganisation (A12). Auch auf A11, der Fokussierung auf wesentliche Arbeiten resultierend aus dem agilen Prinzip der Einfachheit, gibt es zwei Effekte: den Priorisierungseffekt aus Business Value Sicht für das nächste Inkrement und damit die Vermeidung unnötiger Arbeit vs. mehr Aufwand für die Erstellung der Priority Map. Welcher dieser beiden Effekte überwiegt lässt sich nicht ohne weiteres vorhersagen. So wird auch das vom Umfang vergleichbare Story Mapping, das sicherlich von den „motivierenden" Visualisierungsmöglichkeiten weiter reichende Möglichkeiten besitzt, nur in etwa 30% aller agilen Projekte angewendet.[746] Trotzdem lässt sich argumentieren, dass die Reduzierung unnötiger bzw. weniger profitabler (auf Basis des Business Value) Entwicklungstätigkeiten <u>während</u> der ganzen Iteration die ggf. vorhanden Mehraufwände für die begründete Initiierung der Iteration <u>vorher</u> übersteigen.

In jedem Fall zeichnet die Abdeckung der Gestaltungsanforderungen durch Agiles Software QFD ein durchaus vielversprechendes Bild. Es ist mindestens gut möglich,

[745] Siehe Kap. 4.5.3 und für das Agile Software QFD 5.7.2.

[746] Siehe Kap. 4.5.2. Zu den vielfältigen Visualisierungen insb. mit Hilfe von Karten und Post-Its an Whiteboards im Story Mapping vgl. Patton (2014), S. 16-32, 42-43, 53, 58, 67-77.

die wesentlichen Artefakte der agilen Modelle in der Priority Map als HoQ-ähnliche Matrix abzubilden und die nächste Iterationsplanung zu unterstützen. Die einzelnen Inhalte der Matrix, d. h. insb. die Priorisierung der Bedürfnisse, die Matrizen, die Bewertungen der Produktanforderungen und die Abhängigkeiten im Dach,[747] können wiederum gut isoliert und somit in „kleinerem“ Rahmen aufwandsärmer erstellt werden. Hervorzuheben sind überdies die starken Wirkungen auf sowohl die Berücksichtigung als auch Verbindung von Problem- und Lösungsraum (A20, A21), der Stakeholderperspektiven (A22) und der Priorisierung des Backlogs gemäß Business Value (A14). Dazu bringt Agiles Software QFD, durch die explizite Suche nach alternativen Lösungen für die wichtigsten Bedürfnisse, eine zusätzliche gestalterische Komponente in die agile Entwicklung ein.

5.8.2 Vergleich das Agilen Software QFD mit Agilem RE

Da es – wie schon mehrmals betont – DIE agile Softwareentwicklung und damit auch DAS agile RE nicht in der Form gibt, orientiert sich der Vergleich an den Techniken, die in Kap. 4.4 und 4.5 als weit verbreitet bzw. vor allem für das RE und den Umgang mit Anforderungen als relevant erkannt wurden. Dazu gehören im Einzelnen:

- Verwendung von User Stories unterschiedlicher Detaillierungsgrade zur Diskussion im Team und mit den Stakeholdern als wesentliche Elemente des priorisierten Product Backlogs
- Personas zur Repräsentation der Stakeholder(-gruppen) bzw. aufgabenorientierter Benutzerrollen
- Story Mapping zur visuellen Anordnung der User Stories unterschiedlicher Detaillierungsgrade im Backlog und Zuordnung zu Outcomes als dem Business Value eines Inkrements
- Bewertung der User Stories insb. hinsichtlich Aufwand bzw. Umfang mittels Story Points, Planning Poker o.ä. sowie weiterer Bewertungen wie Risiko oder Abhängigkeiten
- Priorisierung der User Stories mittels Ranggruppenbildung (z. B. MoCSoW-Rules) oder Ranking
- Sprint Backlog mit den für ein Inkrement ausgewählten Backlog-Einträgen sowie Sprint-Aufgaben einschließlich Personenzuordnungen und Schätzungen

747 Siehe zu den Bestandteilen in der Übersicht Abb. 48 in Kap. 5.7.2.

- Kano-Analyse der Produktanforderungen insb. zur Beurteilung wie einzelne Funktionalitäten im Produkt wahrgenommen werden

Auch die Verbreitung dieser sieben agilen RE-Techniken differiert deutlich (siehe auch Abb. 14 in Kap. 4.4.3). So ist das Arbeiten mit User Stories (auch im Sprint Backlog) mehr oder weniger allgegenwärtig, die Personas und das Story Mapping aber in nur drei von 10 agilen Projekten vorhanden. Sie sind allerdings insb. für das agile RE relevant, genauso wie die Kano-Analyse. Diese wird sicherlich deutlich häufiger in (Software) QFD praktiziert (dort i. d. R. auf Bedürfnisebene) als in agiler Entwicklung, doch sie ist, durchgeführt auf Ebene der Produktanforderungen (insb. der Funktionalitäten), einige der wenigen innerhalb agiler Entwicklungen eingesetzter RE-Techniken, die explizit eine Kundenperspektive einnehmen.[748] Tabelle 30 gibt einen Überblick über die Wirkungen, die diese sieben Techniken auf die Gestaltungsanforderungen A14 bis A27 besitzen.

Es fällt auf den ersten Blick auf, dass die Matrix deutlich weniger gefüllt ist als die entsprechende für das Agile Software QFD aus dem vorherigen Kapitel (siehe Tab. 29). Dies hat zumindest zwei Gründe. Zum einen wird das RE nicht als eine wirkliche Herausforderung wahrgenommen in agilen Ansätzen, zumindest nicht insofern als dass explizit dafür viele spezielle Techniken notwendig wären. Denn aus Entwicklungssicht ist der Product Owner der Alleinverantwortliche für diese Aufgabe und ihm werden alle Freiheiten der Gestaltung diesbezüglich gelassen.[749] Und damit ist der zweite Grund bereits genannt, die agile Entwicklung setzt auf die Flexibilität und Freiheit der handelnden Personen, das Richtige zu tun und damit auch auf wenige Vorgaben. Für diese Gründe spricht auch die Tatsache, dass die Pflege des Backlogs als notwendige Tätigkeit bis 2011 nicht explizit im Scrum Guide enthalten war.

Das Story Mapping, als die agile RE-Technik mit deutlich stärkster Wirkung auf die Anforderungen, ist bis heute nicht im Scrum Guide enthalten. Das Konzept dazu ist zwar in seinen Ursprüngen von 2005, doch größere Beachtung und Verbreitung hat es erst in den letzten Jahren (auch durch die Veröffentlichung eines Buches zum Thema) gefunden.[750] Wie in Tab. 30 ersichtlich kann das Story Mapping zu allen Anforderungen (bis auf drei) einen Beitrag leisten, insb. zum Commitment auf das Sprint-

[748] Vgl. Bakalova et al. (2011), S. 190. Zur Kano-Analyse innerhalb agiler Entwicklungen vgl. Cohn (2006), S. 112-117, Gloger (2016), S. 134-136.
[749] Siehe dazu die Ausführungen zu Anfang von Kap. 4.5.
[750] Vgl. Patton (2005), das angesprochene Buch Patton (2014) sowie die Darstellung in Kap. 4.5.2.

Ziel (A24) und auch der Auswahl und Verfolgung der im Inkrement umzusetzenden Produktanforderungen (A19, A26 und A27). Für die letzten beiden Gestaltungsanforderungen ist auch explizit der Sprint-Backlog in seiner Form als Task Board sehr gut geeignet.

Gestaltungsanforderungen gemäß agiler Modelle vs. Agile RE-Techniken

⊙ starke Wirkung
○ mittelbare Wirkung

	User Stories	Story Mapping	Personas	Bewertung von User Stories	Priorisierung der User Stories	Kano-Analyse der Anforderungen	Sprint Backlog inkl. Tasks
A14: Ordnung des Backlogs gemäß Business Value		○			○	○	
A15: Aufwandsschätzung		○		⊙			○
A16: Weitere Bewertungen Backlog				⊙			
A17: Abhängigkeiten abbilden		○		○			
A18: Anpassung Bewertungen					○		
A19: Auswahl Backlogeinträge nächstes Inkrement		⊙		○	○		
A20: Problem- und Lösungsraum berücksichtigen	○	○	○	○			
A21: Problem- und Lösungsraum verbinden	○	○				○	
A22: Stakeholderperspektiven	⊙	○	⊙			○	
A23: Diskussion anregen	⊙	⊙				○	
A24: Sprint-Ziel ableiten		⊙					○
A25: Akzeptanztests ableiten	○						○
A26: Sprint-Aufgaben ableiten		○					⊙
A27: Kontrolle Sprint-Aufgaben		○					⊙

Tabelle 30: Gestaltungsanforderungen gemäß agiler Modelle vs. Agile RE Techniken[751]

Deutlich wird auch, dass das agile RE durch den Fokus auf die User Stories zwar durchaus die Bedürfnisebene von Anforderungen berücksichtigt (A20), allerdings eben nicht explizit, sondern nur über die 1:1-Begründung einer in der User Story geforderten

[751] Eigene Darstellung.

Funktionalität (bzw. über die Outcomes eines gesamten Inkrements im Story Mapping). Doch damit ist die Verbindung von Problem- und Lösungsraum unvollständig (A21), denn für eine wirkliche Ordnung des Product Backlog gemäß Business Value (A14) ist die Bewertung der Anforderungen gemäß ihres Beitrags zur Bedürfnisbefriedigung notwendig. Auch wenn das Story Mapping dies auch nur zum Teil leistet, so stellt sein Begründer zumindest richtig klar: „If you don't know what your target outcomes are – the specific benefits you're trying to get – then prioritization is close to impossible."[752] Die direkte Priorisierung von User Stories leistet dies nicht und die Kano-Analyse auf Ebene der Produktanforderungen (statt der Bedürfnisse) ist zwar durchaus ein Schritt in die richtige Richtung, aber stellt eben die Funktionalität in den Vordergrund. Sie ist vor allem auch deswegen positiv zu bewerten, weil für valide Ergebnisse die verantwortlichen Stakeholder, im Allg. Kunden und Benutzer, diese Bewertung durchführen müssen und nicht (wie sonst oft bei agiler Entwicklung) der Product Owner alleine.[753]

Auffällig ist zudem, dass A18 zur Anpassung der Priorisierungen und Bewertungen in jeder Iteration ohne starke unterstützende Wirkung durch agile RE-Techniken ist. Einzig die einfache Priorisierungstechnik der User Stories (z. B. MoSCoW-Rules) leistet hier einen Beitrag. Analog der Argumentation für das Agile Software QFD ist hier insb. das konstituierende Merkmal der iterativen Entwicklung in kurzen Zyklen für die Erfüllung der Gestaltungsanforderung verantwortlich.

Tab. 31 zeigt nun einen Vergleich des Agilen Software QFD und des Agilen RE anhand der Gestaltungsanforderungen A14 bis A27. Die Bewertungen der einzelnen Techniken aus den Tabellen 29 und 30 sind dafür jeweils aggregiert worden zu einer Gesamtbewertung bzgl. der jeweiligen Anforderung. Dabei geht es in erster Linie um die vergleichende Einschätzung eines agilen RE mit und ohne Software QFD, weniger um die absolut richtige Einschätzung im Kontinuum sämtlicher sich vorstellbarer Ausgestaltungen des agilen RE.[754]

---

752 Patton (2014), S. 29.

753 Diese direkte Befragung der Stakeholder bei der Kano-Analyse wird auch von den Vertreter agiler Entwicklungsmodelle als zwingend angesehen für valide Ergebnisse, vgl. Cohn (2006), S. 114, Gloger (2016), S. 135.

754 Analog wie bei den bereits durchgeführten vergleichenden Bewertungen insb. in Kap. 5.6 gilt auch hier, dass trotz Einordnung auf vergleichbarem Niveau, völlig unterschiedliche inhaltliche Charakteristika zu der gleichen Einstufung führen können.

Agiles Software QFD	**Agiles Software QFD vs. Agiles RE (A14-A27)** („/“ steht für eine Bewertung zwischen 2 Stufen) (die Klammer bei einzelnen Bewertungen des agilen RE steht für die Bewertung bei Anwendung des Story Mappings)	Agiles RE
++	A14: Ordnung des Backlogs gemäß Business Value	O
+	A15: Aufwandsschätzung der Backlog Einträge	+
+	A16: Weitere Bewertungen Backlog Einträge	+
+	A17: Abhängigkeiten abbilden	O
+	A18: Anpassung Bewertungen in jeder Iteration	+
+	A19: Auswahl Backlogeinträge nächstes Inkrement	O (+)
++	A20: Problem- und Lösungsraum berücksichtigen	O (+)
++	A21: Problem- und Lösungsraum verbinden	O
+ / ++	A22: Stakeholderperspektiven berücksichtigen	+ / ++
++	A23: Diskussion anregen	++
+	A24: Sprint-Ziel ableiten	O (+)
O	A25: Akzeptanztests ableiten	O
O	A26: Sprint-Aufgaben ableiten	O / +
O	A27: Kontrolle der Umsetzung der Sprint-Aufgaben	+

Tabelle 31: Vergleich des Agilen Software QFD mit dem Agilen RE gemäß der Gestaltungsanforderungen agiler Modelle[755]

Das Agile Software QFD dominiert recht deutlich bei der Berücksichtigung und bei der Verknüpfung von Stakeholderbedürfnissen und Produktanforderungen (A20 und A21) sowie (damit zusammenhängend) bei der Ordnung des Backlogs gemäß Business Value (A14). In diesem Sinne ist hier das Agile Software QFD sogar „agiler“ als das „normale“ Agile RE. Das agile RE separiert nicht weitreichend genug den Problem- und Lösungsraum und gerät so ins Hintertreffen. Hier kann Agiles Software QFD einen Mehrwert bieten. Die Verwendung von User Stories ist zwar recht gut, zumindest existiert so die Bedürfnisebene in der Betrachtung, aber Software QFD ist hier durch die explizite Analyse der Bedürfnisse besser. Zur (schlechten) Verteidigung des agilen RE lässt sich anführen, dass der Fokus des Product Owners, als maßgeblicher Treiber der Entwicklung, eben nicht alleine auf dem Business Value liegt, sondern insb. auf

[755] Eigene Darstellung.

der Wertmaximierung des Produkts im Verhältnis zum Arbeitsaufwand des Entwicklungsteams, im Sinne des Return on Investment.[756] Aber gerade für den ROI bildet der Business Value die entscheidende Eingangsgröße.

Ebenfalls deutlich wird in Tab. 31, dass sowohl das Agile Software QFD als auch das Agile RE intensive Kommunikation pflegen und Techniken bzw. Artefakte wie die (Extended) User Stories nutzen, die zur Diskussion anregen (A23). Damit sind beide ganz auf der Linie des agilen Prinzips zur direkten persönlichen Kommunikation (A9). Vor allem beim agilen RE ohne Story Mapping kommt diesem persönlichen Austausch eine noch höhere Bedeutung zu, denn fast ein Drittel aller Wirkungsbeziehungen (11 von 35) in Tab. 30 gehen auf das Konto dieser agilen RE-Technik.

Vorteile hat das Agile RE in erster Linie bei den entwicklungsnäheren Tätigkeiten wie der Ableitung von Sprint-Aufgaben (A26) und auch der Kontrolle ihre Umsetzung im Sprint Backlog (A27). Hier schimmern auch Vorteile bzgl. der Erleichterung der Selbstorganisation (A12) durch. Obwohl das Agile Software QFD insb. durch die inkrementell wachsende Matrix oder auch die Aufteilung der Priority Map in ihre Bestandteile diesbezüglich aufholt, so sind doch mehr Regeln vorhanden, die ggf. auch die Motivation zum Vorgehen etwas eindämmen (A7). Wie Tab. 32 des Vergleichs des Agilen Software QFD mit dem Agilen RE bezogen auf die allgemeineren Gestaltungsanforderungen abgeleitet aus den agilen Prinzipien (A1-A13) zeigt sind dies allerdings die einzigen Vorteile des Agilen RE.

Agiles Software QFD ist sehr gut bzgl. der Ausrichtung am Business Value aufgestellt (A1, verallgemeinert A14) und stellt ebenfalls die Zusammenarbeit von Kunden und Entwicklern ins Zentrum der Anwendung (A6). Letzteres auch gerade im Gegensatz zu Scrum, bei dem der Product Owner (im Ideal) die Entwickler nahezu von den Kunden/Nutzern abkapselt.[757] Die enge, persönliche Zusammenarbeit mit den Kunden/Nutzern (im ersten Grooming Meeting und auch im ersten Planungsmeeting) ist auch ein Indiz für die intensive Auseinandersetzung mit deren Wünschen. In Verbindung mit dem nachvollziehbaren Vorgehen ausgerichtet an den Stakeholderbedürfnissen entsteht auf diese Weise eine hohe Glaubwürdigkeit der Ergebnisse (A8). Diese kann auch bei Agilem RE hoch sein, ist allerdings stark vom Product Owner und auch

[756] Siehe zur Rolle des Product Owners Kap. 4.4.2, zur Priorisierung des Backlog Kap. 4.5.2.

[757] Dieses Verständnis wird auch im Scrum Report 2015 unterstrichen, der Product Owner ist in fast zwei Dritteln aller Fälle DIE (und dann auch einzige) Schnittstelle zum Kunden, vgl. ScrumAlliance (2015), S. 20.

der Kommunikation im Team abhängig. Dass im Agilen Software QFD Qualitätsmerkmale und Design-Constraints explizit Berücksichtigung finden, ist noch ein kleiner Vorteil am Rande (und bei Agilem RE auch nicht ausgeschlossen, aber eben auch nicht sonderlich forciert).

Agiles Software QFD	**Agiles Software QFD vs. Agiles RE (A1-A13)** („/" steht für eine Bewertung zwischen 2 Stufen)	Agiles RE
+ / ++	A1: Ausrichtung am Business Value	O
+	A2: Kurze Iterationen unterstützen	+
+	A3: Inkrementell wachsenden Artefakte	+
+	A4: Feedback einholen	+
+	A5: Änderungen schnell und einfach verarbeiten	+
++	A6: Zusammenarbeit Kunde und Entwickler	O / +
O / +	A7: Nachhaltig motivierendes Vorgehen	+
+ / ++	A8: Glaubwürdiges Vorgehen und Ergebnisse	O / +
++	A9: Direkte persönliche Kommunikation	++
+ / ++	A10: Qualitätsmerkmale und Design-Constraints	O / +
++	A11: Fokussierung auf die wesentlichen Arbeiten	++
O / +	A12: Selbstorganisation erleichtern	+ / ++
++	A13: Unterstützung des Commitment auf Ziele	++

Tabelle 32: Vergleich des Agilen Software QFD mit dem Agilen RE gemäß der Gestaltungsanforderungen agiler Prinzipien[758]

Die Fokussierung auf die wesentlichen Arbeiten (A11) ist bei beiden Ausrichtungen gegeben, allerdings aus unterschiedlichen Gründen. Die konsequente Eliminierung von Arbeiten, die nicht den Business Value signifikant erhöhen, unter Berücksichtigung weiterer Bewertungen in der Priority Map, ist die Leistung des Agilen Software QFD. Hingegen nutzt das agile RE – insb. ohne den Einsatz des Story Mapping – einfachste Mittel zur Planung der nächsten Iteration, auch ersichtlich aus den nicht einmal zwei Wirkungen im Schnitt (ohne Story Mapping) auf die Gestaltungsanforderungen A14-A27 in Tab. 30.

[758] Eigene Darstellung.

Die Gestaltungsanforderungen A2 bis A5 zum iterativen, inkrementellen Vorgehen unter Einholung und Verarbeitung von Feedback sind in Tab. 32 ebenfalls gleich bewertet. Das liegt auch daran, dass sich der grundlegende Ablauf nicht stark unterscheidet zwischen Agilem Software QFD und Agilem RE.[759] Gerade bzgl. der Einholung von Feedback könnten hier beide Ansätze profitieren von einer Innovationsmethode wie dem Design Thinking (DT).[760] Das DT ist sicherlich hinsichtlich der Gestaltungsanforderung A11, der Konzentration auf das Wesentliche, eher schlecht einzustufen, da es explizit darauf aus, neue Konzepte zu entwerfen und dem Kunden zu seiner Problemlösung zu präsentieren. Aber gerade beim Agilen Software QFD wäre es möglich, bei Bedarf das Grooming Meeting I durchaus als DT-Session zu veranstalten, um so den Innovations- und Gestaltungsaspekt noch weiter zu stärken.[761]

Genau dies ist abschließend nochmals hervorzuheben, der Gestaltungsaspekt, den Agiles Software QFD durch die explizite Analyse der Bedürfnisse und die Suche nach besseren, alternativen Lösungen verkörpert.[762] Eine korrespondierende Problemanforderung fehlt der agilen Welt. Die Lücken, die Agiles Software QFD bei der Agilen Entwicklung füllen kann, liegen somit vor allem in folgenden Bereichen:

- Konsequente Ausrichtung am Business Value d. h. dem Vorteil aus der Nutzung des Produkts bzw. der Befriedigung von (wichtigen) Stakeholderbedürfnissen
- Systematische Suche nach alternativen und besseren Lösungen
- Enge Zusammenarbeit mit allen Stakeholdern insb. (auch) den Kunden/Nutzern
- Glaubwürdiges Vorgehen und Ergebnisse

Agiles Software QFD ist damit Ausdruck eines gestaltenden, am Business Value orientierten agilen RE.

5.8.3 Vergleich des Agilen Software QFD mit Continuous QFD

Continuous QFD ist das Software QFD Modell, das der Anwendung im agilen Kontext bisher am nächsten kam.[763] Einige der Elemente von CQFD, wie z. B. die höhere An-

759 Siehe die Abb. 20 in Kap. 4.5.3 vs. Abb. 51 in Kap. 5.7.2.

760 Vgl. z. B. Dow und Klemmer (2011), Lindberg et al. (2011), Link (2014), S. 80-83, Sauvonnet und Blatt (2015).

761 Zum Vergleich von QFD und Design Thinking vor dem Hintergrund agiler Modelle vgl. Schockert et al. (2014).

762 Siehe die Analyse in Kap. 5.8.1.

763 Siehe die Gegenüberstellung mit den Agilen Gestaltungsanforderungen in Kap. 5.6.2.

zahl kürzerer Meetings, boten auch einen Ausgangspunkt für die Gestaltung des Agilen Software QFD. Von daher und auch um die Position des Agilen Software QFD im Verhältnis zu den anderen existierenden Software QFD Modellen einschätzen zu können, wird im Folgenden ein Vergleich zwischen CQFD und Agilem Software QFD durchgeführt.

Bezogen auf die QFD-Leitlinien ergeben sich nur marginale Unterschiede von CQFD und Agilem Software QFD. Das bedeutet, dass es im Detail und in der konkreten Ausgestaltung zwar Unterschiede gibt, diese allerdings nicht zu einer absolut anderen Bewertung des Agilen Software QFD als des CQFD führen. In Tab. 33 ist ergänzend zu diesem Vergleich auch eine Bewertung des Agilen RE bezogen auf die QFD-Leitlinien enthalten.

Agiles Software QFD vs. Continuous QFD vs. Agiles RE (QFD-Leitlinien) („/" steht für eine Bewertung zwischen 2 Stufen)	Agiles Software QFD	Continuous QFD	Agiles RE
Leitlinie 1: Zusammenarbeit in interdisziplinärem Team mit Kunden, zum Wohle des Kunden	++	++	O / +
Leitlinie 2: Kommunikation über Bedürfnisse und Anforderungen unter allen Stakeholdern	++	++	+ / ++
Leitlinie 3: Analyse von Informationen aus allen möglichen Quellen und Perspektiven	O	O	-
Leitlinie 4: Fokussierung auf die wichtigsten Bedürfnisse und Anforderungen aus Stakeholdersicht	++	++	+
Leitlinie 5: Transformation der wichtigsten Bedürfnisse in Produktanforderungen + Deployment	+	+	O / +

Tabelle 33: Vergleich des Agilen Software QFD mit CQFD gemäß der QFD-Leitlinien[764]

Die Argumente, aus denen die hohen Bewertungen des Agilen Software QFD bzgl. der QFD-Leitlinien 1, 2 und 4 resultieren, sind hinlänglich diskutiert und ergeben sich auch direkt aus dem beschriebenen Vorgehen.[765] Durch die vielen Perspektiven, welche die Priority Map integrieren kann, ist Agiles Software QFD bzgl. Leitlinie 3 etwas besser als CQFD. Allerdings verbleiben durch die frühzeitige Fokussierung in den Iterationen die Analysetätigkeiten insgesamt auf vergleichbarem Niveau. Auf der anderen

[764] Eigene Darstellung, die Werte für CQFD entstammen der Tab. 27 aus Kap. 5.6.1.

[765] Siehe Kap. 5.7 und 5.8.2, da insb. die Bewertungen zu den Gestaltungsanforderungen A1, A6, A9 und A11.

Seite ist CQFD durch die inhärente Technologie- und Komponentenplanung vom Modell her etwas umfangreicher bezogen auf Leitlinie 5, der Transformation, aber durch die kurzen Iterationszyklen und die Sprint Map begleitet auch das ASQFD das deployment.

Interessant ist der Vergleich mit dem Agilen RE. Dieses verliert doch hinsichtlich der QFD-Leitlinien deutlich, insb. hinsichtlich der interdisziplinären Zusammenarbeit mit dem Kunden und zum Wohle des Kunden. Hier schlägt die doch eher interne Ausrichtung, mit kanalisiertem Kundenkontakt[766] über den Product Owner in nur auf die Softwareentwicklungstätigkeiten bezogenen cross-funktionalen (und damit nicht über mehrere betriebliche Funktionen interdisziplinären) Teams durch. Auch bzgl. der Analysetätigkeiten sind hier zwar viele Freiheiten vorhanden, aber wie auch bei den anderen QFD-Leitlinien ist die mangelnde, separate Berücksichtigung von Bedürfnissen nachteilig. Selbst bei der Transformation ist dies so, auch wenn die agile Entwicklung generell hier mit den kurzen Iterationszyklen und der Nähe zu den Realisierungstätigkeiten punkten kann.

Ein Vergleich auf Ebene der methodischen Merkmale von Agilem Software QFD und CQFD zeigt, dass das Agile Software QFD kein revolutionär neuer Ansatz ist, sondern einer evolutionären Weiterentwicklung entspricht. So finden sich drei der fünf am Ende von Kap. 5.5.2 identifizierten methodischen Charakteristika von CQFD konkretisiert bzw. erweitert im Agilen Software QFD wieder.

- Die gleichzeitige Ermittlung von Stakeholderbedürfnissen und Produktanforderungen in CQFD wird bei Agilem Software QFD in Form der Sammlung von User Stories insb. im Grooming Meeting I durchgeführt. Ganz im Sinne der zeitnahen Durchführung verwandter Aktivitäten wird dadurch auch direkt eine (erste) Verbindung zwischen Bedürfnis und Anforderung (Matrixkorrelation auf der Diagonalen) erhoben.
- Die höhere Anzahl kürzerer Meetings in CQFD (statt weniger, langer Workshops) wird in Agilem Software QFD konkretisiert in den Grooming Meetings I und II sowie

[766] Siehe dazu die Darstellung zu Anfang von Kap. 4.5, bei der deutlich wird, dass gerade in Scrum vom Product Owner erwartet wird, dass er alle möglichen externen, aber auch internen interdisziplinären Einflüsse (z. B. von Marketing, Service oder Vertrieb) vom Entwicklungsteam fernhält bzw. eben als einziger Ansprechpartner (mit „einer“ eindeutigen Stimme) für die Entwickler fungiert.

dem Mini-Grooming nach dem Review-Meeting sowie dem Planungsmeeting I.[767] Damit erfährt der QFD-Ablauf auch eine Einbettung in die iterative Entwicklung, die bisher nicht in der Form vorhanden war. CQFD spricht überdies separate Entwicklermeetings zur Komponenten- und Technologieplanung an, die vergleichbar sind mit dem Grooming Meeting II (Entwickler-Grooming) bzw. den möglichen bilateralen Gesprächen mit den Entwicklern zum Finden von neuen Lösungen für Bedürfnisse bzw. möglichen Design-Einschränkungen.

- Die inkrementelle Erstellung und Verfeinerung von Matrixinhalten des CQFD wird im Agilen Software QFD konkretisiert in der inkrementell wachsenden Priorisierungsmatrix.[768] Diese wird zudem im Unterschied zu CQFD bei jeder Iteration wieder reduziert und bleibt so handhabbar.[769] Bezogen auf die Bewertung von Matrixeingaben benutzt CQFD genau wie Agiles Software QFD die Ranggruppenbildung.[770]

Die anderen beiden typischen CQFD Charakteristika spielen für das Agile Software QFD nur bei speziellen Gestaltungsbedingungen eine Rolle. So kann der IT-Einsatz zur Unterstützung der Kommunikation bei örtlich verteilter Entwicklung (z. B. durch Video-Konferenzsysteme) sinnvoll sein. Die agile Entwicklung steht allerdings grundsätzlich vor allem den dokumentierenden Mitteln eher zurückhaltend gegenüber,[771] da die persönliche, direkte Kommunikation (Gestaltungsanforderung A9, Agiles Prinzip 6) sehr hoch gehalten wird und auch die Einfachheit darunter leiden kann (Agiles Prinzip 10). So werden bei verteilten Entwicklungen gelegentliche persönliche, bilaterale Besuche oder auch regionale Treffen in Verbindung mit Telefonaten bevorzugt.[772] Auch wenn nicht explizit z. B. im Scrum Guide formuliert, so geht die Agile Entwicklung bei der eher kleinen Teamgröße[773] von räumlich eng zusammenarbeitenden Teammitgliedern aus.[774]

---

767 Siehe Abb. 51 in Kap. 5.7.2, in einem längeren Iterationszyklus bzw. bei Bedarf können insb. Grooming Meetings (mit Kunden und/oder Entwicklern) dazu kommen.

768 Siehe Abb. 43 und 44 in Kap. 5.7.1.

769 Siehe Abb. 50 in Kap. 5.7.2.

770 CQFD geht allerdings davon aus, dass eine Hierarchie (Baumdiagramm, siehe Kap. 5.2.2) von Bedürfnissen aufgebaut wird, deren Bewertung dann im Laufe des Projekts bis hin zu relativen Gewichten z. B. mittels AHP verfeinert wird, vgl. Herzwurm et al. (2000b), S. 95, 105. Das ist grundsätzlich ebenfalls im Agilen Software QFD möglich, gerade im Hinblick auf Epics, d. h. abstrakteren User Stories, aber da die betrachteten Bedürfnisse in jeder Iteration reduziert werden, ist abzuwägen, ob die hierdurch gewonnene Präzision der Bewertung den Aufwand (auch zeitlich) rechtfertigt.

771 Vgl. Gloger (2016), S. 268-269, Roock und Wolf (2016), S. 170-172.

772 Vgl. Cohn (2010), S. 367-387.

773 Siehe Kap. 5.1.

774 Vgl. Cohn (2010), S. 412-420, Goll und Hommel (2015), S. 103

Analog ist die Benutzung von Vorlagen zur Wiederverwendung sinnvoll, auch im Hinblick auf die Maximierung nicht getaner Arbeit (Agiles Prinzip 10), aber auch abhängig von den Möglichkeiten dies zu tun. Wenn es vergleichbare Projekte bzw. Lösungen gibt oder/und es um technische Standard-Komponenten geht, ist dies von dem Entwicklungsteam sicherlich zu berücksichtigen. Allerdings sind gerade vor dem Hintergrund ständigen Wandels und der zeitlichen Komponente der Kano-Analyse,[775] „ältere" Produktanforderungen auf ihre aktuelle Bedürfnisbefriedigung zu prüfen, genauso „ältere" Bedürfnisse neu zu bewerten. In anderem Sinne als von CQFD gedacht, betreibt Agiles Software QFD aktive Wiederverwendung, nämlich indem es die (um die im aktuellen Inkrement umgesetzten Produktanforderungen und voll erfüllten Bedürfnisse) reduzierte Priority Map als Basis für die nächste Iteration nimmt.[776]

Wird der Vergleich von CQFD und Agilem Software QFD auf die Erfüllung der agilen Gestaltungsanforderungen A1 bis A13 ausgedehnt, so ergibt sich die Gegenüberstellung in Tab. 34. Agiles Software QFD und CQFD sind bei sechs der 13 agilen Gestaltungsanforderungen auf gleichem, hohen Niveau, darunter sind die für QFD essentielle Zusammenarbeit von Kunden und Entwicklern (A6) und die Fokussierung auf die wesentlichen Arbeiten (A11), die nicht zuletzt durch die konsequente Ausrichtung am Business Value (A1) erreicht wird. Agiles Software QFD dominiert CQFD bezogen auf die restlichen sieben Problemanforderungen. Bei A2, A3 und A5, dem iterativen, inkrementellen Vorgehen unter Verarbeitung von Feedback, resultiert dies aus der nun verbesserten Einbettung in einen iterativen Entwicklungsprozess und der Konkretisierung der inkrementell wachsenden Priorisierungsmatrix. In Verbindung mit der weniger ausgeprägten Notwendigkeit zur Moderation resultierend auch aus der Möglichkeit, die Priority Map in ihren Bestandteilen separiert zu erstellen, führt das konsequent inkrementelle Vorgehen auch zu Fortschritten im Hinblick auf A7 und A12, der Unterstützung eines nachhaltigen motivierenden Vorgehens und der Selbstorganisation. Das Commitment (A13) profitiert vom regelmäßigen Planungsmeeting I mit allen Stakeholdern und der begründeten Ableitung des Sprint-Ziels auf Basis der im Inkrement adressierten Stakeholderbedürfnisse. In ähnlicher Weise beruht die Einschätzung der höheren Glaubwürdigkeit (A8) auf der fest etablierten Einbettung sowohl des Kunden- als auch des Entwickler-Groomings (Grooming-Meeting I und II) in den Iterationszyklus.

[775] Siehe zur Kano-Analyse Kap. 5.2.3.
[776] Siehe Abb. 50 in Kap. 5.7.2.

Agiles Software QFD	**Agiles Software QFD vs. Continuous QFD (A1-13)** („/“ steht für eine Bewertung zwischen 2 Stufen)	Continuous QFD
+ / ++	A1: Ausrichtung am Business Value	+ / ++
+	A2: Kurze Iterationen unterstützen	O / +
+	A3: Inkrementell wachsenden Artefakte	O / +
+	A4: Feedback einholen	+
+	A5: Änderungen schnell und einfach verarbeiten	O / +
++	A6: Zusammenarbeit Kunde und Entwickler	++
O / +	A7: Nachhaltig motivierendes Vorgehen	O
+ / ++	A8: Glaubwürdiges Vorgehen und Ergebnisse	+
++	A9: Direkte persönliche Kommunikation	++
+ / ++	A10: Qualitätsmerkmale und Design-Constraints	+ / ++
++	A11: Fokussierung auf die wesentlichen Arbeiten	++
O / +	A12: Selbstorganisation erleichtern	O
++	A13: Unterstützung des Commitment auf Ziele	+ / ++

Tabelle 34: Vergleich des Agilen Software QFD mit CQFD gemäß der Gestaltungsanforderungen agiler Prinzipien[777]

Insgesamt wird aus dem Vergleich deutlich, dass Agiles Software QFD seine QFD-Identität nicht leugnet bzw. verloren hat. Agiles Software QFD ist ein Beitrag zu den dynamischen Software QFD Modellen.[778] Es repräsentiert eine evolutionäre Weiterentwicklung von CQFD im Hinblick auf die Anwendung innerhalb der agilen Entwicklung.

5.8.4 Nachweis der Praktikabilität

Genauso wenig wie das Agile Software QFD eine revolutionär andere Anwendung des Software QFD darstellt, so sind auch die im Agilen Software QFD zum Einsatz kommenden Techniken nicht grundlegend neu. Zwar sind User Stories als zentrales Artefakt zur Ermittlung von Anforderungen zumindest gemäß der Literaturanalyse noch nicht in Software QFD eingesetzt worden. Allerdings sind sie sehr weit verbreitet in der

[777] Eigene Darstellung. Die Werte entstammen Tab. 28 (Kap. 5.6.2) für das Continuous QFD und Tab. 32 (Kap. 5.8.2) für das Agile Software QFD.

[778] Siehe zu den dynamischen Software QFD Modellen Kap. 5.5.

agilen Welt[779] und ihre Aufsplittung in Bedürfnisse des Problemraums und Anforderungen des Lösungsraums entspricht Standard QFD Vorgehen.[780] Die Abbildung ihrer Beziehungen untereinander in einem Relationen- und/oder Matrixdiagramm liegt dann unmittelbar auf der Hand. Die Priorisierung von Bedürfnissen gemäß Ranggruppenbildung bzw. Ranking lässt sich zwar auf verschiedenen Wegen bewerkstelligen,[781] ist allerdings ebenfalls gängig. Gleiches gilt für die Bewertung von Produktanforderungen gemäß unterschiedlicher Kriterien.[782] Die Priority Map bzw. ihre Bestandteile entsprechen in ihrer Struktur den bekannten Elementen eines House of Quality, die Story Map reduziert diese nur auf die für das nächste Inkrement relevanten Einträge.

Neu sind in erster Linien zwei Aspekte. Zum einen der Anwendungskontext, in dem die Techniken eingesetzt werden d. h. konkret die vorgeschlagene Einbettung der Techniken in den Iterationszyklus agiler Entwicklung (Kap. 5.7.2). Zum anderen die inkrementell wachsende Priorisierungsmatrix als Kernelement der Priority Map (Kap. 5.7.1). Ersteres ist leider noch nicht erfolgt und kann deswegen in dieser Arbeit auch nicht dargestellt werden. Die Praktikabilität der inkrementell wachsenden Priorisierungsmatrix kann allerdings veranschaulicht werden.

Wie bereits dargelegt wird QFD als Planungs-, Analyse- und Kommunikationsinstrument in den unterschiedlichsten Kontexten verwendet.[783] Im Rahmen des Ideenwettbewerbs Elektromobilität Ländlicher Raum des Landes Baden-Württemberg[784] kam QFD in einem Forschungsprojekt zur ehrenamtlich organisierten Mobilität mit Elektrofahrzeugen („EFB – e-Fahrdienst Boxberg") zum Einsatz.[785] Konkret ging es um die nachhaltige Verstetigung des Konzepts im Sinne der Entwicklung eines Geschäftsmo-

779 Siehe Abb. 14 in Kap. 4.4.3, User Stories kommen demnach in mehr als vier von fünf agilen Projekten zum Einsatz.

780 Insb. unter Verwendung von „Warum-" bzw. „Wozu-"Fragen, ggf. auch unter Einsatz der 6W-Fragen, vgl. dazu Herzwurm et al. (1997), S. 85, ISO 16355-1 (2015), S. 49. Auch sind die User Stories bei Verwendung der Schablone bereits in einem entsprechenden Format, siehe dazu Kap. 4.5.1.

781 Vgl. z. B. Berander und Andrews (2005), S. 76-77, Cohen (1995), S. 94-100, Davis (2005), S. 71-74, für ein Beispiel auch Schockert et al. (2013), S. 241-242. Siehe auch Kap. 5.2.3.

782 Vgl. z. B. für Abhängigkeiten Davis (2005), S. 78-83, Herzwurm et al. (1997), S. 139-142, für Aufwand/Umfang z. B. Cohn (2006), S. 33-75, Ebert (2014), S. 162-173, für Risiken z. B. Cohn (2006), S. 84-86, Davis (2005), S. 98-101.

783 Siehe Kap. 3.2. und den Anfang von Kap. 5.6.

784 Bzw. exakt ist es der Ideenwettbewerb Elektromobilität Ländlicher Raum des Ministeriums für Ländlichen Raum und Verbraucherschutz Baden-Württemberg als Maßnahme der Landesinitiative Elektromobilität II des Landes Baden-Württemberg.

785 Vgl. für die Ergebnisse des Projekts den Abschlussbericht Martin et al. (2016), für die Anwendung von QFD daraus S. 105-107.

dells für den e-Fahrdienst. Im Rahmen eines Workshops wurden dazu Ziele des Betreibervereins WvB[786] erhoben und mögliche Maßnahmen zur Erreichung der Ziele gesucht. Dies geschah mit Hilfe der inkrementell wachsenden Priorisierungsmatrix (Abb. 53).

Ziele vs. Maßnahmen (⊙ starke Wirkung) (○ mittlere Wirkung)	Anreize für Mitgliedschaft schaffen z. B. 10er-Karte für 1 Euro weniger	Fahrgäste während der Fahrt au WvB-Mitgliedschaft hinweisen	Mitglied werden können über Webauftritt	Mitglieder werber Mitglieder	Fahrzeug und WvB auf Festen/Veranstaltungen präsentieren (mit Person)	Multiplikatoren als Mitglieder gewinnen	Persönliche Ansprache von Bürgern mit Infos über WvB-Leistungen (und Flyer)	„Bericht" über WvB regelmäßig als Information im Amtsblatt platzieren	„Besondere" Fahrten anbieten (Sightseeing)	Sportvereine direkt ansprechen	Werbung für Partnerbetriebe im Fahrzeug (gegen Entgelt)	Werbung für WvB durch Ortsvorsteher auf Ortsversammlung	Multiplikatoren wie z. B. Vereins-vorsitzende/Kirchenvertreter einladen und WvB erklären	Werbeflächen auf Auto ausschöpfen	Fahrten für Firmen anbieten	Umsatzabhängige Partner-programme für Spenden an den WvB/Fahrgäste
Mehr Mitglieder für den WvB	⊙	⊙	⊙	⊙	○	○	○									
Boxberg als Stadt interessant machen			○		○		○	⊙	○							
Auslastung des Fahrzeugs erhöhen						○	○		○	⊙	⊙	⊙				
Mobilitätsbedarfe bewußt machen					○	○	○	○				⊙	⊙			
Finanzielle solide Basis schaffen	○	○	○	⊙		○	○		○	○	○		○	⊙	⊙	⊙
Wir-Gefühl zwischen Gewerbe, Stadt, Privat, Verein stärken		○		⊙	○	⊙	○					○	○		○	⊙

Abbildung 53: Beispiel einer inkrementell wachsenden Priorisierungsmatrix (e-Fahrdienst Boxberg)[787]

Die Matrix baute sich zeilenweise in der Reihenfolge der Bedeutung der Ziele auf (beginnend mit dem wichtigsten Ziel „Mehr Mitglieder für den WvB"). Es wurden jeweils die Maßnahmen mit starken und mittleren Wirkungen auf das aktuell betrachtete Ziel ermittelt. Die Maßnahmen wurden dann von links nach rechts in den Spalten fortlaufend angeordnet. Durch dieses Vorgehen wächst die Matrix, wie schematisch in Abb. 44 (Kap. 5.7.1) beschrieben, nur unterhalb der Diagonalen. Ein Vorteil war im vorliegenden Fall (und ist generell), dass nach jedem betrachteten Ziel (Zeile) aufgehört werden konnte und trotzdem jederzeit ein Ergebnis vorlag. Im Umfeld der agilen Entwicklung kann dies als „kontinuierliche Auslieferung von Anforderungen" im Sinne der agilen Prinzipien 1 und 3 bezeichnet werden.

So ist in Abb. 53 mit den grauen Spalten eine mögliche Fokussierung[788] nach Betrachtung des sechsten Ziels kenntlich gemacht (Maßnahmen in den Spalten 3, 6, 7, 8 und 12). Die Ziele 1 bis 4 sowie Ziel 6 werden dabei direkt adressiert, Ziel 5 dreimal mit

786 WvB – Wir verbinden Boxberg e. V., siehe http://www.wir-verbinden-boxberg.de/.

787 Eigene Darstellung. Insgesamt wurden in zwei Workshops 26 Ziele und 30 Maßnahmen erhoben. Es wurde dann mittels Ranggruppenbildung auf die Ziele höchster Dringlichkeit und Wichtigkeit fokussiert und diese in der Priorisierungsmatrix analysiert.

788 An dieser Stelle und im Folgenden wird von möglichen weiteren Restriktionen wie z. B. Budget oder zeitlicher Verfügbarkeit der handelnden Personen abstrahiert.

mittlerer Wirkung. Wäre die Analyse bereits nach Betrachtung des vierten Ziels beendet worden, sähe die Matrix wie in Abb. 54 aus:

Ziele vs. Maßnahmen (⊙ starke Wirkung) (○ mittlere Wirkung)	Anreize für Mitgliedschaft schaffen z. B. 10er-Karte für 1 Euro weniger	Fahrgäste während der Fahrt auf WvB-Mitgliedschaft hinweisen	Mitglied werden können über Webauftritt	Mitglieder werber Mitglieder	Fahrzeug und WvB auf Festen/Veranstaltungen präsentieren (mit Person)	Multiplikatoren als Mitglieder gewinnen	Persönliche Ansprache von Bürgern mit Infos über WvB-Leistungen (und Flyer)	„Bericht" über WvB regelmäßig als Information im Amtsblatt platzieren	„Besondere" Fahrten anbieten (Sightseeing)	Sportvereine direkt ansprechen	Werbung für Partnerbetriebe im Fahrzeug (gegen Entgelt)	Werbung für WvB durch Ortsvorsteher auf Ortsversammlung	Multiplikatoren wie z. B. Vereinsvorsitzende/Kirchenvertreter einladen und WvB erklären
Mehr Mitglieder für den WvB	⊙	⊙	⊙	⊙	○	③	○						
Boxberg als Stadt interessant machen			○		○		○	⊙	○				
Auslastung des Fahrzeugs erhöhen						③	○		○	⊙	⊙	⊙	
Mobilitätsbedarfe bewußt machen					○	③	○	○				⊙	⊙

Abbildung 54: Priorisierungsmatrix (e-Fahrdienst Boxberg) nach Analyse des vierten Ziels[789]

Das Ergebnis, wiederum ersichtlich durch die grauen Spalten in Abb. 54, wäre sehr wahrscheinlich die Fokussierung auf „nur" 4 der vorher genannten Maßnahmen (Spalten 3, 7, 8 und 12), um alle Ziele mit starker Wirkung zu bedienen. Prinzipiell sind also durch die weitere Analyse zweier weiterer Ziele mehr Optionen entstanden, wie z. B. dass die Maßnahmen in den Spalten 4, 6 oder auch 16 nun ergänzend bzw. alternativ in Betracht gezogen werden können. Durch die Vorgehensweisen mit den wichtigsten Zielen (Zeile) beginnend wird zwar durch die weitere Untersuchung von weniger wichtigen Zielen eine größere Analysetiefe und damit auch Sicherheit erreicht, es werden jedoch keine grundlegend anderen Ergebnisse erzielt.[790]

Dies zeigt sich auch an einem zweiten realen Beispiel, der QFD-Anwendung im Rahmen des vom BMBF geförderten Forschungsprojekts „Aprikose" zur Entwicklung einer Appliance,[791] die es kleinen und mittleren Unternehmen im Bereich von Mobilitäts- und komplementärer Dienstleistungen ermöglicht, sich einfach, kostengünstig und sicher

789 Eigene Darstellung.

790 Im EFB-Projekt wuchs an dieser Stelle insb. die Erkenntnis, dass die persönliche Ansprache von potentiellen Fahrgästen und Förderern sowie die Gewinnung von Multiplikatoren im Ort (z. B. den Ortsvorsteher) entscheidend sind für das Bekanntwerden und damit der Einnahmengenerierung des e-Fahrdienstes, vgl. Martin et al. (2016), S. 106.

791 Eine Appliance ist ein vorinstalliertes, vorkonfiguriertes, direkt einsetzbares Endgerät oft bestehend aus Hard- und Software, die (nahezu) keine Handlungen von außen während des Betriebs benötigt, ähnlich einem WLAN Router für den Internetzugang im privaten Haushalt.

als Anbieter an einem sog. Koopkurrenznetzwerk[792] zu beteiligen.[793] Insgesamt wurden 71 Bedürfnisse vor allem aus Sicht der KMUs, aber auch aus Betreibersicht erhoben, welche zur Strukturierung und Bewertung mittels des AHP in insgesamt 13 Gruppen gegliedert wurden.[794] Es wurde auf Ebene der Bedürfnisgruppen priorisiert, um mittels der Korrelationen zu den möglichen Lösungsbereichen, die aus Kundensicht wichtigsten Anforderungsgruppen zu identifizieren.[795] Abb. 55 zeigt diese Priorisierungsmatrix auf Gruppenebene.

Bedürfnisgruppen vs. Anforderungsgruppen (9 = starke Wirkung) (3 = mittlere Wirkung) (1 = schwache Wirkung)		Anzeige	Ausfallsicherung	Datenhaltung	Datensicherheit und Datenschutz	Installation und Konfiguration	Kontrolle und Prüfung	Modularität	Schnittstellen und Kommunikation	Überwachung	Updates
Administration	13,6%	9	3	3	1	9	3	3		9	9
Event Handling	12,9%			1			9		9	9	
Fachliche Betriebsführung	12,4%	9	3		3	1	3		3	3	1
Flexibilität	11,1%			3		3		9	9		3
Sicherheit	9,3%	1	3	3	9	1	1			3	3
Compliance	8,0%		3	3	9		1			1	
Verfügbarkeit	7,6%		9				3	1		9	3
Standards verwalten	6,5%					3		1	9		9
Individualisierung	5,7%	3		3		3		3			
Usability	5,4%	9				9	3			3	3
Abrechnungsunterstützung	4,4%	1					9		3	3	
Support	2,2%	1				3	1			1	3
Preismodell	0,8%							3			
	Absolut	3,2	2,0	1,6	2,1	2,7	2,9	1,7	3,2	4,1	3,0
	Relativ	11,9%	7,5%	5,9%	7,8%	10,2%	11,0%	6,6%	12,3%	15,5%	11,3%
	Rang	3	8	10	7	6	5	9	2	1	4

Abbildung 55: Ursprüngliche Priorisierungsmatrix (Aprikose) auf Basis der Gruppen von Bedürfnissen und Anforderungen[796]

Wie aus Abb. 55 ersichtlich, ergab die Priorisierungsrechnung auf Basis der relativen Bewertung der Bedürfnisgruppen recht deutlich die Überwachung des operativen Ein-

---

792 Koopkurrenz (engl. Coopetition) bezeichnet und beschreibt die zunehmend vorkommende Marktsituation, dass Unternehmen einerseits Wettbewerber, andererseits Partner sind, vgl. Beck (1998), S. 271-272, Brandenburger und Nalebuff (1996), S. 3-5.

793 Das Projekt „Aprikose“ wurde im Rahmen des Programms „kmu innovativ“ vom Bundesministerium für Bildung und Forschung (BMBF) unter dem Förderkennzeichen 01IS12015 gefördert. Weitere Informationen unter www.aprikose.wi.uni-stuttgart.de, vgl. für einen Überblick Helferich et al. (2014).

794 Zum Vorgehen bei der Anforderungsanalyse in Aprikose, vgl. Schockert et al. (2013), S. 239-243.

795 Die Anforderungsgruppen dienten dann wieder als Orientierung für die Ableitung von Entwicklungsvorgaben. Insgesamt wurden im Detail 18 Bedürfnisse 59 möglichen Produktanforderungen in Form von Funktionen bzw. Services sowie Leistungs- bzw. Qualitätsmerkmalen gegenübergestellt.

796 Eigene Darstellung in Anlehnung an Helferich et al. (2014), S. 1610 sowie Schockert et al. (2013), S. 242.

satzes der Appliance (15,5%) als bedeutendste Anforderungsgruppe, gefolgt von notwendigen Schnittstellen (12,3%) und deutlichen Anzeigen am Gerät (11,9%). Die Priorisierungsmatrix in Abb. 55 wirkt etwas unübersichtlich in ihrer Gesamtheit, insgesamt mussten auch 130 Korrelationen geprüft werden, sie ist allerdings in der Tiefe stimmig.

Wird nun retrospektiv angenommen, dass bei der Erstellung zeilenweise (mit der stärksten Bedürfnisgruppe beginnend) wie bei der inkrementell wachsenden Matrix vorgegangen worden wäre und nur starke sowie mittlere Wirkungen betrachtet worden wären, dann ergäbe sich nach Analyse der ersten vier Bedürfnisgruppen die Matrix in Abb. 56.

Bedürfnisgruppen vs. Anforderungsgruppen (9 = starke Wirkung) (3 = mittlere Wirkung)		Anzeige	Installation und Konfiguration	Überwachung	Updates	Kontrolle und Prüfung	Modularität	Schnittstellen und Kommunikation
Administration	13,6%	9	9	9	9	3	3	
Event Handling	12,9%			9		9		9
Fachliche Betriebsführung	12,4%	9		3		3		3
Flexibilität	11,1%		3		3		9	9
	Absolut	2,3	1,6	2,8	1,6	1,9	1,4	2,5
	Relativ	16,6%	11,0%	19,6%	11,0%	13,8%	10,0%	18,0%
	Rang	3	5	1	5	4	7	2

Abbildung 56: Inkrementell wachsende Priorisierungsmatrix (Aprikose)[797]

Die Ergebnisreihenfolge in den drei wichtigsten Anforderungsgruppen ist hier identisch mit der umfangreichen Matrix in Abb. 55, die auf den Plätzen 4-6 verschiebt sich leicht zugunsten der Kontroll- und Prüfprozesse (in Abb. 55 Ranggruppe 5, nun 4). Trotzdem ist das Ergebnis sehr ähnlich und dazu mussten „nur" 28 Korrelationen geprüft werden, also nicht einmal ein Viertel so viele wie in der ursprünglichen Matrix. Auf Basis dieser deutlich schneller bzw. aufwandsärmer zu erstellenden Matrix wären somit die gleichen Schritte im Fortgang des Projekts unternommen worden, wie auf Basis der umfangreichen Matrix. Falls nun noch die Priorisierung der Bedürfnisgruppen nur mittels einfachen Rankings zu einer ordinalen Reihenfolge geführt hätte, dann wären auch in diesem Fall sehr wahrscheinlich die gleichen drei vorderen Anforderungsgruppen zur weiteren Analyse ausgewählt worden (Abb. 57, grau hinterlegte Spalten).

797 Eigene Darstellung.

Bedürfnisgruppen vs. Anforderungsgruppen (⊙ starke Wirkung) (○ mittlere Wirkung)	Anzeige	Installation und Konfiguration	Überwachung	Updates	Kontrolle und Prüfung	Modularität	Schnittstellen und Kommunikation
Administration	⊙	⊙	⊙	⊙	○	○	
Event Handling			⊙		⊙		⊙
Fachliche Betriebsführung	⊙		○		○		○
Flexibilität				○		⊙	⊙

Abbildung 57: Inkrementell wachsende Priorisierungsmatrix ohne Priorisierungsrechnung (Aprikose)[798]

Diese Analyse zeigt überdies, dass eine Konzentration nur auf die starken Wirkungen im Sinne eines Relationendiagramms bzw. einer Maximum Value Table (d. h. ohne die mittleren Wirkungen symbolisiert durch Kreise in Abb. 57, vgl. schematisch Abb. 45 in Kap. 5.7.1) durchaus auch fokussieren kann. Allerdings verwischen dann die Unterschiede zwischen den Einzelergebnissen und vor allem kommt der Priorisierung der Bedürfnisse als Input der Analyse eine noch größere Bedeutung zu.

Sicherlich sind diese beiden Beispiele kein Nachweis, dass in jedem Fall eine inkrementell wachsende Priorisierungsmatrix nach X Schritten zum gleichen Ergebnis führt wie eine komplett analysierte Matrix. Beide Beispiele zeigen aber das Potential für deutlich schnellere Fokussierung und geringeren Aufwand bei der Erstellung der Matrizen mit zumindest hinreichend handlungsleitendem Ergebnis. Dies gilt es sicherlich auch noch auf eine breitere empirische Basis zu stellen. Ggf. ist es dann möglich, einfache Regeln für Matrixkonstellationen abzuleiten, die dafür sprechen, dass die weitere Analyse von Bedürfnissen nicht mehr, zumindest für die aktuelle Iteration, zu neuen wichtigen Erkenntnissen führt. Beispielsweise kann vermutet werden, dass es bei einer Ranggruppenbildung in 3 Gruppen reicht, nur die erste Gruppe zu betrachten, bei 5 Gruppen nur die ersten beiden. Aber, wie oben geschrieben, dies gilt es mit empirischen Ergebnissen z. B. in Form solcher retrospektiven Analysen wie in diesem Kapitel zu belegen.

798 Eigene Darstellung.

6. Schlussbetrachtung

6.1 Kritische Würdigung

Den Rahmen für die kritische Würdigung von Vorgehen und Ergebnissen der Arbeit bilden das übergeordnete Ziel der Arbeit und die Forschungsfragen.[799] Das übergeordnete Ziel der Arbeit ist die Konzeption eines Agilen Software QFD. Zur Begründung dieser Konzeption sind zwei Forschungsfragen handlungsleitend: (FF1) Was ist der aktuelle Stand der Wissenschaft und Praxis bzgl. Software QFD? (FF2) Welche Anforderungen muss Agiles Software QFD erfüllen?

Den Kontext der Arbeit bildet das Requirements Engineering als wesentlicher Anwendungsbereich des Software QFD. In Kap. 5.7 wurde ein Vorschlag für das Agile Software QFD beschrieben. Er basiert auf den Eigenschaften und den verwendeten Techniken in etablierten Software QFD Modellen. Auf Grundlage einer Literaturanalyse zu Software QFD mit insgesamt 108 analysierten Quellen wurden drei grundsätzliche Kategorien von Software QFD Modellen identifiziert, die klassisch umfassenden, die fokussierenden und die dynamischen Software QFD Modelle. Zusammen mit den Haupttätigkeiten und den Leitlinien des Software QFD repräsentieren sie den Stand der Wissenschaft und Praxis von Software QFD (FF1). Das Agile Software QFD stellt eine evolutionäre Weiterentwicklung von Software QFD dar. Es konkretisiert das Continuous QFD, als dem dynamischen Software QFD Modell mit den besten Voraussetzungen für eine agile Adaption, im Hinblick auf die Anwendung innerhalb der agilen Softwareentwicklung.

Der Vorschlag für das Agile Software QFD orientiert sich an 27 Gestaltungsanforderungen für ein Agiles Software QFD abgeleitet aus dem Agilen Manifest und dem Umgang mit Anforderungen in den agilen Entwicklungsmodellen, zudem abgeglichen mit empirischen Quellen zum agilen Requirements Engineering (FF2). Diese Gestaltungsanforderungen bildeten ebenso die Grundlage für die Evaluation der vorgeschlagenen Techniken des Agilen Software QFD. Den Vorschlag zum Agilen Software QFD kennzeichnen besondere methodische Merkmale (insb. die inkrementell wachsende Priorisierungsmatrix) und die Einbettung in den agilen Iterationszyklus. Bewertet gegen die Gestaltungsanforderungen und verglichen mit weit verbreiteten Techniken des agilen RE kann das Agile Software QFD insb. durch die konsequente Ausrichtung an den

[799] Siehe Kap. 1.2.

wichtigsten Stakeholderbedürfnissen und der engen Zusammenarbeit mit den Kunden/Nutzern einen Mehrwert für die agile Entwicklung liefern. Agiles Software QFD verkörpert damit den Gestaltungsanspruch des RE in einer agilen Softwareentwicklung und ist Ausdruck eines glaubwürdigen, am Business Value orientierten agilen RE.[800]

Mit der vorgeschlagenen Ausgestaltung des Agilen Software QFD und seiner Evaluation kann das übergeordnete Ziel dieser Arbeit als erreicht gelten. Durch den Vorschlag einer neuen bzw. veränderten Anwendung von Software QFD in der agilen Softwareentwicklung besitzt die Arbeit dabei durchaus einen gewissen Innovationsgrad. Dieser ist allerdings begrenzt dadurch, dass die Arbeit in erster Linie zeigt, dass Software QFD, mit Anpassungen und einigen Veränderungen, auch in der agilen Softwareentwicklung sinnvoll zum Einsatz kommen kann.

Die Arbeit liefert überdies mit den Gestaltungsanforderungen an das Agile Software QFD ein weiteres, eigenständiges Ergebnis. Denn diese können, da sie unabhängig von Software QFD hergeleitet wurden, gleichermaßen als Gestaltungsanforderungen an ein agiles RE verstanden werden und sind demzufolge als Maßstab zur Bewertung anderer Methoden und Techniken des agilen RE in Zukunft nutzbar.

Gleichzeitig sind allerdings einige Schwächen der Arbeit kritisch anzumerken, die zugleich auch zukünftige Forschungsaufgaben kennzeichnen:

- Zuvorderst ist die mangelnde empirische Evaluierung des Agilen Software QFD zu nennen. Auch wenn die Gestaltungsvorschläge gut begründet sind und in der Bewertung gegen die Gestaltungsanforderungen gut abschneiden, so können sich durch den praktischen Einsatz nicht nur punktuelle Verbesserungen sondern auch völlig andere, alternative Gestaltungen ergeben. Beispielsweise könnten auch in einer umfangreicheren IT-Unterstützung und/oder weiterreichenden Steuerung der Entwicklungsaktivitäten auf Basis mathematischer Berechnungen[801] geeignete Lösungen für das Agile Software QFD liegen.
- Zur Ableitung der Gestaltungsanforderungen an das Agile Software QFD wurden nur die Prinzipien und Werte des Agilen Manifests, empirische Quellen zum agilen RE sowie die Ausgestaltung des agilen RE, gekennzeichnet durch die in der Praxis am weitesten verbreiteten agilen Praktiken mit Relevanz zum Um-

[800] Siehe zu dieser Einschätzung insb. Kap. 5.8.2.
[801] Vgl. z. B. Fehlmann (2011), Fehlmann (2012), Fehlmann und Kranich (2013), Fehlmann (2016).

gang mit Anforderungen, genutzt. Da in etwa drei von vier agilen Entwicklungsprojekten Scrum bzw. Varianten von Scrum zum Einsatz kommen,[802] liegt darin eine Hauptquelle der Problemanforderungen. Andere, alternative Entwicklungsmodelle wie bspw. Kanban,[803] und gleichwohl weniger verbreitete agile RE-Praktiken könnten weitere Anknüpfungspunkte für das Agile Software QFD bieten.

- Die Beurteilungen der Zweck-Mittel-Beziehungen zwischen den QFD-Modellen, den Techniken des agilen Software QFD und des agilen RE auf der einen Seite und den Problemanforderungen (sowie den QFD-Leitlinien) auf der anderen Seite, erfolgte zwar gut begründet aber generalisierend von möglichen Varianten ihrer praktischen Ausgestaltung. Sie stellen in diesem Sinne nur gut begründete Tendenzaussagen dar.
- Die Matrixdiagramme haben sich zur übersichtlichen Darstellung der angesprochenen Zweck-Mittel-Beziehungen durchaus bewährt. Dabei wurden zwar evtl. vorhandene Gestaltungsbedingungen in den Begründungen für die Gestaltungswirkungen verwendet, allerdings nicht explizit in die Darstellungen in den Matrixdiagrammen einbezogen. Auch sind beispielsweise für die Anwendung von Scrum (oder auch Software QFD) gewisse Voraussetzungen z. B. zur Teamgröße und deren räumliche Verteilung oft impliziert.[804] Ebenso wurde von allgemeinen Voraussetzungen des Einsatzes agiler Entwicklungsmodelle wie beispielsweise der grundsätzlichen Eignung des Produkts für eine inkrementelle, iterative Entwicklung oder auch notwendigen organisationskulturellen Rahmenbedingungen, vor allem im Hinblick auf einen kooperativen Führungsstil, abstrahiert.[805] Es könnten in diesem Sinne auch bisher unberücksichtigte Gestaltungsbedingungen existieren, die gegen die Anwendung der vorgeschlagenen RE-Techniken sprechen bzw. deren Wirkungen einschränken.
- Die Evaluation des Agilen Software QFD erfolgt insb. anhand der aus dem Agilen Manifest und den agilen Entwicklungsmodellen abgeleiteten Gestaltungsanforderungen. Das Agile Software QFD ist gleichermaßen orientiert an diesen

[802] Vgl. VersionOne (2016), S. 9 bzw. den Anfang von Kap. 4.4.
[803] Vgl. Anderson (2010).
[804] Siehe dazu auch die Diskussion der Voraussetzungen für ein QFD-Projekt in Kap. 5.1. sowie Kap. 5.8.3.
[805] Vgl. dazu zusammenfassend Goll und Hommel (2015), S. 101-103 und umfassend z. B. Cohn (2010), S. 1-40. Prinzipiell kann das komplette Buch von Mike Cohn als eine Beschreibung von Faktoren für eine erfolgreiche agile Softwareentwicklung angesehen werden.

Gestaltungsanforderungen hergeleitet worden. Von daher ist es wenig überraschend, dass das Agile Software QFD bezogen auf diese Gestaltungsanforderungen gut abschneidet. Die Gestaltungsanforderungen könnten zudem selbst einer breiteren empirischen Validierung und damit Fundierung zugänglich gemacht werden.

6.2 Ausblick

Neben den im Abschnitt zuvor genannten Schwächen bietet die Arbeit eine ganze Reihe von Anknüpfungspunkten für weitere Anwendungen der Ergebnisse bzw. weiteren Forschungsbedarf.

Bezogen auf das Agile Software QFD selbst ist die bereits angesprochene empirische Validierung wichtig. Dabei sollte auch ein Ziel sein, möglichst einfache, handhabbare Handlungsanweisungen im Sinne sog. „generative rules" zu erkennen.[806] Diese sollten weniger den Charakter eines „Kochbuchs" mit Schritt-für-Schritt-Anleitungen haben,[807] sondern vielmehr die nötigen Freiräume für Flexibilität und Kreativität in der Anwendung lassen. Ganz im Sinne eines eigenverantwortlichen, selbstorganisierenden, agilen Handelns und auch den mündlich überlieferten Worten des Begründers von QFD, Yoji Akao, „copy the spirit, not the form."

Auch wäre ein direkter Vergleich des Agilen Software QFD mit dem Story Mapping, als der agilen RE-Technik, die der Anwendung von Software QFD am nächsten kommt, anzustreben. Dies auch um ggf. eine Integration dieser beiden RE-Techniken für die agile Entwicklung zu erreichen. Im Sinne der Schwerpunkte der beiden Techniken könnte die Ausrichtung am Business Value durch die Priority Map erfolgen und die Visualisierung der umzusetzenden Funktionalitäten entlang des narrativen Erzählflusses durch die Story Map. Diese beiden Perspektiven gilt es aber geeignet zu verknüpfen.

---

806 Vgl. Highsmith und Cockburn (2001), S. 122, Highsmith (2002), S. 184-187. Beispielsweise angedeutet für die inkrementell wachsende Priorisierungsmatrix zum Ende von Kap. 5.8.4.

807 Vgl. für PriFo-QFD zu solchen Anleitungen („Kochbüchern" der Anwendung) Herzwurm et al. (1997), S. 205-246 und Herzwurm et al. (2000b), S. 231-277.

Zumindest einzelne Techniken des Agilen Software QFD, wie z. B. die inkrementell wachsende Priorisierungsmatrix, sind durchaus in anderen Anwendungsdomänen einsetzbar.[808] Eine solche Verwendung ist vor allem dann in Betracht zu ziehen (aber nicht zwingend nur dann), wenn eine iterative Entwicklung in Inkrementen in der Domäne bzw. bei dem betreffenden Produkt möglich und sinnvoll ist.

Auch eine Verknüpfung des Vorgehens mit weiteren Methoden kann nützlich sein. So ist der Gestaltungsanspruch des Agilen Software QFD durch die explizite Suche nach alternativen und besseren Lösungen zu Stakeholderbedürfnissen bereits hoch. Doch gerade bezogen auf die Einholung von Feedback zu neuen, innovativen Ideen kann das Agile Software QFD (wie die agile Entwicklung generell) von einer Innovationsmethode wie dem Design Thinking profitieren, um insgesamt den Gestaltungsanspruch noch weiter zu verstärken.[809] Dem Kundenwunsch zu innovativen Lösungen wird da zukünftig eine noch höhere Bedeutung beizumessen sein.

Der wechselseitige Austausch von Techniken der Softwareentwicklung mit Techniken anderer Domänen ist auch gerade vor dem Hintergrund der fortschreitenden Digitalisierung und damit Vernetzung unterschiedlichster Produktentwicklungsbereiche zu betrachten. Zu vermuten ist, dass dies zukünftig vermehrt zu Angleichungen der Vorgehensweisen für die klassische Produktentwicklung und der Softwareentwicklung führen wird. In diesem Sinne legt die Arbeit den Grundstein für ein branchenunabhängiges Agiles QFD.

---

808 Wie auch in Kap. 5.8.4 implizit bereits nachgewiesen durch die Anwendung bei der Geschäftsmodellentwicklung.

809 Zum Vergleich von QFD und Design Thinking vor dem Hintergrund agiler Modelle vgl. Schockert et al. (2014). Siehe zu einer möglichen Integration auch Kap. 5.8.2.

Literaturverzeichnis

Abdolshah, M., Moradi, M. (2013), Fuzzy Quality Function Deployment: An Analytical Literature Review, in: Journal of Industrial Engineering, vol. 2013, 2013, 11 Seiten

Adiano, C., Roth, A. V. (1994), Beyond the House of Quality: Dynamic QFD, in: Benchmarking for Quality Management & Technology, 1, 1994, 1, S. 25-37

Agile Alliance (2016a), Agile 101, URL: https://www.agilealliance.org/agile101/, Zugriff am: 8.11.16

Agile Alliance (2016b), Agile Glossary, URL: https://www.agilealliance.org/agile101/agile-glossary/, Zugriff am: 8.11.16

Agile Alliance (2016c), Subway Map to Agile Practices, URL: https://www.agilealliance.org/agile101/subway-map-to-agile-practices/, Zugriff am 8.11.16

Agile Alliance (2016d), Self-organizing teams – Challenges and Strategies, URL: https://www.agilealliance.org/wp-content/uploads/2016/01/Self-organizing-teams-Challenges-and-Strategies_0.pdf, Zugriff am 12.11.16

Akao, Y. (1972), New product development and quality assurance – quality deployment system, in: Standardization and Quality Control, 25, 1972, 4, S. 7-14 (in Japanisch)

Akao, Y. (Hrsg., 1990a), Quality Function Deployment: Integrating Customer Requirements into Product Design, translated by Glenn H. Mazur and Japan Business Consultants, Cambridge, Massachusetts, USA, 1990

Akao, Y. (1990b), History of Quality Function Deployment in Japan, in: Zeller (Hrsg., 1990), S. 184-196

Akao, Y. (1990c), An Introduction to Quality Function Deployment, in: Akao (Hrsg., 1990a), S. 1-24

Akao, Y. (Hrsg., 1992), QFD - Quality Function Deployment, Landsberg/Lech 1992

Akao, Y. (Hrsg., 1994), Quality Deployment System Procedures, in: Mizuno und Akao (Hrsg., 1994), S. 50-88

Akao, Y., Mazur, G. (2003), The leading edge in QFD: past, present and future, in: International Journal of Quality and Reliability Management, 20, 2003, 1, S. 20-35

Albers, S., Herrmann, A. (Hrsg., 2007), Handbuch Produktmanagement – Strategieentwicklung, Produktplanung, Organisation, Kontrolle, 3. Aufl., Wiesbaden 2007

Alsahli, A., Khan, H., Alyahya, S. (2016), Toward an Agile Approach to Managing the Effect of Requirements on Software Architecture during Global Software Development, in: Scientific Programming, 2016, URL: https://www.hindawi.com/journals/sp/2016/8198039/, Zugriff am: 23.10.16

Ambler, S. W., Lines, M. (2012), Disciplined Agile Delivery: A Practitioner's Guide to Agile Software Delivery in the Enterprise, Upper Saddle River, NJ 2012

Ambysoft (2006), The Agile Unified Process (AUP), URL: http://www.ambysoft.com/unifiedprocess/agileUP.html, Zugriff am: 6.11.16

Anderson, D. J. (2010), Kanban – Successful evolutionary change for your technology business, Sequim, WA 2010

Angermeier, G. (2014), Kundenbedürfnis, auf den Seiten des ProjektMagazin, URL: https://www.projektmagazin.de/glossarterm/kundenbeduerfnis, Zugriff am: 12.7.16

ASI (1990), Quality Function Deployment - Excerpts from the Implementation Manual for Three Day QFD Workshop, Version 3.4, in: Transactions from the Second Symposium on Quality Function Deployment, Novi, Michigan 1990, S. 21-85

Aurum, A., Wohlin, C. (Hrsg., 2005), Engineering and Managing Software Requirements, Berlin-Heidelberg 2005

Bach, J. (1995), The Challenge of Good Enough Software, in: American Programmer, 9, 1995, 10, S. 2-11

Bailom, F., Hinterhuber, H.H., Matzler, K. und Sauerwein, E. (1996), Das Kano-Modell der Kundenzufriedenheit, in: Marketing: ZFP – Journal of Research and Management, 18, 1996, 2, S. 117-126

Bakalova, Z., Daneva, M., Herrmann, A., Wieringa, R. (2011), Agile Requirements Prioritization: What Happens in Practice and What Is Described in Literature, in: Berry, D., Franch, X. (Hrsg., 2011), REFSQ 2011, LNCS 6606, Berlin-Heidelberg 2011, S. 181-195

Balzert, H. (2009), Lehrbuch der Softwaretechnik: Basiskonzepte und Requirements Engineering, Heidelberg 2009

Barnett, W. D., Raja, M. K. (1995), Application of QFD to the software development process, in: International Journal of Quality & Reliability Management, 12, 1995, 6, S. 24-42

Beck, T. C. (1998), Coopetition bei der Netzwerkorganisation, in: Zeitschrift Führung + Organisation, 67, 1998, 5, S.271-276

Beck, K. (1999a), Extreme Programming Explained. Embrace Change. Reading, Massachusetts u. a. 1999

Beck, K. (1999b), Embracing Change with Extreme Programming, in: Computer, 32, 1999, 10, S. 70-77

Beck, K., Andres, C. (2004), Extreme Programming Explained – Embrace Change, Second Edition, Upper Saddle River 2004

Beck, K., Beedle, M., van Bennekum, A., Cockburn, A., Cunningham, W., Fowler, M., Grenning, J., Highsmith, J., Hunt, A., Jeffries, R., Kern, J., Marick, B., Martin, R. C., Mellor, S., Schwaber, K., Sutherland, J., Thomas, D. (2001), Manifesto for Agile Software Development – Manifest für Agile Softwareentwicklung, URL: http://agilemanifesto.org und http://agilemanifesto.org/principles.html entsprechende deutsche Seiten, Zugriff am: 15.07.16

Becker, J. (2010), Prozess der gestaltungsorientierten Wirtschaftsinformatik, in: Österle et al. (Hrsg., 2010b), S. 13-17

Benington, H. D. (1987), Production of Large Computer Programs, in: IEEE (Hrsg., 1987), Proceedings of the 9th International Conference on Software Engineering, March 30 - April 2, 1987 in Monterey, California, USA, S. 299-310, Original in: Symposium on advanced programming methods for digital computers sponsored by the Navy Mathematical Computing Advisory Panel and the Office of Naval Research in June 1956

Berander, P., Andrews, A. (2005), Requirements Prioritization, in Aurum und Wohlin (Hrsg., 2005), S. 69-94

Bergman, B. (1995), On the Use of QFD in Europe, in: JUSE (Hrsg., 1995): Proceedings of International Symposium on Quality Function Deployment - QFD Toward Development Management, Tokyo 1995, S. 11-18

Berry, D. M., Lawrence, B. (1998), Requirements Engineering, in: IEEE Software, 16, 1998, 2, S. 26-29

Betts, M. (1990), QFD Integrated with Software Engineering, in: Proceedings of the Second Symposium on Quality Function Deployment, Novi, Michigan, USA, 1990, S. 442-459

Bicknell, B. A, Bicknell, K. D. (1995), The Road Map to Repeatable Success: Using QFD to Implement Change, Boca Raton u. a. 1995

Bleek, W.-G., Wolf, H. (2011), Agile Softwareentwicklung – Werte, Konzepte und Methoden, 2. Auflage, Heidelberg, 2011

Bleiholder, J., Buschek, S., Flecken, T. (2016), Anforderungsmanagement durch User Stories, in: Trahasch und Zimmer (Hrsg., 2016), S. 45-60

Blohm, I., Fähling, J., von Wallis, J., Birnkammerer, S., Fuchs, C., Leimeister, J. M., Krcmar, H. (2011), Kundenintegration bei Softwareunternehmen: Eine empirische Bestandsaufnahme, in: Leimeister et al. (Hrsg., 2011), S. 40–56

Boehm, B. W. (1976), Software Engineering, in: IEEE Transactions on Computers, 25, 1976, 12, S. 1226-1241

Boehm, B. W. (1981), Software Engineering Economics, Englewood Cliffs 1981

Boehm, B. W. (1988), A Spiral Model of Software Development and Enhancement, in: Computer, 21, 1988, 5, S. 61-72

Boehm, B. W. (1996), Requirements Engineering at Age 20: Looking Back, Looking Ahead, in: IEEE (Hrsg., 1996), Proceedings of the 2nd International Conference on Requirements Engineering (ICRE '96), Colorado Springs, USA 1996, S. 255

Bosch, J. (Hrsg., 2014), Continuous Software Engineering, Heidelberg u. a. 2014

Bossert, J. L. (1991), Quality Function Deployment: a Practitioner's approach, Milwaukee, Wisconsin, 1991

Bourque, P., Fairley, R.E. (2014), SWEBOK, Guide to the Software Engineering Body of Knowledge, Version 3.0, IEEE, 2014

Brandenburger, A. M., Nalebuff, B. J. (1996), Co-Opetition, London 1996

Brauer, J.-P. (2015), Quality Function Deployment (QFD), in: Kamiske, G. F. (Hrsg., 2015), S. 791-816

Brenner, W., Hess, T. (Hrsg., 2014), Wirtschaftsinformatik in Wissenschaft und Praxis, Berlin Heidelberg 2014

Brunner, F. J. (1992), Produktplanung mit Quality Function Deployment QFD, in: io Management Zeitschrift, 13, 1992, 6, S. 42-46

Bühne, S., Herrmann, A. (2015), Handbuch Requirements Management nach IREB Standard, Version 1.0.1, URL: https://www.ireb.org/content/downloads/11-cpre-advanced-level-requirements-management-handbook/ireb_cpre_handbuch_requirements_management_advanced_level_v1.pdf, Zugriff am: 2.10.16

Burge, J. E., Caroll, J. M., McCall, R., Mistrik, I. (2008), Rationale-Based Software Engineering, Berlin – Heidelberg 2008

Buxton, J. N., Randell, B. (1970), Software Engineering Techniques. Report on a conference sponsored by the NATO Science Committee, Rome, Italy, 27th to 31st October 1969, Brüssel 1970

Bylund, N., Wolf, M., Mazur, G. (2009), Reducing Lead Time in Cutting Tool Development by Implementing Blitz QFD, in: Proceedings of International Conference on Engineering Design (ICED'09), Stanford University, USA 2009, S. 255-266

C3 Team (1998), Chrysler Goes to 'Extremes', in: Distributed Computing. Oktober 1998, S. 24-28

Cao, L., Ramesh, B. (2008), Agile Requirements Engineering Practices: An empirical study, in: IEEE Software, 25, 2008, 1, S. 60-67

Carnevalli, J.A., Miguel, P.C. (2008) Review, analysis and classification of the literature on QFD—Types of research, difficulties and benefits, in: International Journal of Production Economics, 114, 2008, 2, S. 737– 754

Chan, C.Y.P., Lopez-Fresno, P. und Akao, Y. (2013), Global QFD – From Japan to the World, in: Proceedings from the 19th international, the 25th North American Symposium on QFD, Santa Fe 2013, S. 1 – 28

Chan, L.-K., Wu, M.-L. (2002), Quality function deployment: A literature review, in: European Journal of Operational Research, 143, 2002, 3, S. 463–497

Cheng, B. H. C., Weiss, D. M. (2000), Requirements Engineering: Integrating Technology, in: IEEE Software, 18, 2000, 3, S. 18-20

Chu, Y.-F., Chu, H.-D. , Wang, S.-F. (2000), Software Quality Improvement by Quality Function Deployment, in: Proceedings of 6th International Symposium on QFD & 12th North American Symposium on QFD, Novi, Michigan, USA, 2000, S. 154-166

Cockburn, A. (2000), Balancing Lightness with Sufficiency, in: Cutter IT Journal, 13, 2000, 11, S. 26-33

Cockburn, A. (2003), Agile Softwareentwicklung – Die Prinzipien der agilen Software-Entwicklung dargestellt und erläutert, Bonn 2003

Cockburn, A. (2004), Crystal Clear: A Human-Powered Methodology for Small Teams, Boston u. a. 2004

Cohen, L. (1988), Quality function deployment: An application perspective from Digital Equipment Corporation, in: National Productivity Rev., 7, 1988, 3, S. 197-207

Cohen, L. (1995), Quality Function Deployment – How to Make QFD Work for You, Reading u.a. 1995

Cohn, M. (2004), User Stories Applied for agile Software Development, Boston u. a. 2004

Cohn, M. (2006), Agile Estimating and Planning, Upper Saddle River, NJ u. a. 2006

Cohn, M. (2010), Succeeding with Agile – Software development using Scrum, Upper Saddle River, NJ 2010

Cooper, A., Reimann, R. (2003), About Face 2.0 – The Essentials of Interaction Design, Indianapolis 2003

Curtis, B., Krasner, H., Iscoe, N. (1988), A Field Study of the Software Design Process for Large Systems, in: Communications of the ACM, 31, 1988, 11, S. 1268-1287

Curtius, B., Ertürk, Ü. (1994), QFD-Einsatz in Deutschland, in: QZ - Qualität und Zuverlässigkeit, 39, 1994, 4, S. 394-402

Cusumano, M. A., Selby, R. W. (1995), Microsoft Secrets, New York 1995

Danner, S. (1996), Ganzheitliches Anforderungsmanagement für marktorientierte Entwicklungsprozesse, München 1996

Davies, R., Sedley, L. (2010), Agiles Coaching – Praxis-Handbuch für Scrum-Master, Teamleiter und Projektmanager in der agilen Software-Entwicklung, Heidelberg, München u. a. 2010

Davis, A. M. (1990), The Analysis and Specification of Systems and Software Requirements. In: Thayer und Dorfman (Hrsg., 1990), S. 119-144

Davis, A. M. (1993), Software Requirements: Objects, Functions, and States, Englewood Cliffs 1993

Davis, A. M. (1994), Foreword, in: IEEE (Hrsg., 1994), S. ix

Davis, A. M., Hsia, P. (1994), Giving Voice to Requirements Engineering, in: IEEE Software, 12, 1994, 3, S. 12-16

Davis, A. M. (2005), Just Enough Requirements Engineering, New York 2005

Deemer, P., Benefield, G., Larman, C., Vodde, B. (2012a), The Scrum Primer – A lightweight Guide to the Theory and Practice of Scrum, Version 2.0, URL: http://www.scrumprimer.com/, Zugriff am: 7.11.16

Deemer, P., Benefield, G., Larman, C., Vodde, B. (2012b), The Scrum Primer – Leitfaden zur Theorie und Anwendung von Scrum, Version 2.0, URL: http://scrumprimer.org/primers/de_scrumprimer20.pdf, Zugriff am: 7.11.16

DGQ (2001), QFD – Quality Function Deployment, DGQ - Deutsche Gesellschaft für Qualität Band 13 -21, Berlin, Wien u. a. 2001

Dow, S. P., Klemmer, S. R. (2011), The Efficacy of Prototyping Under Time Constraints, in: Plattner et al. (2011), S. 111-128

Dubois, E., Pohl, K. (Hrsg., 2002), Proceedings of the IEEE Joint International Conference on Requirements Engineering (RE '02) 9-13 September 2002 in Essen, Germany, Los Alamitos, California 2002

Ebert, C. (2014), Systematisches Requirements Engineering – Anforderungen ermitteln, dokumentieren, analysieren und verwalten, 5. Aufl., Heidelberg 2014

Elboushi, M.I., Sherif, J.S. (1997), Object-oriented software design utilizing Quality Function Deployment, in: Journal of systems and software, 38, 1997, 2, S. 133-143

Elboushi, M., Zawacki, S., Domb, E. (1994), Towards Better Object Oriented Software Designs with QFD, in: Proceedings of the sixth Symposium on Quality Function Deployment, Novi, Michigan, 1994, S. 301-321

Fehlmann, T. M. (2005a), Six Sigma in der SW-Entwicklung, Wiesbaden 2005

Fehlmann, T. M. (2005b), The impact of linear algebra on QFD, in: International Journal of Quality & Reliability Management, 22, 2005, 1, S. 83 - 96

Fehlmann, T. M. (2011), Six Sigma for Agile Teams, in: Antony, J., Kumar, M., Ogbu, C. (Hrsg., 2011), Proceedings of the third European Research Conference on Continuous Improvement and Lean Six Sigma, March 2011, Glasgow, Schottland 2011, 11 Seiten

Fehlmann, T. M. (2012), Messungen und Metriken im IT-Projekt, in: Kammerer, S., Lang, M., Amberg, M. (Hrsg., 2012), IT-Projektmanagement Methoden, S. 199-236

Fehlmann, T. M., Kranich, E. (2013), Customer-Driven Software Product Development Software Products for the Social Media World? A Case Study, in: McCaffery, F., O'Connor, R.V., Messnarz, R. (Eds.): EuroSPI 2013, Dundalk, Ireland, CCIS 364, S. 300–312, Berlin – Heidelberg 2013

Fehlmann, T. M., Kranich, E., Schurr, S. (2011), Analytic Hierarchy Process Made Easy – Report from the German AHP Working Group, in: Proceedings of the 17th International Symposium on QFD, Stuttgart, Deutschland 2011, 10 Seiten

Fehlmann, T., Kranich, E. (2016), QFD for Testing the Internet of Things, in: Proceedings of the 22st International Symposium on QFD, Boise, USA, 2016, S. 221-232

Fehlmann, T., Mazur, G. (2016), Using AHP in QFD – The impact of the new ISO 16355 Standard, in: Proceedings of the 22st International Symposium on QFD, Boise, USA, 2016, S. 92-105

Fickas, S., Finkelstein, A. (1993), Requirements Engineering, in: IEEE (Hrsg., 1993), S. v-vi

Foegen, M., Meyser, A., Gansser, C., Croome, D., Raak, C., Battenfield, J., Kröll, A. K., Fritsch-Leopoldt, C., Porro, S., Dorn, M. (2013), Der ultimative Scrum Guide, Darmstadt 2013

Forsberg, K., Mooz, H. (1997), System Engineering Overview, in: Thayer und Dorfman (Hrsg., 1997), S. 44-72.

Fowler, M., Highsmith, J. (2001), The Agile Manifesto, URL: http://www.drdobbs.com/open-source/the-agile-manifesto/184414755, Zugriff am: 13.11.16. Ursprünglich erschienen in: Software Development Magazine, 9, 2001, 8, S. 28-35 (seit Mai 2006 drdobbs.com)

Fruehwirth, C., Biffl, S., Tabatabai; M., Weippl, E. (2010), Addressing Misalignment between Information Security Metrics and Business-Driven Security Objectives, in: Proceedings of the 6th International Workshop on Security Measurements and Metrics (MetriSec '10), Bozen, Italien, 2010, Artikel Nr. 6

Gabriel, R. (2013), Anwendungssystem, in: Gronau et al. (2014), URL: http://www.enzyklopaedie-der-wirtschaftsinformatik.de/lexikon/uebergreifendes/Kontext-und-Grundlagen/Anwendungssystem, Zugriff am: 17.5.2016

Galster, M., Mirakhorli, M., Koziolek, A. (2015), Twin Peaks goes Agile, in: ACM SIGSOFT Software Engineering Notes, 40, 2015, 5, S. 47-49

Gilb, T. (1997), Towards the Engineering of Requirements, in: Requirements Engineering, 2, 1997, 3, S. 165-169

Glaser, B.G. und Strauss, A.L. (2012), The Discovery of Grounded Theory – Strategies for Qualitative Research, 7, New Brunswick und London 2012

Glinz, M. (2014), A Glossary of Requirements Engineering Terminology, Version 1.6 May 2014, auf den Seiten des IREB International Requirements Engineering Board, URL: https://www.ireb.org/content/downloads/1-cpre-glossary/ireb_cpre_ glossary _16_en.pdf, Zugriff am: 15.5.16

Gloger, B. (2016), Scrum – Produkte zuverlässig und schnell entwickeln, München 2016

Goll, J., Hommel, D. (2015), Mit Scrum zum gewünschten System, Wiesbaden 2015

Gordalla, C., Baumann, M. (2014), Gruppenarbeit: Methoden – Techniken – Anwendungen, Konstanz und München 2014

Gottesdiener, E. (2002), Requirements by Collaboration – Workshops for defining needs, Boston 2002

Grau, R., Rupp, C., Schüpferling, D. (2009), Die RE-Völkerverständigung: Über das Zertifikat „Certified Professional for Requirements Engineering“, in: OBJEKTspectrum, 16, 2009, 3, S. 44-49

Grau, R., Lauenroth, K. (2014), Requirements Engineering and Agile Development, auf den Seiten des IREB International Requirements Engineering Board, URL: https://www.ireb.org/content/downloads/21-requirements-engineering-and-agile-development/reandagile.pdf, Zugriff am: 7.3.16

Griffin, A. J. (1992), Evaluating QFD´s Use in US Firms as a Process for Developing Products, in: Journal of Product Innovation Management, 9, 1992, S. 171-187

Grochla, E. (1978), Einführung in die Organisationstheorie, Stuttgart 1978

Grochla, E. (1984), Organisationstheorien, in: Grochla und Wittman (Hrsg., 1984), S. 2895-2920

Grochla, E., Wittman, W. (Hrsg., 1984), Handwörterbuch der Betriebswirtschaft. 4. Aufl., Stuttgart 1984

Gronau, N., Becker, J., Kurbel, K., Sinz, E., Suhl, L. (2014), Enzyklopädie der Wirtschaftsinformatik, Online-Lexikon, URL: http://www.enzyklopaedie-der-wirtschaftsinformatik.de/, Zugriff am: 17.5.16

Guinta, L. R., Praizler, N. C. (1993), The QFD Book: the Team Approach to Solving Problems and Satisfying Customers through Quality Function Deployment, New York 1993

Haag, S., Raja, M.K. and Schkade, L.L. (1996), Quality Function Deployment usage in software development, in: Communications of the ACM, 39, 1996, 1, S. 41-49

Haberfellner, R., de Weck, O. L., Fricke, E., Vössner, S. (2015), Systems Engineering - Grundlagen und Anwendung, 13. Aufl., Zürich 2015

Hall, J. G., Jackson, M., Laney, R. C., Nuseibeh, B. Rapanotti, L. (2002), Relating Software Requirements and Architectures using Problem Frames, in: Dubios und Pohl (Hrsg., 2002), S. 137-144

Harbrecht, W. (1993), Bedürfnis, Bedarf, Gut, Nutzen, in: Wittmann et al. (Hrsg., 1993), S. 266-280

Harris, R. S., Cohn, M. (2006), Incorporating Learning and Expected Cost of Change in Prioritizing Features on Agile Projects, in: Abrahamsson, P., Marchesi, M., Succi, G. (Hrsg., 2006), Proceedings of the 7th International Conference Extreme Programming and Agile Processes in Software Engineering, Oulu, Finnland 2006, S. 175-180

Harwell, R., Aslaksen, E., Hooks, I., Mengot, R., Ptack, K. (1997), What Is A Requirement?, in: Thayer und Dorfman (Hrsg., 1997), S. 23-29

Hatton, S. (2008), Choosing the "Right" Prioritisation Method, in: Proceedings of 19th Australian Conference on Software Engineering (ASWEC 2008), S. 517-526.

Hauser, J. R., Clausing, D. (1988), The House of Quality, in: Harvard Business Review, 67, 1988, 3, S.63-73

Hawrysh, S. P., Ruprecht, J. (2000), Light Methodologies: It's Like Déjà Vu All Over Again, in: Cutter IT Journal, 14, 2000, 11, S. 4-12

Heikkilä, V. T., Lassenius, C., Damian, D., Paasivaara, M. (2015), A Mapping Study on Requirements Engineering in Agile Software Development, in: Proceedings of the 41st Euromicro Conference on Software Engineering and Advanced Applications, 2015, S. 199-207

Helferich, A. (2010), Software Mass Customization - Übertragung des Konzepts der individualisierten Massenfertigung auf Softwareprodukte, Lohmar und Köln 2010

Helferich, A., Pelzl, N., Schockert, S. (2014), Unterstützung von KMU bei der Erbringung komplexer Mobilitätsservices in Koopkurrenznetzwerken, in: Plödereder, E., Grunske, L., Schneider, E., Ull, D. (Hrsg., 2014), 44. Jahrestagung der Gesellschaft für Informatik e.V: Informatik 2014: Big data – Komplexität meistern, Bonn 2014, S. 1605-1616

Herzwurm, G. (2000), Kundenorientierte Softwareproduktentwicklung, Wiesbaden 2000

Herzwurm, G. (2016a), Personenstichwort Akao, Yoji, in: Zollondz et al. (Hrsg., 2016a), S. 30-32

Herzwurm, G. (2016b), ISO 16355-01:2015-02, in: Zollondz et al. (Hrsg., 2016a), S. 502-503

Herzwurm, G., Ahlemeier, G., Schockert, S., Mellis, W. (1998), Success factors of QFD projects, in: Chapman, R., Hunt, R. (Hrsg., 1998): Proceedings of the World Innovation and Strategy Conference, Sydney, Australia, 1998, S. 27-41

Herzwurm, G., Fehlmann, T., Pietsch, W., Schockert, S. (2011a), Der Qualität ein Haus, in: QZ – Qualität und Zuverlässigkeit, 56, 2011, 8, S. 23-27

Herzwurm, G., Krams, B., Mautsch, L. (2011b), Development of Sustainable Information Systems with PriFo²-QFD, in: Proceedings of the 17th International Symposium on QFD, Stuttgart, Deutschland 2011, 19 Seiten

Herzwurm, G., Krams, B., Mautsch, L. O., Pietsch, W., Schockert, S. (2010), QFD for planning the Marketing Mix - Helping product managers to mediate between development and marketing, in: Proceedings of the 16th International Symposium on QFD, Portland, USA, S. 233-244

Herzwurm, G., Pelzl, N., Krams, B. (2013), QFD and Cloud Computing: A Survey on the Prioritization of Security Requirements for Cloud Computing, in: Proceedings of the 19th International Symposium on QFD, Santa Fe, New Mexico, USA

Herzwurm, G., Pietsch, W. (2009), Management von IT-Produkten – Geschäftsmodelle, Leitlinien und Werkzeugkasten für softwareintensive Systeme und Dienstleistungen, Heidelberg 2009

Herzwurm, G., Pietsch, W., Schockert, S., Tauterat, T. (2012), QFD for Cloud Computing, in: Proceedings of the 18th International Symposium on QFD, Tokyo, Japan, 2012

Herzwurm, G., Schockert, S. (2003), The leading edge in QFD for software and electronic business, in: International Journal of Quality & Reliability Management, 20, 2003, 1, S. 36-55

Herzwurm, G., Schockert, S. (2006), What are the Best Practices of QFD?, in: Proceedings of the 12th International Symposium on QFD, Tokyo, Japan 2006, S. 169-176

Herzwurm, G., Schockert, S. (2014), QFD for Cloud Computing, in: Proceedings of the 26th North American Symposium on Quality Function Deployment, Charleston, USA, S. 54-64

Herzwurm, G., Schockert, S. (2016), Software-QFD, in: Zollondz et al. (Hrsg., 2016a), S. 1085-1092

Herzwurm, G., Schockert, S., Dowie, U. (2000a), Continuous QFD - Employing QFD in case of fuzzy development tasks, in: Proceedings of 6th International Symposium on QFD & 12th North American Symposium on QFD, Novi, Michigan, USA, 2000, S. 84-103

Herzwurm, G., Schockert, S. und Mellis, W. (1997), Qualitätssoftware durch Kundenorientierung – Die Methode Quality Function Deployment (QFD): Grundlagen, Praxis und SAP R/3 Fallbeispiel, Braunschweig 1997

Herzwurm, G., Schockert, S. und Mellis, W. (2000b), Joint Requirements Engineering – QFD for Rapid Customer-Focused Software and Internet-Development, Braunschweig und Wiesbaden 2000

Herzwurm, G., Schockert, S., Tauterat, T. (2015), Quality function deployment in software development - state-of-the-art, in: Proceedings of the 21st International Symposium on QFD, Hangzhou, China, 2015

Herzwurm, G., Schockert, S., Tauterat, T. (2016), A Critical Analysis of Software QFD Publications, in: Proceedings of the 22st International Symposium on QFD, Boise, USA, 2016, S. 171-200

Hess, T. (2010), Erkenntnisgegenstand der (gestaltungsorientierten) Wirtschaftsinformatik, in: Österle et al. (Hrsg., 2010b), S. 7-11

Hevner, A. R., March, S. T., Park, J., Ram, S. (2004), Design Science in Information Systems Research, in: MIS Quarterly, 28, 2004, 1, S. 75-105

Hierholzer, A., Herzwurm, G., Schlang, H. (1998), Applying QFD for software process improvement at SAP AG, in: Proceedings of the World Innovation and Strategy Conference, Sydney, Australia, August 1998, S. 85-95

Highsmith, J. (1997), Messy, Exciting, and Anxiety-Ridden: Adaptive Software Development, in: American Programmer, 11, 1997, 4, S. 23-29

Highsmith, J. A. (1999), Adaptive Software Development. A Collaborative Approach to Managing Complex Systems, New York 1999

Highsmith, J. (2002), Agile Software Development Ecosystems, Boston 2002

Highsmith, J. und Cockburn, A. (2001a), Agile software development: The business of innovation, in: Computer, 34, 2001, 9, S. 120-122

Highsmith, J. und Cockburn, A. (2001b), Agile software development: The people factor, in: Computer, 34, 2001, 11, S. 131-133

Hildebrand, K., Hofmann, H. (1995), Systementwurf und Systementwicklung, in: Lehner et al. (Hrsg., 1995), S. 273-326

IEEE 610.12 (1990), IEEE Standard Glossary of Software Engineering Terminology, IEEE Std. 610.12-1990, New York 1990

IEEE (Hrsg., 1993), Proceedings of the IEEE International Symposium on Requirements Engineering (RE '93), January 4-6, 1993 in San Diego, Los Alamitos, California u. a. 1993

IEEE (Hrsg., 1994), Proceedings of the First International Conference on Requirements Engineering (ICRE '94), April 18-22, 1994 in Colorado Springs, Los Alamitos, California u. a. 1994

IEEE 1233 (1998), Guide for Developing System Requirements Specifications, IEEE Std 1233-1998, New York 1998

IEEE 830 (1998), IEEE Recommended Practice for Software Requirements Specifications, IEEE Std 830-1998, New York 1998

Inayat, I., Moraes, L., Daneva, M., Salwah Salim, S. (2015), A Reflection on Agile Requirements Engineering: Solutions Brought and Challenges Posed, in: Proceedings of the XP 2015 Workshops, May 25 - 29, 2015, Helsinki, Finland, 7 Seiten

Inayat, I., Salwah Salim, S., Marczak, S., Daneva, M., Shamshirband, S. (2014), A systematic literature review on agile requirements engineering practices and challenges, in: Computers in Human Behavior, 51, 2015, Part B, S. 915-929

INCOSE (2015), INCOSE Systems Engineering Handbook: A Guide for System Life Cycle Processes and Activities, 4. Aufl., Hoboken, New Jersey

Ionica, A. C., Leba, M. (2014), 3D Spiral Software Lifecycle Model Based on QFD Method, in: Balicki, J. (Hrsg., 2014), Applications of Information Systems in Engineering and Bioscience, Gdansk, Polen, 2014, S. 148-155

Ip, B., Jacobs, G. (2006), Quality Function Deployment for the Games Industry: Results from a Practical Application, in: Total Quality Management, 17, 2006, 7, S. 835-856

IPPA (1989), High Quality Software Production through Quality Function Deployment, Information Processing Promotion Industry Association, Tokio 1989 (in Japanisch)

IREB (2015), IREB Certified Professional for Requirements Engineering - Foundation Level - Lehrplan, Version 2.2, 1. März 2015, URL: https://www.ireb.org/content/downloads/2-syllabus-foundation-level/ireb_cpre_syllabus_fl_de_v22.pdf, Zugriff am: 15.5.16

IREB (2016), IREB Certified Professional for Requirements Engineering - Requirements Management, Advanced Level – Lehrplan Version 1.0.1, Ausgabe vom 11.01.2016, URL: https://www.ireb.org/content/downloads/9-syllabus-cpre-advanced-level-requirements-management/ireb_cpre_lehrplan_requirements_management_advanced_level_v1.pdf, Zugriff am: 2.10.16

ISO 16355-1 (2015), Application of statistical and related methods to new technology and product development process - Part 1: General Principles and Perspectives of Quality Function Deployment (QFD), ISO 16355-1:2015, Genf 2015

ISO/DIS 16355-4 (2016), Application of statistical and related methods to new technology and product development process – Part 4: Analysis of non-quantitative and quantitative Voice of Customer and Voice of Stakeholder, ISO 16355-4:2016, Genf 2016

ISO/DIS 16355-5 (2016), Application of statistical and related methods to new technology and product development process – Part 5: Solution strategy, ISO 16355-5:2016, Genf 2016

ISO/IEC 12207 (2008), Systems and software engineering - Software life cycle processes, ISO/IEC 12207:2008, Genf 2008

ISO/IEC 25010 (2011), Systems and software engineering - Systems and software Quality Requirements and Evaluation (SQuaRE) - System and software quality models, ISO/IEC 25010:2011, Genf 2011

ISO/IEC/IEEE 15288 (2011), Systems and software engineering – Life cycle processes, ISO/IEC/IEEE 15288:2011, Genf, New York, 2011

ISO/IEC/IEEE 24765 (2010), Systems and software engineering – Vocabulary, ISO/IEC/IEEE 24765:2010, Genf, New York, 2010

ISO/IEC/IEEE 26515 (2012), Systems and software engineering - Developing user documentation in an agile environment, ISO/IEC/IEEE 26515:2012, Genf, New York, 2012

ISO/IEC/IEEE 29149 (2011), Systems and software engineering – Life cycle processes – Requirements engineering, ISO/IEC/IEEE 29149:2011, Genf, New York, 2011

Jackson, M (1995), Software Requirements & Specifications: a lexicon of practice, principles and prejudices, Wokingham, England u. a. 1995

Jackson, M. (2001), Problem Frames. Analyzing and structuring software development problems, Harlow, England u. a. 2001

Janes, A., Succi, G. (2012), The Dark Side of Agile Software Development, in: Proceedings of the ACM international symposium on New ideas, new paradigms, and reflections on programming and software Onward! 2012, October 2012, Tucson, Arizona, USA, S. 215-228

Jayaswal, B. K., Patton, P. C. (Hrsg., 2007), Design for trustworthy software, Upper Saddle River 2007

Jeffries, R. (2001), Essential XP: Card, Conversation, Confirmation, URL: http://ronjeffries.com/xprog/articles/expcardconversationconfirmation/, Zugriff am: 9.11.16

Johnson, C. M., Mazur, G. (2008), Value Based Product Development – Using QFD and AHP to Identify, Prioritize, and Align Key Customer Needs and business goals, in: Proceedings of the 20th Symposium on Quality Function Deployment, Oktober 2008, Santa Fe, New Mexico, USA, S. 23-39

JSA (Hrsg., 2003), Performance improvement of management systems - Guidelines for quality function deployment, JIS Q 9025:2003, Tokio 2003

Juran, J. M. (1992), Juran on Quality by Design - The New Steps for Planning Quality into Goods and Services, 2. Aufl., New York u. a. 1992

Kamiske, G.-F. (2015), Handbuch QM-Methoden: Die richtige Methode auswählen und erfolgreich umsetzen, 3. Aufl., München 2015

Kano, N., Seraku, N., Takahashi, F., Tsuji, S. (1984), Attractive Quality and Must-Be Quality. In: Hinshitsu (Quality), 14, 1984, 2, S. 39-48 (in Japanisch)

Kapucugil-Ikiz, A., Ozdagoglu, G. (2013), Evaluating user needs in a web-based learning environment, in: Proceedings of the 19th International Symposium on QFD, Santa Fe, New Mexico, USA, 2013, S. 45-60

Karhatsu, H., Ikonen, M., Kettunen, P., Fagerholm, F., Abrahamsson, P. (2010), Building Blocks for Self-Organizing Software Development Teams: A Framework Model and Empirical Pilot Study, in: Proceedings of the 2nd International Conference on Software Technology and Engineering (ICSTE), 2010, 8 Seiten

Karsak, E.E., Özogul, C.O. (2009), An integrated decision making approach for ERP system selection, in: Expert Systems with Applications, 36, 2009, S. 660-667

Kieser, A., Kubicek, H. (1992), Organisation, 3. Aufl., Berlin - New York 1992

Kihara, T., Hutchinson, C. E., Dimancescu, D. (1994), Designing Software to the Voice of the Customer: New Uses of QFD and Quantification Method of Type III for Decomposition of the Requirements, in: Quality Engineering, 7, 1994, 1, S. 113-138

King, B. (1987), Better Designs in Half the Time, Methuen, Massachusetts 1987

King, B. (1994), Doppelt so schnell wie die Konkurrenz, 2. Aufl., St. Gallen 1994

Kitchenham, B., Charters, S. (2007), Guidelines for performing Systematic Literature Reviews in Software Engineering, Keele and Durham University, EBSE Technical Joint Report EBSE200701, 2007

Kitchenham, B., Brereton, O. P., Budgen, D., Turner, M., Bailey, J., Linkman, S. (2009), Systematic literature reviews in software engineering – A systematic literature review, in: Information and Software Technology, 51, 2009, 1, S. 7-15

Klein, B. (2012), QFD – Quality Function Deployment, 2. Aufl., Renningen 2012

Knuth, D. E. (1996), The TEXbook, Reading, Massachusetts u. a. 1996

Kogure, M., Akao, Y. (1983), Quality Function Deployment and CWQC in Japan - A Strategy for assuring that quality is built into new products, in: Quality Progress, 16, 1983, 10, S. 25-29

Kolagani N., Ramu P., Van Elzakker C., Naniwadekar V., Varghese K. (2014), Requirement analysis and metric development for public participatory GIS, in: Ames, D.P., Quinn, N.W.T., Rizzoli, A.E. (Hrsg, 2014): Proceedings of the 7th International Congress on Environmental Modelling and Software Society (iEMSs), San Diego, CA, USA, 2014, Session F3

Komus, A. und Kuberg, M. (2015), Status Quo Agile Studie zu Verbreitung und Nutzen agiler Methoden, auf den Seiten der GPM Deutsche Gesellschaft für Projektmanagemen, URL: https://www.gpm-ipma.de/fileadmin/user_upload/Know-How/studien/Studie_Agiles-PM_web.pdf, Zugriff am: 10.09.16

Kotonya, G., Sommerville, I. (1998), Requirements Engineering. Processes and Techniques, Chichester 1998

Kruchten, P. (2003), The Rational Unified Process: An Introduction, Boston u. a. 2003

Kubicek, H. (1975), Empirische Organisationsforschung - Konzeption und Methodik, Stuttgart 1975

Kühl, S., Strodtholz, P., Taffertshofer, A. (Hrsg., 2009), Handbuch Methoden der Organisationsforschung – Quantitative und Qualitative Methoden, Wiesbaden 2009

Kumar, R., Midha, P.S. (2004), An objective approach for identifying the strategic components of a PDM system, in: Industrial Management & Data Systems, 104, 2004, 1, S. 56-67

Kuo, T.C. (2013), Mass customization and personalization software development: a case study eco-design product service system, in: Journal of intelligent manufacturing, 24, 2013, 5, S. 1019-1031

Kurbel, K., Strunz, H. (Hrsg., 1990), Handbuch Wirtschaftsinformatik, Stuttgart 1990

Lauenroth, K. (2015), Die Legende von der lösungsneutralen Anforderung oder warum das Requirements Engineering eine Gestaltungsdisziplin ist!, in: Objektspektrum - Online-Themenspecial Requirements Engineering, URL: http://www.sigs-datacom.de/uploads/tx_mwjournals/pdf/lauenroth_OTS__Requirement_15.pdf, Zugriff am: 26.6.15

Lauenroth, K. (2016), The Future of Requirements Engineering in an Agile Context, Präsentation auf der iRECON 2016 Virtual RE Conference, URL: http://www.slideshare.net/prasadvkamath/irecon-2016-virtual-re-conference-the-future-of-requirements-engineering-in-an-agile-context-by-kim-lauenroth, Zugriff am: 3.11.16

Lawrence, B., Wiegers, K., Ebert, C. (2001), The Top Risks of Requirements Engineering, in: IEEE Software, 18, 2001, 6, S. 62-63

Lee, G. und Xia, W. (2010), Toward agile: An integrated Analysis of Quantitative and Qualitative Field Data on Software Development Agility, in: MIS Quarterly, 34, 2010, 1, S. 87-114

Leffingwell, D. (2011), Agile Software Requirements – Lean Requirements Practices for Teams, Programs, and the Enterprises, Boston, MA 2011

Lehner, F., Hildebrand, K., Maier, R. (Hrsg., 1995), Wirtschaftsinformatik – Theoretische Grundlagen, München – Wien 1995

Leimeister, J. M., Krcmar, H., Koch, M., Möslein, K. (Hrsg.) (2011), Gemeinschaftsgestützte Innovationsentwicklung für Softwareunternehmen, Lohmar - Köln 2011

Lenz, A., Schoop, M., Herzwurm, G. (2016), Electronic Requirements Negotiation – A Literature Survey on the State-of-the-Art, in: Brooks, L., Wainwright, D., Wastell, D. (Hrsg., 2016), UK Academy for Information Systems Conference Proceedings 2016 - Annual Conference of the UK Academy of Information Systems (UKAIS), Oxford, UK 2016, 28 Seiten

Liebig, B., Nentwig-Gesemann, I. (2009), in: Kühl et al. (Hrsg., 2009), S. 102-123

Lindberg, T., Meinel, C, Wagner, R. (2011), Design Thinking: A Fruitful Concept for IT Development?, in: Plattner et al. (2011), S. 3-18

Link, P. (2014), Agile Methoden im Produkt-Lifecycle-Prozess – Mit agilen Methoden die Komplexität im Innovationsprozess handhaben, in: Schoeneberg (Hrsg., 2014), S. 65-92.

Loucopoulos, P., Karakostas, V. (1995), System Requirements Engineering, New York 1995

Macaulay, L. A. (1993), Requirements Capture as a Cooperative Activity, in: IEEE (Hrsg., 1993), S. 174-181

Macaulay, L. A. (1996), Requirements Engineering, London u. a. 1996

Martin, J. (1991), Rapid Application Development, New York 1991

Martin, U., Herzwurm. G., Camacho Alcocer, D., Krams, B. (2016), Ehrenamtlich organisierte Mobilität im ländlichen Raum mit Elektrofahrzeugen: Ergebnisse des Forschungsprojekts „EFB – e-Fahrdienst Boxberg", Stuttgart und Norderstedt 2016

Mautsch, L.O. (2015), Softwareplattformen für Unternehmenssoftwareökosysteme, Lohmar und Köln 2015

Mazur, G. (1996), Glenn Mazur's interpretation of the Japanese characters for QFD, URL: http://www.mazur.net/works/qfd_definition.pdf, Zugriff am: 24.10.16

Mazur, G. (2012), Blitz QFD – The Lean Approach to Product Development, in: Proceedings of ASQ'S World Conference on Quality and Improvement, Anaheim, CA, USA, 2012, S. 1-16

MacConnell, S. (1996), Rapid Development – Taming wild Software Schedules, Redmond, Washington 1996

McDonald, M. P. (1995), Quality Function Deployment - Introducing Product Development into the Systems Development Process, in: Proceedings of the Seventh Symposium on Quality Function Deployment. Novi, Michigan, 1995, S. 435-447

Mellis, W. (2001), Requirements Engineering, in: Mertens et al. (Hrsg., 2001), S. 403-404

Mellis, W., Herzwurm, G., Stelzer, D. (1998), TQM der Softwareentwicklung - Mit Prozessverbesserung, Kundenorientierung und Change Management zu erfolgreicher Software, 2. Aufl., Braunschweig - Wiesbaden 1998

Mellis, W., Herzwurm, G., Müller, U., Schlang, H., Schockert, S., Trittmann, R. (2001), Rapid Software Development, Aachen 2001

Méndez Fernández, D., Wagner, S., Kalinowski, M., Felderer, M., Mafra, P., Vetrò, A., Conte, T., Christiansson, M.-T., Greer, D., Lassenius, C., Männistö, T., Nayabi, M., Oivo, M., Penzenstadler, B., Pfahl, D., Prikladnicki, R., Ruhe, G., Schekelmann, A., Sen, S., Spinola, R., Tuzcu, A., de la Vara, J. L., Wieringa, R. (2016), Naming the Pain in Requirements Engineering, Contemporary Problems, Causes, and Effects in Practice, in: Empirical Software Engineering, 2016, S. 1-41

Mertens, P., Back, A., Becker, J., König, W., Krallmann, H., Rieger, B., Scheer, A.-W., Seibt, D., Stahlknecht, P., Strunz, H., Thome, R., Wedekind, H. (Hrsg., 2001), Lexikon der Wirtschaftsinformatik, 4. Aufl., Berlin u. a. 2001

Misra, S. C., Kumar, V., Kumar, U. (2009), Identifying some important success factors in adopting agile software development practices, in: The Journal of Systems and Software, 82, 2009, 11, S. 1869-1890

Mitsufuji, Y., Uchida, T. (1992), Die Einführung und der Gebrauch von Qualitätstabellen, in: Akao (Hrsg., 1992), S. 57-83

Mittermeir, R. (1990), Requirements Engineering. In: Kurbel und Strunz (Hrsg., 1990), S. 237-256

Mizuno, S. (1988), Management for Quality Improvement: The 7 New QC Tools, Cambridge, MA 1988

Mizuno, S., Akao, Y. (Hrsg., 1994), QFD, the customer-driven approach to quality planning and deployment, Tokio 1994

Moreira, M. (2015), Story Telling with Story Mapping, URL: http://cmforagile.blogspot.de/2015/07/story-telling-with-story-mapping.html, Zugriff am: 10.11.16

Naur, P., Randell, B. (1969), Software Engineering: Report on a Conference Sponsored by the NATO Science Committee, Garmisch, Germany, October 7-11, 1968, Brüssel 1969

Newton, D.S., McDonald, M.P. (1994), Implementing Software QFD On Large Projects, in: Proceedings of the 6th Symposium on Quality Function Deployment, Novi, Michigan, USA, 1994, S. 291-299

Nishimura, K. (1972), Ship design and quality chart, in: Quality Control, 23, 1972, 5, S. 71-74 (in Japanisch)

Nuseibeh, B. (2001), Weaving together Requirements and Architectures, in: Computer, 34, 2001, 3, S. 115-117

Nuseibeh, B., Easterbrook, S. (2000), Requirements Engineering: A Roadmap, in: Finkelstein, A. (Hrsg.): Proceedings of the Conference on The Future of Software Engineering, held in conjunction with the 22nd International Conference on Software Engineering (ICSE 2000) in Limerick, Ireland, 5-9th June 2000, New York 2000, S. 35-46

Ohmori, A. (1994), Software quality deployment approach: framework design, methodology and example, in: Software Quality Journal, 3, 1994, 4, S. 209-240

Österle, H., Becker, J., Frank, U., Hess, T., Karagiannis, D., Krcmar, H., Loos, P., Mertens, P., Oberweis, A., Sinz, E. J. (2010a), Memorandum zur gestaltungsorientierten Wirtschaftsinformatik, in: zfbf – Zeitschrift für betriebswirtschaftliche Forschung, 62, 2010, 9, S. 664-672

Österle, H., Winter, R., Brenner, W. (Hrsg., 2010b), Gestaltungsorientierte Wirtschaftsinformatik: Ein Plädoyer für Rigor und Relevanz, St. Gallen 2010

Paetsch, F., Eberlein, A., Maurer, F. (2003), Requirements Engineering and Agile Software Development, in: Proceedings Twelfth IEEE International Workshops on Enabling Technologies: Infrastructure for Collaborative Enterprises (WET ICE), 2003, S. 308-313

Paghaleh, M. J. (2011), An Efficient ANP-BGP Model for Software Production by QFD, in: Australian Journal of Basic and Applied Sciences, 5, 1002-1012, 10, 2011

Pai, W.C. (2002), A Quality-Enhancing Software Function Deployment Model, in: Information Systems Management, 19, 2002, 3, S. 20-24

Palmer, S. R., Felsing, J. M. (2002), A practical guide to Feature-Driven Development, Upper Saddle River 2002

Partsch, H. (1998), Requirements-Engineering systematisch - Modellbildung für softwaregestützte Systeme, Berlin u. a. 1998

Patton, J. (2005), It's all in how you slice, in: Better Software, 7, 2005, 1, S. 16-22, 40

Patton, J. (2008), The New User Story Backlog is a Map, URL: http://jpattonassociates.com/the-new-backlog/, Zugriff am: 20.11.16

Patton, J. (2014), User Story Mapping, Beijing u. a. 2014

Peine (2014), Situative Gestaltung des IT-Produktmanagements - Eine empirische Untersuchung, Lohmar und Köln 2014

Pelzl, N. (2016), Methodische Entwicklung von zukunftsorientierten Geschäftsmodellen im Cloud-Computing, Lohmar und Köln 2016

Petticrew, M., Roberts, H. (2006), Systematic Reviews in the Social Science, Malden, Oxford, Victoria 2006

Pietsch, W. (1992), Methodik des betrieblichen Software-Projektmanagements - Grundlagen, Begründung und Konzeption eines evolutionären Ansatzes, Berlin - New York 1992

Pietsch, W. (2008), Towards Better Understanding of the Pluralism of QFD Approaches: the Redefined Requirements Definition Space, in: Proceedings of the 14th International Symposium on Quality Function Deployment, Beijing, 2008, S. S. 248-255

Pietsch, W., Mackert, O. (2014), Creative and systematic Strategy Design: Integrating QFD and Design Thinking for Creative Policy Deployment, in: Proceedings of the 20th International Symposium on QFD, Istanbul, Turkey, S. 27-38

Plattner, H., Meinel, C., Leifer, L. (2011), Design Thinking – Understand, Improve, Apply, Heidelberg 2011

Pohl, K. (1994), The three dimensions of Requirements Engineering: A Framework and its applications, in: Information Systems, 19, 1994, 3, S. 243-258

Pohl, K. (1999), Continuous Documentation of Information Systems Requirements, Habilitation, RWTH Aachen, 1999

Pohl, K. (2008), Requirements Engineering – Grundlagen, Prinzipien, Techniken, Heidelberg 2008

Pohl, K. (2010), Requirements Engineering - Fundamentals, Principles, and Techniques, Berlin – Heidelberg 2010

Pohl, K., Rupp, C. (2015), Basiswissen Requirements Engineering: Aus- und Weiterbildung nach IREB-Standard zum Certified Professional for Requirements Engineering Foundation Level, 4. Aufl., Heidelberg 2015

Pons (2016), Latein – Deutsch – Wörterbuch, Suchbegriff agilis, URL: http://de.pons.com/übersetzung/latein-deutsch/agilis, Zugriff am: 4.11.16

Poppendieck, M., Poppendieck, T. (2003), Lean Software Development - An Agile Toolkit for Software Development Managers, Boston u. a. 2003

QFD-ID (2016a), Internationale QFD-Symposien, URL: http://qfd-id.de/index.php/veranstaltungen/international, Zugriff am: 24.10.16

QFD-ID (2016b), Über das QFD Institut Deutschland e.V., URL: http://qfd-id.de/index.php/ueber-das-qfd-id, Zugriff am: 24.10.16

QFD-ID (2016c), Nationale QFD-Symposien, URL: http://qfd-id.de/index.php/veranstaltungen/symposien, Zugriff am: 24.10.16

QFDI (2016a), Symposium on QFD – Abstracts 1989 – 2016, URL: http://www.qfdi.org/books/abstracts_1989-today_QFD_transactions.pdf, Zugriff am: 24.10.16

QFDI (2016b), Bibliography Papers of ISO 16355-1:2015, 2016

QZ-online (2016), Qualitätsfunktionen-Darstellung, URL: https://www.qz-online.de/qualitaets-management/qm-basics/methoden/qfd/artikel/qualitaetsfunktionen-darstellung-qfd-174927.html, Zugriff am: 24.10.16

Racheva, Z., Daneva, M., Herrmann, A. (2010a), A Conceptual Model of Client-driven Agile Requirements Prioritization: Results of a Case Study, in: ESEM'10, September 16-17, 2010, Bolzano-Bozen, Italy

Racheva, Z., Daneva, M., Herrmann, A., Wieringa, R. (2010b), A Conceptual Model and Process for Client-driven Agile Requirements Prioritization, in: The Proceedings of 4th International Conference on Research challenges in Information Science (RCIS), Nice, France, IEEE, Los Alamitos 2010, 11 Seiten

Racheva, Z., Daneva, M., Sikkel, K. (2009), Value Creation by Agile Projects: Methodology or Mystery? In: Bomarius, F., Oivo, M., Jaring, P., Abrahamsson, P. (Hrsg., 2009), Product-Focused Software Process Improvement – Proceedings of the 10th International Conference, PROFES 2009, Oulu, Finland, Juni 2009, S. 141-155.

Rahman, A. (1992), Quality Function Deployment (QFD) in testing, in: IEE Colloquium on Automated Testing and Software Solutions, London, United Kingdom, 1992, S. 6/1-6/7

Ramesh, B., Cao, L., Baskerville, R. (2010), Agile requirements engineering practices and challenges: an empirical study, in: Information Systems Journal, 20, 2010, 5, S. 449-480

Ramshaw, L.A. (1989), A metaplan model for problem-solving discourse, in: Proceedings of the fourth conference on European chapter of the Association for Computational Linguistics, Stroudsburg 1989, S. 35-42

Richardson, I. (2002), SPI Models: What Characteristics are Required for Small Software Development Companies?, in: Software Quality Journal, 10, 2002, S. 101-114

Richardson, I., Murphy, E., Ryan, K. (2002), Development of generic quality function deployment matrix, in: Quality Management Journal, 9, 2002, 2, S. 25–43

Riegel, N. (2016), Prioritization in Incremental Requirements Engineering, Stuttgart, TU Kaiserslautern, Diss. 2016

Robertson, S.; Robertson, J. (2012), Mastering the Reuirements Process – Getting Requirements Right, 3. Aufl., Upper Saddle River, NJ u. a. 2012

Röpstorff, S., Wiechmann, R. (2015), Scrum in der Praxis – Erfahrungen, Problemfelder und Erfolgsfaktoren, Heidelberg 2015

Roman, G.-C. (1985), A Taxonomy of Current Issues in Requirements Engineering, in: Computer, 18, 1985, 4, S. 14-22

Roock, S., Wolf, H. (2016), Scrum – verstehen und erfolgreich einsetzen, 2. Aufl., Heidelberg 2016

Rupp, C., die SOPHISTen (2014), Requirements-Engineering und -Management: Aus der Praxis von klassisch bis agil, München 2014

Rzepka, W., Ohno, Y. (1985), Requirements Engineering Environments - Software Tools for Modeling User Needs, in: Computer, 18, 1985, 4, S. 9-12

Saatweber, J. (2011), Kundenorientierung durch Quality Function Deployment: Produkte und Dienstleistungen mit QFD systematisch entwickeln, 3, Düsseldorf 2011

Saaty, T. L. (1995), Decision Making for Leaders: The Analytic Hierarchy Process for Decisions in a Complex World, Pittsburgh, 1995

Saaty, T. L. (2005), Theory and Applications of the Analytic Network Process: Decision Making With Benefits, Opportunities, Costs, and Risks, Pittsburgh 2005

Santos, W. (2016), Towards a Better Understanding of Simplicity in Agile Software Development Projects, in: Proceedings of the EASE '16, Juni 2016, Limerick, Irland, 4 Seiten

SAQ, EOQ-SC (Hrsg., 1994): Software Quality Concern for People, Proceedings of the Fourth European Conference on Software Quality, Basel, Switzerland, Zürich 1994

Sauvonnet, E., Blatt, M. (Hrsg., 2015), Wo ist das Problem? Design Thinking als neues Management-Paradigma, 2. Aufl., Frankfurt am Main 2015

Sawada, T. (1979), Quality Deployment and Product Planning, in: Proceedings of the 9th Annual Convention of the Japanese Society for Quality Control, in Japanisch S. 27-30

Saxby, C., Streckfuss, G. (1993), Produktplanung mit Quality Function Deployment (QFD), in: Thomann, H. J. (Hrsg., 1993), Der Qualitätssicherungsberater, Köln 1993, S. 07500, 1-26

Scharer, L. (1997), Pinpointing Requirements, in: Thayer und Dorfman (Hrsg., 1997), S. 30-35, Nachdruck aus Datamation, 4'1981, S.139-151

Schienmann, B. (2002), Kontinuierliches Anforderungsmanagement, München u. a. 2002

Schmidt, R., Steffenhagen, H. (2007), Quality Function Deployment, in: Albers und Herrmann (Hrsg., 2007), S. 700-715

Schmitz, P. (1982), Methoden, Verfahren und Werkzeuge zur Gestaltung Rechnergestützter betrieblicher Informationssysteme (RBIS), in: Angewandte Informatik, 12, 1982, 2, S. 72-79

Schmitz, P., Timm, M., Windfuhr, M. (Hrsg., 1987), Requirements Engineering '87 (RE'87), GMD-Studien Nr. 121, Sankt Augustin 1987

Schockert, S., Herzwurm, G. (2011), Investigating the requirements prioritization process in customer oriented development projects, in: Proceedings of the 17th International Symposium on QFD, Stuttgart, Deutschland 2011, 16 Seiten

Schockert, S., Herzwurm, G., Helferich, A. (2013), Application of QFD within a co-opetition network of public transport organizations, in: Proceedings of the 19th International Symposium on QFD, Santa Fe, New Mexico, USA, 2013, S. 234-246

Schockert, S., Krams, B., Herzwurm, G. (2014), QFD and Design Thinking in Agile Environments, in: Proceedings of the 20th International Symposium on QFD, Istanbul, Turkey, S. 363-377

Schockert, S., Herzwurm, G. (2015), Das Business setzt die Prioritäten?!, in: Engstler, M., Fazal-Baqaie, M., Hanser, E., Mikusz, M., Volland, A. (Hrsg., 2015), Martin Mikusz, Alexander Volland, Projektmanagement und Vorgehensmodelle 2015 – Hybride Projektstrukturen erfolgreich umsetzen, Lecture Notes in Informatics (LNI) Volume P-250, Bonn 2015, S. 151-158

Schoeneberg, K.-P. (Hrsg., 2014), Komplexitätsmanagement in Unternehmen, Herausforderungen im Umgang mit Dynamik, Unsicherheit und Komplexität meistern, Wiesbaden 2014

Schulmeyer, G. G., McManus, J. I. (Hrsg., 1992), Total Quality Management for Software, New York - London 1992

Schwaber, K. (1996), Controlled Chaos – Living on the Edge, in: American Programmer, 10, 1996, 4, S. 11-16

Schwaber, K. (2007), Agiles Projektmanagement mit Scrum, Unterschleißheim 2008

Schwaber, K. und Beedle, M. (2002), Agile Software Development with Scrum, Upper Saddle River 2002

Schwaber, K. und Sutherland, J. (2016), Der Scrum Guide – The Definitive Guide to Scrum: The Rules of the Game, URL: http://www.scrumguides.org/docs/scrumguide/v2016/2016-Scrum-Guide-US.pdf, Zugriff am: 4.11.16

ScrumAlliance (2013), Certified ScrumMaster (CSM) Content Outline and Learning Objectives, Juli 2013, URL: https://www.scrumalliance.org/scrum/media/Scrum AllianceMedia/Files%20and%20PDFs/Certifications/CSM/CSM-Content-Outline-Learning-Objectives.pdf, Zugriff am: 7.11.16

ScrumAlliance (2015), The 2015 State of Scrum Report, URL: http://www.leroyward.com/wp-content/uploads/2014/08/State-of-Scrum-2015.pdf, Zugriff am: 7.11.16

Seibt, D. (1990), Ausgewählte Probleme und Aufgaben der Wirtschaftsinformatik, in: Wirtschaftsinformatik. 1, 1990, 1, S. 7-19

Seibt, D. (2001), Anwendungssystem. In: Mertens (Hrsg., 2001), S. 46-47

Seifert, J.-W. (2011), Visualisierung Präsentieren Moderieren, 30. Aufl., Offenbach 2011

Sener, Z., Karsak, E.E. (2012), A decision model for setting target levels in software qual-ity function deployment to respond to rapidly changing customer needs, in: Concurrent Engineering: Research and Applications, 20, 2012, 1, S. 19-29

Sener, Z., Karsak, E.E. (2010), A fuzzy regression and optimization approach for setting target levels in software quality function deployment, in: Software Quality Journal, 18, 2010, S. 323-339

Shaikh, K.I. (1989), Thrill your customer, be a winner, in: Proceedings of a Symposium on Quality Function Deployment, Novi, Michigan, 1989, S. 289-303

Shaw, M., (1990), Prospects for an Engineering Discipline of Software, in: IEEE Software, 8, 1990, 6, S. 15-24

Shekaran, M. C. (1994), The Role of Software Architecture in Requirements Engineering, in: IEEE (Hrsg., 1994), S. 245

Shindo, H. (1999), Application of QFD to Software and QFD Software Tools, in: Pre-Conference Workshops of the Fifth International Symposium on Quality Function Deployment and the First Brazilian Conference on Management of Product Development 1999, Belo Horizonte, Brazil

Siddiqi, J., Shekaran, M. C. (1996), Requirements Engineering: The Emerging Wisdom, in: IEEE Software, 14, 1996, 2, S. 15-19

Sillitti, A., Succi, G. (2005), Requirements Engineering for Agile Methods, in: Aurum und Wohlin (Hrsg., 2005), S. 309-326

Sillitti, A., Ceschi, M., Russo, B., Succi, G. (2005), Managing Uncertainty in Requirements: a Survey in Documentation-driven and Agile Companies, in: Proceedings of the 11th IEEE International Software Metrics Symposium (METRICS 2005), September 2005, 10 Seiten

Sommerville, I. (2011), Software Engineering, 9. Aufl., Boston u.a. 2011

Sommerville, I., Sawyer, P. (1997), Requirements Engineering - A good practice guide, Chichester u. a. 1997

Stahlknecht, P. (2001), Anwendungssoftware, in: Mertens et al. (Hrsg., 2001), S. 44-46

Stansfield, K., Cole, J., Mazur, G. (2010), Complex IT Design using both Traditional QFD and Blitz QFD, in: Proceedings of 16th International Symposium on QFD & North American Symposium on QFD, Portland, USA, 2010, S. 139-164

Stapleton, J. (2002), DSDM: Business Focused Development, 2. Aufl., Harlow, Essex 2002

Streckfuss, G. (1994), Quality improvement in software development using Quality Function Deployment (QFD), in: SAQ, EOQ-SC (Hrsg., 1994), S. 120-128

Sullivan, L. P. (1986), Quality Function Deployment - a system to assure that customer needs drive the product design and production process, in: Quality progress, 19, 1986, 6, S. 39-50

Sun, Y., Liu, X.F. (2010), Business-oriented software process improvement based on CMMI using QFD, in: Information and Software Technology, 52, 2010, 1, S. 79-91

Suzuki, Y. (1972), Endeavor of design improvement for large diesel engine for ships, in: Quality Control, 23, 1972, 5, S. 16-20 (in Japanisch)

Swartout, W., Balzer, R. (1982), On the Inevitable Intertwining of Specification and Implementation, in: Communications of the ACM, 25, 1982, 7, S. 438-440

Takayanagi, A. (1994), The Concept of the Quality Chart and Its Beginnings. In: Mizuno und Akao (Hrsg., 1994), S. 31-49

Takeuchi, H., Nonaka, I. (1986), The new new product development game, in: Harvard Business Review, 64, 1986, 1, S, 137-146

Taylor, K.G. (1994), How to make a success of quality function deployment, in: IEE Colloquium on Customer Driven Quality in Product Design, London, United Kingdom, 1994, S. 4/1-4/5

Thackeray, R., Van Treeck, G. (1990), Applying Quality Function Deployment for Software Product Development, in: Journal of Engineering Design, 1, 1990, 4, S. 389-410

Thayer, R. H., Dorfman, M. (Hrsg., 1990), Systems and Software Requirements Engineering, Los Alamitos, California 1990

Thayer, R. H., Dorfman, M. (Hrsg., 1997), Software Requirements Engineering, 2. Aufl., Los Alamitos u. a. 1997

Thayer, R. H., Thayer, M. C. (1997), Software Requirements Engineering Glossary, in: Thayer und Dorfman (Hrsg., 1997), S. 441-480

Trahasch, S., Zimmer, M. (Hrsg., 2016), Agile Business Intelligence – Theorie und Praxis, Heidelberg 2016

Tran, T.-L., Sherif, J. S. (1995), Quality function deployment (QFD): an effective technique for requirements acquisition and reuse, in: Proceedings of the Second IEEE International Software Engineering Standards Symposium (ISESS'95) - Experience and Practice, Montreal, Canada, 1995, S. 191-200

Trepper, T. (2012), Agil-systemisches Softwareprojektmanagement, Wiesbaden 2012

Unterauer, M. (2015), Workshops im Requirements Engineering: Methoden, Checklisten und Best Practices für die Ermittlung von Anforderungen, Heidelberg 2015

van Buren, J., Cook, D. A. (1998), Experiences in the Adoption of Requirements Engineering Technologies, in: CROSSTALK - The Journal of Defense Software Engineering, 1, 1998, December, S. 3-10

van Lamsweerde, A. (2001), Goal-Oriented Requirements Engineering - A Guided Tour, in: IEEE (Hrsg., 2001): Proceedings of the 5th International Symposium on Requirements Engineering (RE'01), Toronto, August, 2001, Los Alamitos, California u. a. 2001, S. 249-263

Venable, J. R. (2006), The Role of Theory and Theorising in Design Science Research, in: Chatterjee, S., Hevner, A (Hrsg., 2006), Proceedings of the DESRIST 2006, February 24-25, 2006, Claremont, CA, S. 1-18

VersionOne (2008), 3rd Annual Survey – 2008 – The State of Agile Development, URL: https://www.versionone.com/pdf/3rdAnnualStateOfAgile_FullDataReport.pdf, Zugriff am: 6.11.16

VersionOne (2013), 7th Annual State of Agile Development Survey, URL: https://www.versionone.com/pdf/7th-Annual-State-of-Agile-Development-Survey.pdf, Zugriff am: 6.11.16

VersionOne (2016), the 10th annual State of Agile Report, URL: http://www.agile247.pl/wp-content/uploads/2016/04/VersionOne-10th-Annual-State-of-Agile-Report.pdf, Zugriff am: 6.11.16

Violante M. G., Vezzetti, E. (2014), Implementing a new approach for the design of an e-learning platform in engineering education, in: Computer Applications in Engineering Education, 22, 2014, 4, S. 708–727

vom Brocke, J., Simons, A., Niehaves, B., Riemer, K., Plattfaut, R. und Cleven, A. (2009), Reconstructing the giant: on the importance of rigour in documenting the literature search process, in: 17th European Conference on Information Systems, Verona, Italien, 2009, Paper 161

Wagner, S., Fernández, D. M., Felderer, M., Kalinowski, M. (2016), Requirements Engineering Practice and Problems in Agile Projects: Results from an International Survey, URL: https://peerj.com/preprints/2038.pdf, Zugriff am: 12.11.16

Wake, B. (2003), INVEST in Good Stories, and SMART Tasks, URL: http://xp123.com/articles/invest-in-good-stories-and-smart-tasks/, Zugriff am: 9.11.16

Wake, B. (2005), Twenty ways to split stories, URL: http://xp123.com/articles/twenty-ways-to-split-stories/, Zugriff am: 9.11.16

Walz, D. B., Elam, J. J., Curtis, B. (1993), Inside a Software Design Team: Knowledge Acquisition, Sharing, and Integration, in: Communications of the ACM, 36, 1993, 10, S. 63-77

Watanabe, Y., Kawakami, Y., and Iizawa, N. (2012), Software requirements analysis method using QFD, in: Proceedings of the 18th international symposium of quality function deployment, Tokyo, Japan, 2012

Watanabe, Y., Yoshikawa, M., Shindo, H. (2013), Software development method based on twin peaks model with QFD, in: Proceedings of International Symposium on QFD & North American Symposium on QFD, Santa Fe, USA, 2013, S. 117-126

Weit e.V. – Verein zur Weiterentwicklung des V-Modell XT e.V. (2015), V-Modell XT - Das deutsche Referenzmodell für Systementwicklungsprojekte Version: 2.0, auf den Seiten der IABG Industrieanlagen-Betriebsgesellschaft mbH, URL: http://v-modell.iabg.de/images/docs/V-Modell-XT-Gesamt.pdf, Zugriff am: 10.09.16

Wells, D. (1999), The Customer is always available, URL: http://www.extremeprogramming.org/rules/customer.html, Zugriff am: 8.11.16

Weltz, F., Ortmann, R. G. (1992), Das Softwareprojekt: Projektmanagement in der Praxis, Frankfurt u. a. 1992

West, M. (1991), Quality function deployment in software development, in: IEE Colloquium on Tools and Techniques for Maintaining Traceability During Design, London, United Kingdom, 1991, S. 5/1-5/7

Wiegers, K. (1999), First Things First: Prioritizing Requirements, in: Software Development Magazine, 7, 1999, 9, S. 48-53

Wiegers, K., Beatty, J. (2013), Software Requirements (Developer Best Practices), 3. Aufl., Redmond, Washington 2013

Williams, L. (2012), What Agile Teams Think of Agile Principles, in: Communications of the ACM, 55, 2012, 4, S. 71-76

Winter, R. (2014), Gestaltungsorientierte Forschung in der Betriebswirtschaftslehre – mit spezieller Berücksichtigung der Wirtschaftsinformatik, in: Brenner und Hess (Hrsg., 2014), S. 65-85

Wirtz, K. W. (2001), Software Engineering, in: Mertens et al. (Hrsg., 2009), S. 417-418

Wittmann, W., Kern, W., Köhler, R., Küpper, U., v. Wysocki, K. (Hrsg., 1993), Handwörterbuch der Betriebswirtschaft, 5. Aufl., Stuttgart 1993

WKWI Wissenschaftliche Kommission Wirtschaftsinformatik (1994, Profil der Wirtschaftsinformatik, in: Wirtschaftsinformatik. 5, 1994, 1, S. 80-81

Xiong, W. (2015), Chinese style on QFD theory and methodology, in: Proceedings of the 21st International Symposium on QFD, Hangzhou, China, 2015

Xiong, W., Cao, Y. (2013), Comments on Software Process Improvement Methodologies Using QFD, in: Applied Mathematics & Information Science, 7, 2013, 3, S. 1137-1143

Xiong, W., Watanabe, Y., Shindo, H. (2005), A description approach to software by HOQ extension concept and its quantitative structuralization, in: Journal of Software, 16, 2005, 1, pp. 8-16

Xiong, W., Watanabe, Y., Yoshikawa, M., Shindo, H. (2004), A Method of Quantitative Software Requirements Analysis and Its Mapping Based on QFD, in: Proceedings of the 10th International Symposium on QFD, Monterrey, Mexico, S. 219-226

Xiong, W., Wu, Z. (2009a), Research on DQFD and cross-cultural communication in outsourcing software requirement change control, in: International Conference on Computational Intelligence and Software Engineering (CiSE 2009), Wuhan, China, 2009, S. 1-4

Xiong, W., Wu, Z. (2009b), The Cappilication of Dynamic QFD in Software Requirements Change Management, in: Proceedings of the International Conference on Advanced Computer Theory and Engineering (ICACTE 2009), Cairo, Egypt, 2009, S. 1585-1590

Xiong, W., Wu, Z. (2009c), The Capplication of QFD in Software Requirements based on the SECI, in: Proceedings of the International Conference on Advanced Computer Theory and Engineering (ICACTE 2009), Cairo, Egypt, 2009, S. 1445-1450

Yadav, O. P., Bilen, C., Solanki, R. (2006), Driving change in manufacturing quality systems by selecting best-fit off-the-shelf software platform, in: International Journal of Process Management and Benchmarking, 1, 2006, S.146-163

Yeh, R. T., Zave, P. (1980), Specifying Software Requirements, in: Proceedings of the IEEE, 68, 1980, 9, S. 1077-1085

Yoshizawa, T., Togari, H., Kuribayashi, T. (1990), Quality Function Deployment for software development. In: Akao (Hrsg., 1990), S. 329-353

Yoshiziwa, T., Akao, Y., Ono, M., Shindo, H. (1993), Recent Aspects of QFD in the Japanese Software Industry, in: Quality Engineering, 5, 1993, 3, S. 495-504

Yuen, K. K. F. (2014), A hybrid fuzzy quality function deployment framework using cognitive network process and aggregative grading clustering: An application to cloud software product development, in: Neurocomputing, 142, 2014, S. 95-106

Zahedi, M. R., Yousefi, S., Cheshmberah, M. (2011), A fuzzy quality function deployment approach to enterprise resource planning software selection, in: Asian Journal of Scientific Research, 4, 2011, 2, S. 114-128

Zeller, H. J. (Hrsg., 1990), The Best on Quality. Targets, Improvements, Systems, Munich - Vienna - New York 1990

Zhu, S. S., Tu, X. Y. (2014), Applying QFD and kano model to experience design for cultural tourism on mobile device: An example of Leifeng pagoda, Hangzhou, China, in: Advanced Materials Research, 905, 2014, S. 647-650

Zimmer, M. (2014), Agile Business Intelligence – Komponenten integrierter Gesamtarchitekturen, Dissertation an der Universität Stuttgart, Stuttgart 2014

Zimmermann, V. (1995), Quality Function Deployment im Entwicklungsprozeß – Konzepte, Modelle, Methoden und Hilfsmittel, Arbeitsbericht der Universität Kaiserslautern, Produktionstechnische Berichte Universität Kaiserslautern Band 20, Kaiserslautern 1995

Zollondz, H.-D., Ketting, M., Pfundtner, R. (Hrsg., 2016a), Lexikon Qualitätsmanagement, 2. Aufl., Berlin – Boston 2016

Zollondz, H.-D. (2016b), M7-Sieben Managementwerkzeuge, in: Zollondz et al. (2016a), S. 645-647

Zollondz, H.-D. (2016c), Demings PDCA-Zyklus, in: Zollondz et al. (2016a), S. 209-212

Zollondz, H.-D. (2016d), Ishikawa-Diagramm, in: Zollondz et al. (2016a), S. 497-499.

Zultner, R. E. (1990), Software Quality [Function] Deployment - Applying QFD to software, in: Proceedings of the Second Symposium on Quality Function Deployment. Novi, Michigan 1990, S. 132-149

Zultner, R. E. (1991), Before the House. The Voices of the Customers in QFD, in: Proceedings of the Third Symposium on Quality Function Deployment, Novi, Michigan, USA, S. 451-464

Zultner, R. E. (1992a), Quality Function Deployment for Software: Satisfying Customers, in: American Programmer, 6, 1992, 2, S. 28-41

Zultner, R. E. (1992b), Quality Function Deployment (QFD) for Software: Structured Requirements Exploration, in: Schulmeyer und McManus (Hrsg., 1992), S. 297-319

Zultner, R. E. (1993), TQM for Technical Teams, in: Communications of the ACM, 36, 1993, 10, S. 79-91

Zultner, R. E. (1994), Software quality function deployment - the North American experience, in SAQ, EOQ-SC (Hrsg., 1994), S. 143-158

Zultner, R. E. (1995), Blitz QFD: Better, Faster, and Cheaper Forms of QFD, in: American Programmer, 9, 1995, 10, S. 24-36

Zultner, R. E. (2007a), Understanding Customer Needs: Software QFD and the Voice of the Customer, in: Jayaswal and Patton (Hrsg., 2007), S. 345-404

Zultner, R. E. (2007b), Project QFD: Managing Software Development Projects better with Blitz QFD, in: Jayaswal and Patton (Hrsg., 2007), S. 707-728